CB064480

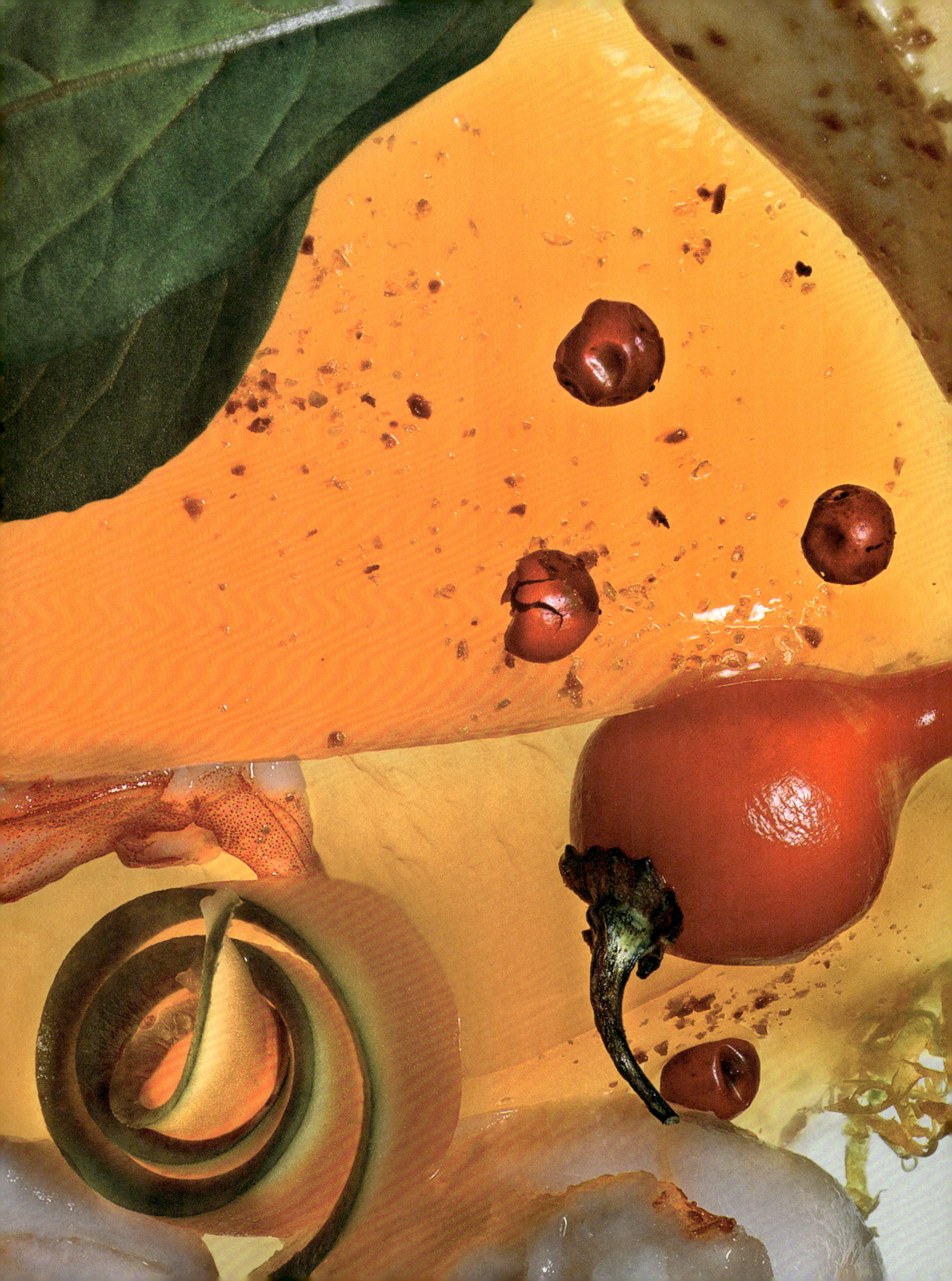

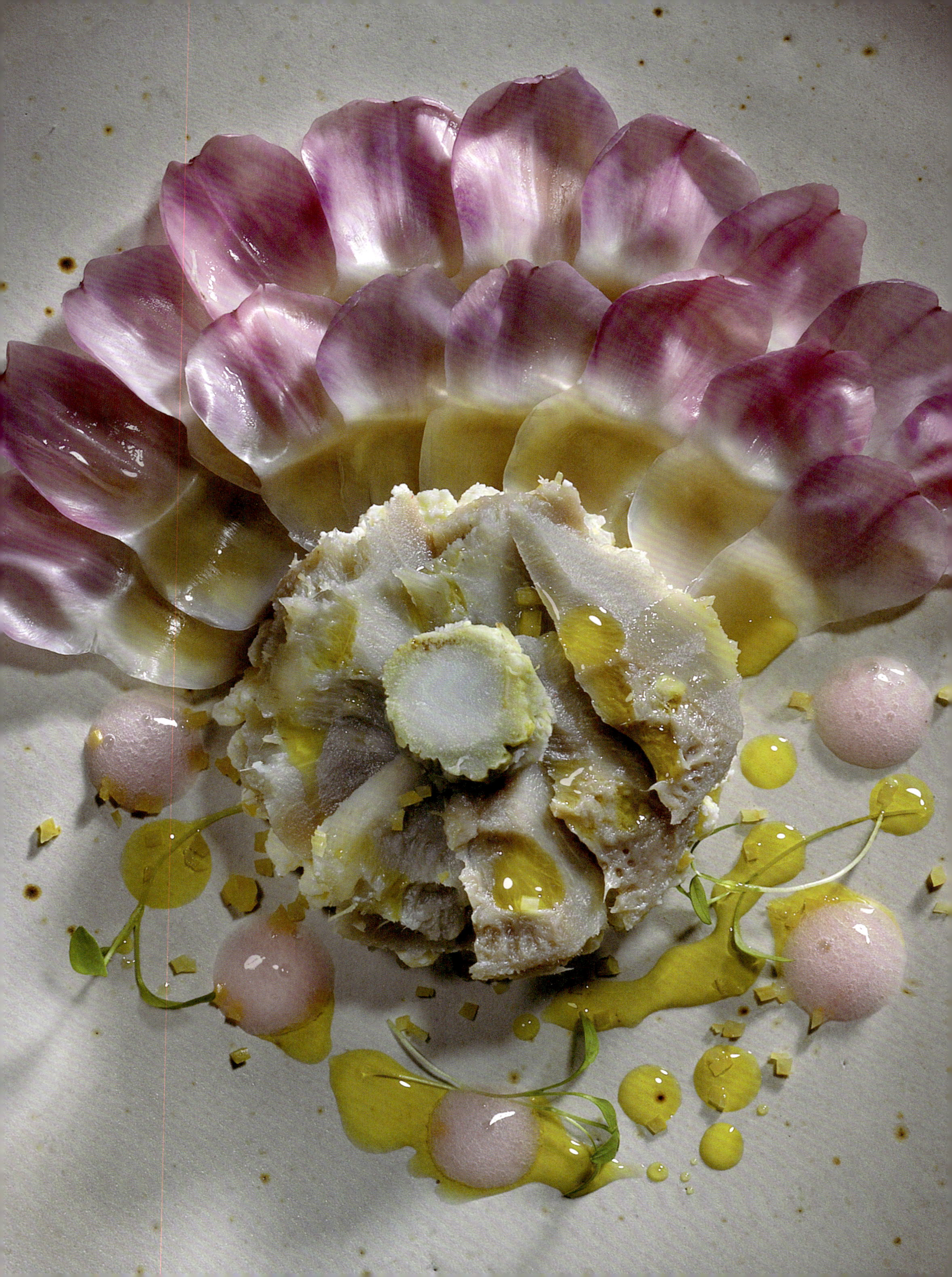

LAURENT SUAUDEAU

o toque do chef

LAURENT SUAUDEAU

o toque do chef

texto
CARLOS EDUARDO OLIVEIRA

fotografias
SÉRGIO COIMBRA

Editora Melhoramentos

Recuerdos do Galinhada do Bahia 11
Carlos Eduardo Oliveira

Um cozinheiro de convicções 13
Rogério Fasano

Aceito as sugestões do chef 15
Washington Olivetto

De Cholet para o mundo 17
Cozinhando em verde-amarelo 41
Olhar estrangeiro 53
O fim e o princípio 65
Autorretrato 77
Receitas 87
Glossário 205
Receitas-base 209
Índice de receitas 227
Agradecimentos 231

RECUERDOS DO GALINHADA DO BAHIA

Séculos atrás, quando este escriba era editor de uma conhecida revista de celebridades, a gastronomia começou a "acontecer".

Foi quando, em reunião de pauta, sugeri fugirmos do óbvio: entrevistar o chef mais *top*, sim, mas em um ambiente a princípio fora de seu controle. Um local bom, mas o mais descomplicado possível. Como já frequentava o antológico Galinhada do Bahia, numa vila residencial humilde do bairro do Canindé, em São Paulo, uma coisa naturalmente levou à outra. E não é que o desafio foi aceito? Sem *entourage*, sem intermediários. O próprio chef atendeu o telefone e disse o "sim". No dia marcado, eu estava nervoso. Arrependido, até. "Esse gringo vai chegar aqui, odiar tudo e ainda me passar um sermão."

Nem bem chegou – sozinho – e o chef literalmente invadiu a cozinha do Bahia, tratando aquele simplório cozinheiro como um par. Adorou a comida, adorou o ambiente, ficou amigo do Bahia, a quem convidou para sua Escola Laurent. A matéria, claro, ficou ótima e passou a estampar orgulhosamente o mural do Bahia.

Corte para Bouil, em Saint-Vincent-sur-Jard, *chez madame* Colette Suaudeau, a matriarca, que nos oferece a dádiva de seus deliciosos *mogettes de la Vendée*, iguaria legitimamente *vendeéan*, ao sabor de (muitos) cálices de Pineau de Charentes.

Ao longo dos anos, nossa ligação se consolidou, sobretudo quando passei a atuar em revistas de gastronomia. Foram muitas matérias, viagens, parcerias, bom humor (sim, o chef é bem-humorado!), confidências, intermináveis e agradabilíssimos debates sobre comida, política e *rock 'n' roll* (não exatamente nessa ordem), memoráveis jantares, tardes prazerosas na Escola Laurent, a sempre amável presença de Sissi, sua esposa, um gentil prefácio para a obra sobre minhas aventuras na Tailândia e até alguns "puxões de orelha" de um francês (como ele se autodescreve) cartesiano, generoso, a quem aprendi a admirar e respeitar.

Na primeira reunião com a equipe da Editora Melhoramentos, que abriu caminho para este livro, o resumi em uma frase: questão de colocarmos os pingos nos "is".

Guérande, Bretanha, 2019: monsieur Jean Guérin, Cadu Oliveira, monsieur Laurent Suaudeau

Carlos Eduardo Oliveira
outono, 2021

UM COZINHEIRO DE CONVICÇÕES

É uma honra poder fazer o prefácio do livro daquele que é o melhor chef de cozinha do Brasil – e também muita responsabilidade.

Laurent Suaudeau é uma pessoa de convicções muito fortes. Tente, por exemplo, demovê-lo de ser um convicto monarquista e verá que é inútil. Tudo lhe é tão natural que, ao optar por não ter mais restaurantes (certa vez lhe propus uma sociedade), preferiu transmitir aos outros toda a sua cultura e técnica.

O apelido de "professor" não lhe é gratuito. Laurent é um formador de talentos, de indivíduos, de equipes – sob seu comando, algumas dessas equipes disputaram o prestigiado prêmio Bocuse d'Or, o campeonato mundial de chefs. Sua devoção a Paul Bocuse, seu grande mestre, chega a emocionar.

Homem simples, muito devoto à família: Sissi, a esposa, que, com mãos de ferro, mantém os pés do artista Laurent em terra firme; Renata, a enteada; Janaína, artista como o pai, atriz de mão cheia; e Gregory, piloto de Airbus e outros grandes jatos, que, rezemos, tenha puxado a Sissi.

Juntos, ele e outros chefs franceses no Brasil formam um time unido e generoso. Laurent, Claude Troisgros, Erick Jacquin e Emmanuel Bassoleil, os três mosqueteiros – que no clássico de Alexandre Dumas eram quatro – da gastronomia brasileira. Certa vez, todos eles queriam que eu rompesse com o Guia Michelin, ao que lhes expliquei: "Cabrito bom não berra". Tive que traduzir umas vinte vezes, e até hoje não sei se entenderam.

Laurent é também um grande defensor do segmento dos restaurantes, estando sempre à frente de manifestações e interesses da categoria. Mas, acima de tudo, é na cozinha que ele reina. Detalhista, perfeccionista, apaixonado, são três entre tantos outros adjetivos que lhe cabem.

Vivemos, há não muito tempo, a era das espumas, das desconstruções, de chefs mirabolantes, que se julgam cientistas. Laurent passou por tudo isso sem se abalar. Afinal, sua cozinha tem sabor, algo raro nos dias de hoje!

Laurent Suaudeau poderia ter escolhido qualquer lugar no mundo para ensinar, mas foi no Brasil, que ama, que ele resolveu ficar, para nossa sorte e prazer.

Deliciem-se com este livro, de quem nasceu e cresceu dentro de uma cozinha, além de ser um ser humano muito mais feliz quando está rodeado por cozinheiros.

Voilà.

Rogério Fasano
restaurateur *e dirigente do Grupo Fasano*

ACEITO AS SUGESTÕES DO CHEF

"O que você quer que eu coma, Laurent?" Faço essa pergunta para Laurent Suaudeau desde que ficamos amigos, no início dos anos 1980, quando ele chegou ao Brasil para montar o restaurante Le Saint Honoré, de Paul Bocuse, no Hotel Méridien do Rio de Janeiro.

Laurent percebeu desde o começo da nossa amizade que eu só tinha restrições e alergias a um tipo de comida: a ruim. E a partir daí, sem que eu precisasse escolher, me deliciou com diferentes maravilhas do seu imenso repertório.

Laurent Suaudeau, com a disciplina de quem nasceu filho de um líder sindical, o espírito de equipe de quem, na infância, era sobrinho de um técnico de futebol e o aprendizado de quem, desde a adolescência, virou aluno dos melhores cozinheiros, chegou ao Brasil como o mais francês dos jovens chefs franceses e se transformou rapidamente no mais brasileiro dos consagrados chefs brasileiros.

Inaugurou a alta gastronomia brasileira; atraiu para o país profissionais de diferentes nações; deu *status* a produtos e modos de preparo regionais até então desconhecidos ou desprezados; treinou chefs brasileiros para competir no Bocuse d'Or; inaugurou sua escola – e fez escola.

Laurent Suaudeau, que tantos prazeres organolépticos me proporcionou, por outro lado, me causou um prejuízo midiático. Influenciada por seu talento, nos últimos anos, a profissão de chef de cozinha acabou ocupando na mídia o espaço que, durante muitos anos, pertenceu aos criadores publicitários. Beneficiário que fui por muito tempo desse espaço, não me senti prejudicado. Achei lógico e compatível com os novos tempos.

Também não me surpreendi ao perceber que, mesmo sendo o grande agente provocador desse fenômeno, Laurent Suaudeau jamais fez a mínima questão de se beneficiar dele.

Preferiu continuar dedicando seu tempo às suas panelas; estudando, aprendendo e ensinando. Com a humildade e a grandeza de quem tem total consciência de que é o chef dos chefs.

Washington Olivetto
Publicitário e gourmand

De Cholet para o mundo

"Vou ser cozinheiro de navio"

A frase está lá, no histórico virtual do chef: "Sempre que lhe perguntam se está contente com a profissão que escolheu, Laurent Suaudeau responde que sim, pois felizes aqueles, como ele, que fazem na vida o que gostam". Aqui, vale o clichê: porque Laurent e cozinhar, desde sempre, são sinônimos. Predestinados um ao outro desde 1957, quando ele nasceu em Cholet, oeste da França. Cidade operária, não mais que 50 mil habitantes, sem amplos horizontes para quem pensa "fora da caixa". Já era assim nos anos 1950, quando o metalúrgico Andre Auguste Suaudeau desposou a então estudante Colette, ambos "choletais". Ficaria ainda menor para um certo jovem idealista que sonhava em cozinhar e viajar o planeta, não necessariamente nessa ordem.

A foto, amarelada pelo tempo, não deixa mentir: por volta dos 3 anos, o pequeno Laurent já estava literalmente brincando de cozinhar, mãos atarefadas em pequenas panelas de brinquedo. Testemunhos familiares dizem ter ouvido dele, aos 5, *"Je veux être cuisiner sur bateau"*, "vou ser cozinheiro de navio", alusão do piá aos navios que via cruzar a costa Atlântica ao sul da Vendeia – seu segundo lar, após Cholet.

Em Cholet, nossa vida era extremamente simples. Meu pai era torneiro mecânico, e minha mãe também era operária. Ele faleceu em 1996. Fui o primeiro filho, sou quatro anos mais velho que meu irmão Frank. Um fato determinante na família, talvez decisivo em minha personalidade, é que meu avô materno era um escocês brincalhão, boa-praça, animado. Patrick McGinn era seu nome. Nasceu em Glasgow, mas foi registrado como irlandês. Muito afetuoso com os netos, tinha a música no sangue, tocava gaita, trompete, dançava, até se parecia um pouco fisicamente com Fred Astaire. O tipo do cara de quem se pode dizer que com ele "não tem tempo ruim".

A primeira lembrança que tenho de "cozinhar" é das "tortas" de areia e pedrinhas, em forminhas de alumínio, que eu fazia e saía distribuindo para as nossas vizinhas em Cholet, senhoras de idade, viúvas que haviam perdido o marido durante a Segunda Guerra.

Em casa, cresci vendo minha mãe ao fogão. Ela cozinhava muito bem, ainda cozinha. Muito do que comíamos saía de nossa horta no fundo de casa, ou do jardim da Thompson CSF, metalúrgica onde meus pais trabalhavam. A empresa tinha uma política social invulgar na qual cada funcionário podia plantar o que quisesse no "seu pedaço" do jardim, na fábrica.

Nossa comida do dia a dia era, por assim dizer, o trivial francês: omeletes, sopas, *gratins*, terrines, patês, batatas (especialmente batata *sautée*), muitos ragus, geralmente de frango ou coelho, que minha avó Odette, mãe de minha mãe, criava. Volta e meia, havia carnes de caça e frutos do mar. Muitos queijos também. Quase não comíamos arroz, muito pouco. E nada, nadinha de massas, que nessa época eu nem sequer sabia o que era. Papai gostava de vinho, mas não tomava os franceses. Bebia os argelinos, que eram baratos naquele tempo, três francos o litro.

Meu pai, ainda que a contragosto, havia servido o exército, era sargento da reserva. Eu e meu irmão Frank – o nome homenageia o lado britânico da família – estudávamos em escola pública, como era natural. Nossa vida era simples, assim como a casa em que cresci, cujo aquecimento, durante minha infância, era à base de carvão. Também não havia chuveiro: o banho era com água aquecida, em uma grande tina de alumínio. Mas nunca nos faltou nada.

Como uma família de operários, quase nunca íamos a restaurantes. Ou melhor, não íamos. Lembro perfeitamente da primeira vez. Eu tinha 5 anos. Era o aniversário de uma de minhas tias-avós, Raymonde, e fomos a convite dela e do marido ao Les Dames Barrau, em Saint-Gemmes-sur-Loire, então tido como uma das mesas mais destacadas do Vale do Loire. A certa altura, lembrando que eu já havia dito que queria ser cozinheiro, tia Raymonde comentou o fato com as donas, duas irmãs. Ao que elas me levaram até a cozinha, a primeira vez que pisei em uma cozinha de restaurante. Lembro de todo o barulho e da movimentação e do tom amarelo do ambiente. Pode até soar meio piegas, mas creio que foi ali, naquele momento, que intuí: é isso! De alguma maneira, senti aquele universo se abrindo para mim.

Depois, a convite de meu avô Patrick, que era muito fã de pescados, especialmente mexilhões, passamos a frequentar o Madame Cosset, um

Acima, aos 3 anos, em Cholet, primeira foto com uma panela em mãos. Abaixo, o avô escocês Patrick, em Cholet (1932).

pequeno bistrô localizado em Les Sables-d'Olonne, cidade costeira de pescadores perto de Saint-Vincent-sur-Jard. Um dos pratos prediletos dele, que com o tempo passou a ser também o meu, era o de mariscos *à la marinière*, cozidos em um sensacional molho de creme de leite. Lembro do molho farto, que, sobrando ao fim da refeição, "enxugávamos" do prato com fatias de pão para absorver aquele caldo delicioso.

De certa forma, mesmo sendo filho de operário, cresci cercado de boas referências e *inputs* sobre cozinha. Todas as minhas tias-avós gostavam de cozinhar, e duas delas, pelo menos, eram muito boas. Tia Thèrése chegou a trabalhar em um pequeno bistrô de Paris, o que, na época, era um grande feito para uma pessoa do interior. Já tia Madeleine cozinhava profissionalmente em uma escola pública. Juntas, minha avó e minhas tias-avós, cumpriam um ritual anual, verdadeira esbórnia culinária: em determinada data, reuniam-se em torno de um enorme banquete regado a carnes de caça, saladas, tortas, queijos e terrines. Tudo preparado por elas e para elas, um clube privê do qual o restante da família era proibido de participar e só podia chegar ao final. Nessa hora, geralmente elas já estavam bem altas, tamanha a quantidade de vinhos, licores e champanhes com que brindavam entre si.

Aos 4 anos, na pré--escola (Cholet, 1961).

De meu pai, sempre tive lições de ética e retidão. Ele era um homem de princípios, atento às questões sociais da época, com claras noções sobre a luta de classes, direitos e deveres da classe trabalhadora. Uma vez, o acompanhei na fábrica, em um momento de tensão entre os operários, que buscavam melhores condições de trabalho. Ele disse: "Vê? Olhe bem para isso. Seja verdadeiro em sua vida. Seja você mesmo, não importa o preço que isso possa lhe custar. E nunca deixe de cumprir o que fala". Creio que devo a esses ensinamentos o meu lado contestador, crítico.

No entanto, apesar de bem sério, meu pai era capaz de tiradas espirituosas, geralmente com seus amigos. Lembro particularmente de um deles, Robert, cujo vizinho, certo dia, resmungou a ele que sua plantação de tomates nunca amadurecia. Robert relatou isso a meu pai, e ambos resolveram o "problema": certa manhã, ao acordar, o vizinho deparou-se com todos os seus tomates vermelhinhos, pintados pela dupla a tinta. E riu muito da traquinagem.

Na escola, sempre fui um bom aluno. Nunca dei trabalho nos estudos; na verdade, durante o curso primário, sempre estive seis meses adiantado em relação à minha turma, por ter entrado mais cedo no primeiro ano. Uma vez, na escola, me perguntaram o que queria ser quando crescesse. Lembro que anotei no caderno, repetindo o que já havia dito quando era bem pequeno: "cozinheiro no *France*", um grande navio, muito famoso na época. Na verdade, já estavam associadas aí duas das coisas que mais aprecio na vida: cozinhar e viajar.

Aos 11 anos, na escola, eu era o responsável pela classe, meu primeiro papel de liderança, para o qual fui eleito pelos coleguinhas. Hoje, isso soa como algo isolado, coisa de criança, mas avalio como bem sintomático do que eu faria no futuro.

A primeira experiência em preparar sozinho uma refeição completa aconteceu ao cozinhar um almoço para a família, aos 12 anos. Todos os domingos de manhã, meus pais visitavam minha avó. Em um desses domingos, falei que não precisavam se preocupar, que eu cuidaria do almoço. E assim foi. Fiz salada, bife e purê de batata. Ao chegarem, ficaram surpresos, mas gostaram do que viram e do que comeram. No futuro, não negariam seu apoio à minha opção profissional, mesmo que eu não soubesse claramente de onde vinha a vocação.

Olhando em retrospecto, o chef observa como a geração de seus pais sentia na pele, indeléveis, mesmo que indiretamente, as chagas ainda abertas da guerra. E de como ele, Laurent, carrega isso em suas memórias, *flashes* de acontecimentos e conversas que presenciou na infância, envolvendo familiares ou alguém próximo. Exemplo: em seus alfarrábios, Laurent ainda preserva a carta de liberação do avô de um campo nazista, em papel timbrado com a temida suástica.

Como mencionei, meu avô Patrick era escocês de Glasgow, mas, por ser filho de irlandeses, assim foi registrado; minha avó Odette era francesa. Meu avô não tinha cidadania francesa, nunca quis, não se interessou. E pagou por isso. Durante a Segunda Guerra, foi denunciado por ser um britânico residente na França – em outras palavras, um inimigo –, preso e enviado a um campo de deportação de prisioneiros políticos e judeus na cidade de Drancy, perto de Paris; para os judeus, era dali para os campos de extermínio. Os demais aguardavam, sabe-se lá o quê. Vovô só escapou graças a seu patrão, que era amigo do cônsul dos Estados Unidos na França. Pelo que se sabe, o cônsul forjou um passaporte da Irlanda do Sul, país que não estava em guerra com a Alemanha. Detalhe: vovô era registrado como natural da Irlanda do Norte, esta, sim, em guerra com a Alemanha, como parte do Império Britânico. Não fosse essa artimanha, só Deus sabe o que teria acontecido. Além de sua carta de libertação com o timbre da suástica, ainda guardo as cartas que ele escrevia do campo para vovó Odette.

Outro fato sempre comentado em família era sobre tia Thèrése, que na juventude havia arriscado tremendamente o pescoço como cozinheira de um núcleo de *partisans* da resistência francesa. Ela cozinhava para eles em um esconderijo no meio da floresta, que a qualquer momento poderia ser descoberto e dizimado pelos nazistas, como era frequente acontecer.

Há também o caso do sr. George Roussiere, um amigo de papai e da família que, eu soube anos mais tarde, era comunista convicto. Por conta disso, acabou preso. Lembro-me de ter uns 9 ou 10 anos e ouvi-lo contar sobre os anos em que esteve em campos nazistas. No caso dele, em Buchenwald, na Alemanha, de onde uma minoria saiu com vida. Era impressionante ouvir sobre o oficial da SS que o flagelou com chicote por diversas vezes. Mais impressionante ainda era quando ele mostrava as cicatrizes nas costas! O sr. Roussiere sobreviveu, mas deteriorado fisicamente a tal ponto que sua esposa não o reconheceu, na plataforma de trem, quando conseguiu voltar para casa.

No coração da Vendée

A partir de Paris, são cerca de 350 quilômetros e um punhado de horas por estradas modernas rumo ao aprazível vilarejo de Le Bouil, colado a Saint-Vincent-sur-Jard, na Vendeia ("La Vendée"), um trajeto hipnótico por parques nacionais e castelos ancestrais da Idade Média no Vale do Loire. Vivendo em Cholet, a 100 quilômetros dali, a família de Laurent viajava praticamente todos os fins de semana para a praia com os avós maternos, a bordo do velho Citroën *"deux chevaux"* ("dois cavalos") do clã. A casa de praia, refúgio frequentado todos os meses do ano, de janeiro a janeiro, marcou mais a trajetória – profissional, inclusive – do chef do que a própria Cholet natal.

É fácil entender o porquê. Saint-Vincent-sur-Jard situa-se em um dos mais belos recortes do litoral francês. A costa é cercada de muito verde, em contraponto a praias largas, de areia grossa e mar tranquilo. A harmonia estética de casas e comércios em estilo *"jonchere"*, arquitetura típica da Vendeia – a chamada "casa vendeana", *"les maisons vendéennes"* –, com fachadas uniformemente próximas do branco, encanta os sentidos.

Recortada por dunas altas o suficiente para lhe conferir um quê de inóspito, a faixa litorânea ainda exibe as casamatas nazistas, testemunhos impressionantes do esforço germânico em salvaguardar a costa da França ocupada. Monarquista, a Vendeia ainda hoje hasteia orgulhosamente em suas fachadas a bandeira alvirrubra, com dois corações estilizados unidos, simbolizando a aliança pró-monarquia com a Bretanha, no período que antecedeu a Revolução Francesa – são os "royalistes", tal qual chef Laurent Suaudeau, grande simpatizante, e também admirador de Napoleão Bonaparte, Georges Clemenceau e Charles de Gaulle.

Acolhedora, simpática, a casa de praia dos Suaudeau ainda está lá, reformada, firme. É o santuário onde *madame* Colette Suaudeau, hoje com 85 anos, em plena saúde, reside boa parte do ano, não se acanhando em ficar sozinha fora da temporada de verão – na geladeira, sempre tem um generoso Pineau des Charentes, vinho fortificado, aperitivo regional apreciadíssimo naquelas bandas, com o qual recebe as visitas. Chef Laurent passa por lá algumas vezes ao ano para visitar a mãe.

Nossa casinha na praia era simples, mas nela vivi grandes momentos da infância. Perto dali, havia uma fazenda, de onde todo dia meu pai trazia leite, manteiga, ovos e pão. No verão, eu ajudava a colher trigo nessa fazenda. Como meu pai tinha o espírito meio cigano, lembro dele descalço durante todo o tempo, exceto no inverno. Diariamente, ele também chegava em casa com *escargots*, cogumelos e mariscos. Na sala, havia uma lareira sobre a qual pendurávamos presuntos para defumar com a fumaça. Nessa mesma lareira, muitas vezes, no jantar, minha mãe fazia o famoso *mogette de la Vendée*, prato típico *vendéen*: feijão-branco com toicinho longamente cozido no pote de barro, direto na lareira. Comíamos com prazer esse delicioso guisado, como manda o figurino local: acompanhado de pão e manteiga, ou melhor, amassado com manteiga, sobre fatias da baguete. Até hoje recordo o cheiro daquele feijão nos instigando o apetite! À noite, dormíamos ao som do mar rugindo, logo ali perto.

Todo o arredor era um imenso *playground*, um pedaço de paraíso para mim, meu irmão e nossos coleguinhas. Na frente da casa havia uma floresta, onde várias vezes nos assustávamos com víboras. Nosso passatempo predileto era invadir os *bunkers* nazistas, onde ainda havia restos enferrujados de canhões e metralhadoras, para brincar de guerra. A principal "missão" era nossa versão do Dia D, o desembarque dos Aliados na França, ocasiões em que eu até usava furtivamente o quepe de sargento do papai. Um dia, em um desses *bunkers*, achamos uma granada não detonada – um grande perigo para o qual nós, pré-adolescentes, não demos a mínima.

Também me deixava envolver em mistérios pela casa de Georges Clemenceau, o estadista que foi presidente do conselho francês durante a Primeira Guerra Mundial, responsável direto pela assinatura do Tratado de Versalhes. A propriedade onde ele morou era bem perto da nossa, de frente para o mar, a dez minutos de caminhada. Cresci ouvindo as histórias de como ele fez a Alemanha "se ajoelhar" no armistício que encerrou oficialmente a guerra, em 1919. Ouvia conversas de adultos lhe atribuindo a célebre frase: "marquem minhas palavras, se não cuidarmos, eles voltarão" – como de fato voltaram, mais armados e muito mais perigosos. Quando criança, aquele era um quadro fantástico que me intrigava e, volta e meia, tomado de curiosidade, eu "invadia" e brincava na área externa daquela mansão onde atualmente funciona o museu que leva o nome do famoso ex-proprietário. E que também batiza a praia onde se situa, hoje mais urbanizada, com calçadões e passarelas, chamada *Clemenceau Beach, la plage de Clemenceau.*

Ainda hoje, o eixo Cholet-Le Bouil abriga alguns dos familiares e amigos mais caros a Laurent, a quem ele visita praticamente todo ano, sempre que possível com a esposa Sissi e os filhos Janaína e Gregory.

Do alto de sua impressionante vitalidade e autossuficiência, *madame* Colette Suaudeau, até os oitenta e alguns anos, dirigia – sozinha – pelos cento e poucos quilômetros que separam os dois destinos, em direção à praia, seu endereço predileto.

O divertidíssimo Jean-Paul "Popol" é o primo dileto de Laurent, quase um irmão, filho de tia Raymonde, a que dizia ao sobrinho que ele "nunca seria cozinheiro", por ser "muito lento". Ao que Popol relembra o recorde batido pela dupla em um fim de semana de verão: 170 frangos assados e 400 porções de fritas vendidos na *baraque à frite* da família em Le Bouil, onde Laurent ajudava os tios durante as férias escolares.

Companheiro de Laurent em traquinagens – de campeonatos de bolinha de gude a "surfe" nas dunas da praia sobre tampas de fogões velhos –, a ligação de Popol com a cozinha também é umbilical: com os legumes e hortaliças da grande horta da casa de praia, mais os peixes que pesca, os mexilhões que retira dos recifes e os *escargots* que arruma, produz e cozinha ele mesmo memoráveis jantares. Inventor nas horas vagas, diz que é esse o real espírito *vendeéan*: "Comer bem sem comprar quase nada, ou muito pouco, sempre que possível fazendo escambos de produtos. Essa é a qualidade de vida que a Vendeia pode proporcionar".

A vida rural, simples, campesina, é um traço que ainda une os Suaudeau e seus aparentados. Frank Suaudeau, o irmão mais novo do chef, é outro com a rotina intimamente ligada à terra – em muitos sentidos. Atualmente trabalhando como paisagista, sempre gostou de animais, o que o levou a cursar, em Luçon, um colégio de currículo voltado à agricultura, onde se especializou em suínos. Chegou a trabalhar longo tempo em Paris em uma multinacional de produtos alimentares, mas metrópoles definitivamente não o atraem.

Um saboroso *mogette de Vendée* ao lume da lareira, *chez madame* Colette, é a deixa para reminiscências fraternas, entre taças de tinto do Loire. "Temos algumas diferenças, eu e Laurent. A maior delas é que ele tem perfil de patrão, e eu, de operário", brinca Frank.

Eram muito próximos e amigos, até que o irmão mais velho começou a dar os primeiros passos na profissão e alterou radicalmente a rotina doméstica. Frank conta que, assim como os pais, só teve a dimensão dos rumos que a carreira de Laurent estava tomando quando o chef foi escalado como braço direito de *monsieur* Paul Bocuse em uma missão quase secreta, sua primeira a quatro mãos com o mestre: viajar à Colômbia para um jantar mais do que privado para o então presidente Julio César Turbay Ayala.

Na verdade, dado o *status* de lenda de *monsieur* Paul em toda a França, só o fato de Laurent ter sido admitido em sua cozinha já encheu de orgulho a família, os parentes e amigos. Muitos anos mais tarde, ecos do pioneiro trabalho de chef Laurent no Brasil chegariam por meio de um conhecido produtor francês de cogumelos, que viera de férias ao Rio. "Vocês precisam ir lá ver o que ele está fazendo, é impressionante", elogiou, na volta.

Havia, entretanto, mais uma diferença fundamental entre Laurent e o irmão Frank. Perto da casa de praia dos Suaudeau ficava o único campo de futebol de tamanho oficial de Saint-Vincent. Dentro daquelas quatro linhas, um habilidoso meia-esquerda deu seus primeiros tratos na pelota. E a gastronomia por pouco não perdeu um cozinheiro de mão cheia.

Acima, em Saint-Vincent-Sur-Jard, em família, com a mãe, Colette, e o irmão, Frank. Abaixo, no voo de primeira classe, na primeira viagem internacional: rumo à Colômbia, com Paul Bocuse e o sous chef Christian Bouvarel (1979).

O craque que virou chef

Criado em lar católico não praticante, chef Laurent, como qualquer garoto, passou pelos rituais de batismo e crisma. O que não significava frequentar igrejas – nunca iam, *monsieur* Andre Suaudeau proibia. "A palavra de Deus nunca entrou em casa, meu pai não deixava", relembra o chef. Se não iam à igreja, por outro lado, futebol não faltava – sempre que possível, Laurent e Frank frequentavam as arquibancadas em jogos do F. C. Nantes, acompanhados pelo pai. Um episódio isolado envolvendo liturgia *versus* futebol quase fez com que o chef, em vez das panelas, enveredasse pelo universo das chuteiras.

Por volta dos 8 anos, eu fazia aulas de catecismo. Um dia, no meio de uma delas, meu pai apareceu, do nada. Para minha total surpresa, disse que iríamos embora naquele instante. Sem uma justificativa plausível, o padre protestou que ele não podia fazer aquilo. Nunca me esquecerei da resposta do meu pai: "Ele não está aqui pra ficar ouvindo essas baboseiras, é melhor que vá jogar futebol". Disse isso na cara do padre, que ficou perplexo, boquiaberto.

A partir daí, por incentivo dele, comecei a jogar futebol mais assiduamente e, à medida que crescia, percebi que levava jeito. Hoje vejo que talvez fosse o DNA. Meu tio, Jean-Claude Suaudeau, irmão do meu pai, foi um grande jogador do F. C. Nantes, importante força do futebol da França, com oito títulos nacionais conquistados. Era meio-campista. Em 1966, foi convocado para a seleção francesa e participou da Copa do Mundo daquele ano, na Inglaterra, vencida pelos anfitriões. Depois, virou técnico do próprio Nantes, onde conquistou dois títulos nacionais, em 1983 e 1995, além de revelar nos juvenis Didier Deschamps, capitão da seleção francesa no título mundial da Copa de 1998. Grande admirador do técnico Telê Santana e da seleção brasileira de 1982, implantou o estilo tático de Telê no Nantes, e dele se elogiava o *jouer à la brésilienne*, o "jogar à brasileira". Ainda hoje, é considerado um dos três maiores técnicos do futebol francês. Recebeu três convites para dirigir a seleção nacional – recusou todos, sob o argumento de não querer se envolver com as politicagens do mundo do futebol.

Aos 8 anos, na primeira comunhão (Cholet, 1965).

Modéstia à parte, tenho a convicção de que jogava bem e poderia ter seguido para o futebol de alta performance. Cheguei a ser sondado para treinar nos juniores do Nantes. Da minha turma no futebol, eu era de longe o melhor. O único que possivelmente poderia "chegar lá". Tinha a facilidade de bater com as duas pernas, fazia muitos gols, alguns lindos, chutando de fora da área.

Felizmente, eu já cursava a escola técnica de cozinha, e a vida me levou por outro rumo. Em dado momento, decidi largar o futebol e me concentrar no chamado das panelas, que acabou falando mais alto. Após décadas de Brasil, hoje, quando me perguntam para quem torço, a resposta é: tenho simpatia pelo Flamengo e pelo São Paulo, mas meu time é o F. C. Nantes.

Ainda que não fosse católica fervorosa, por essa mesma época, certo dia, a sra. Colette Suaudeau resolveu entrar em uma igreja, preocupada com os desígnios de seu primogênito. Não qualquer igreja: em visita à encantadora Guérande, cidade medieval na Bretanha, mundialmente famosa pela qualidade de seu sal marinho, estava ela em frente à monumental catedral gótica quando um sexto sentido, ela conta, a impeliu a entrar, confirmando sua inclinação inicial. Lá dentro, à luz baixa de velas, com monges indistintos orando em latim na penumbra, alguém, ou algo, lhe sussurrou baixinho no ouvido: "Seu filho vai ser um grande chef de cozinha". Um *flash* que *madame* Colette nunca conseguiu explicar.

Rebeldia com causa

Tive uma adolescência até que tranquila. Não dava trabalho em casa e nunca fui muito de festas, baladas ou namoradas. Era meio tímido, e, futebol à parte, meu mundo girava em torno do aeromodelismo, ao qual me dedicava com afinco. No colegial, integrei um grupo de teatro, do qual gostava e onde me destaquei pelos conhecimentos de Molière, um dos meus autores favoritos, de quem lia tudo. Aliás, eu era um leitor voraz e naturalmente também escrevia bem, com notas altas em redações e dissertações. O que gerou expectativas polarizadas em casa e na escola: meu pai apostava que eu trabalharia na fábrica, como ele. E os professores me aconselhavam a não pensar em outra carreira senão Letras. Nenhuma das alternativas fazia muito sentido na cabeça de quem tinha a convicção de que ou seria cozinheiro, ou motorista de caminhão.

Meu caminho profissional começou a ficar um pouco mais nítido a partir de um "barraco" no colégio, uma confusão justamente por eu não abrir mão de minhas convicções. A notícia chegou em casa e não agradou. Eu estava terminando o primeiro grau e levei uma grande bronca de meu pai, que foi convocado para ir ao colégio depois de o filho ter sido expulso da sala de aula.

No diálogo com o professor, meu pai revelou que eu pensava em ser cozinheiro e talvez por isso não me interessasse no que eles almejavam para mim. Por conta do imbróglio, fui convocado para um *tête-à-tête* de pai para filho que se provou decisivo. "Bem, vejo que você quer ser cozinheiro. Tudo bem. Se quiser, pode tentar. Só que antes vou te encaminhar para o restaurante de um conhecido, para você sentir se é isso mesmo que pretende", foram as palavras de meu pai.

Cholet, 1981, com monsieur Andre e madame Colette Suaudeau.

Achei ótima a sugestão. Até porque, nas férias escolares, eu já ajudava tia Raymonde, que comprara uma mercearia onde vendia frango assado e batata frita, ambos com muita saída. Tarefa inicial: descascar batatas. Mesmo tendo que dar conta de 50 a 60 quilos por dia, eu procurava fazer com tal perfeccionismo que tia Raymonde comentava que eu era muito mole, não dava para a coisa. Ainda assim, eu conseguia descascar tudo pela manhã, cortava, fritava, vendia e ainda tomava conta dos frangos na grelha.

Por esse tempo, eu, como qualquer adolescente, encontrava um refúgio nos meus artistas de rock favoritos: David Bowie, Scorpions, Led Zeppelin, Rolling Stones, Genesis, Supertramp, Pink Floyd, Moody Blues, Yes, Chicago, Slade, Rod Stewart, Ten Years After, todos parte de minha trilha sonora diária. Nunca fui de drogas ou coisas do tipo, tão em moda na época, mas não abria mão do rock. Embora não fosse aos shows quando esses ídolos iam tocar na França, eu sempre comprava os discos. Gosto de rock até hoje.

O restaurante a que meu pai se referia era o Le Belvédère, o melhor da cidade de Cholet. O chef-gerente, conhecido do meu pai, era o sr. Yvon Garnier, meu primeiro chefe. Era um tipo atlético, que usava, na orelha, o anel de *compagnon*, o que fazia dele integrante de uma organização voltada à formação de artesãos em várias áreas de atividade. Por intermédio de *monsieur* Garnier, descobri o livro que até hoje me influencia, o *Guide Culi-*

naire, escrito em 1903 pelo grande Auguste Escoffier, o pai da gastronomia francesa moderna. No Le Belvédère, comecei como se deve começar. Minha primeira lição foi como lavar saladas. Depois, aprendi a preparar os pratos frios. Gostei tanto de estar ali, fazendo serviços numa cozinha profissional, que às vezes nem voltava para casa, dormia lá mesmo, na adega instalada no subsolo. No fim da temporada, senti que havia ganhado uma boa noção da dinâmica de uma cozinha. E queria continuar, mas *monsieur* Garnier tinha outros planos para mim.

Vivendo hoje em Nantes, onde nasceu, *monsieur* Yvon Garnier ainda está na ativa. Atualmente, é um dos organizadores da Copa do Mundo de Boulangerie (panificação), que acontece a cada três anos. Além disso, preside o Instituto Edouard Nignon, entidade voltada à promoção da cozinha nantaise que leva o nome do cozinheiro e escritor de Nantes, também chef do czar Nikolai Romanov, o último imperador da Rússia. Garnier celebra com carinho cada reencontro com o dileto pupilo. "Entre um jovem, que ele era, e um chef já encaminhado no *métier*, como eu, houve um encontro harmonioso. Uma osmose, uma química", comenta Garnier, emocionado. "Ele é um exemplo, e isso faz uma vida. Definir Laurent como cozinheiro é muito simples: paixão pela excelência. Que começa aqui [toca a cabeça], passa por aqui [toca o coração] e se traduz pelas mãos. Eu fui um exemplo para ele, e hoje ele é exemplo e inspiração para muitos outros."

Monsieur Garnier mostrou a seu cumim a necessidade de ingressar em uma escola técnica, se de fato quisesse ser cozinheiro profissional. Além de culinária, poderia adquirir noções de gerenciamento, contabilidade etc. O Lycée Technique fica na bretã Guérande, a 150 quilômetros de Cholet. Praticamente não mudou nada desde a passagem do chef por ali. A capacidade é de cem alunos, divididos entre os cursos de culinária e hotelaria. Os próprios alunos cuidam de produzir vegetais e legumes em hortas, no enorme terreno da propriedade municipal, e, uma vez por semana, o restaurante local abria ao público para treinamento dos internos. À parte o toque rural das muitas hortas e canteiros, o ambiente parece o que é: uma escola asséptica. Bem similar às brasileiras, até. No Lycée, Laurent lideraria sua primeira brigada: na verdade, um levante, durante a "greve geral" do corpo discente que ele organizou – por conta da falta de aquecimento nos dormitórios estudantis. E que deu certo, alcançou seu objetivo.

Com o chef Yvon Garnier (Nantes, 2019).

Laurent descobrira, assim, a militância estudantil. Ecos, ele reconhece, dos abrasivos Movimentos de Maio de 1968, em Paris, que ainda reverberavam pela França, e aos quais estava atento. Idem para as notícias diárias sobre os históricos protestos contra a Guerra do Vietnã que inflamavam os Estados Unidos. Para um garoto roqueiro admirador de Che Guevara, vestido com calças Lee, botas *ranger* e casacos do Exército, o período era uma espécie de "chamado". Mas, embora questionador, na sala de aula o rapaz continuava a se destacar apenas pelas boas notas.

Ao me formar no Lycée, foi também por intermédio de *monsieur* Garnier que consegui um estágio que me agregou muito, em um hotel de Contrexéville, no leste da França, cidade de águas termais. Nunca antes eu viajara para tão longe assim sozinho: Contrexéville fica a quase 800 quilômetros de Cholet. Aliás, nem Paris eu conhecia. E ainda não seria daquela vez, já que eu, interiorano, sem noção de como me locomover na cidade grande, só passei pela Gare du Montparnasse. Minha tia Yvette me buscou na estação e me levou a outra, a Gare de L' Est, Estação do Leste, por sinal notória por ter sido a porta de saída dos judeus e presos políticos franceses deportados na Segunda Guerra. Lá, tomei outro trem.

Laurent com o chef Jean Guérin no local onde funcionou o restaurante Luculus, em Batz-sur-Mer, 2019.

Fiquei em Contrexéville por três meses, tempo de duração do estágio a princípio não remunerado – mas, por alguma confusão que até hoje não entendi, acabaram me pagando, o que adorei. Foram 1.600 francos mensais, dinheiro que nunca vira antes. Assim consegui comprar uma Honda 125 cilindradas, na época super *in*, e uma jaqueta de couro. Abandonei o trem: a moto passou a ser meu transporte, ida e volta para Cholet. Foi também em Contrexéville que, bem, tive minha primeira transa, com uma garçonete que no dia seguinte me esnobou, nem olhou na minha cara. E de quem, certa noite, resolvi tirar satisfações: já meio "alto" de vinho, esmurrei a porta do quarto dela, fazendo muito barulho. Sem sucesso. Ela nem ligou. Aliás, não me orgulho muito disso.

Já no segundo ano no Lycée, fui trabalhar aos fins de semana e na temporada de verão no restaurante Luculus, na bonita Batz-sur-Mer, ao lado de Guérande – novamente, o mar e o litoral por testemunhas, como quase sempre acontece comigo. No Luculus, pude conhecer melhor outra pessoa da maior importância em minha vida: o chef Jean Guérin, que já era meu professor no Lycée. *Monsieur* Guérin, com quem convivo até hoje anualmente na França, sempre foi um profissional de altíssimo gabarito. Com ele, aprendi muito no quesito criatividade na cozinha. Mas, além do aspecto culinário, com Guérin aprendi a desenvolver uma espécie de sexto sentido para perceber, da cozinha, a *vibe* do salão, ou seja, o que está acontecendo lá fora – poucas vezes essa intuição falha.

Monsieur Guérin e eu sempre nos demos muito bem, até hoje somos grandes amigos. Fez questão inclusive de nos hospedar, a mim e ao jornalista Carlos Eduardo, na jornada pela França que deu origem a tanto do presente livro. Nossa relação é muito bonita, de um ex-aprendiz com seu professor, que evoluiu para um laço fraterno. Quando em 2014 minha mãe Colette completou 80 anos, fizemos uma grande festa em Le Bouil. Guérin era um dos convidados, mas não só fez questão de me ajudar na cozinha, como ainda lavou a louça!

Após minha temporada em sua cozinha no Luculus, Guérin foi de uma generosidade espantosa: enviou cartas para vários chefs, me indicando para seus restaurantes. E não quaisquer chefs: Paul Bocuse, Pierre Troisgros, pai de meu amigo Claude, hoje famoso no Brasil, e outros grandes nomes. A todos, me recomendava como um talento promissor.

Farda ou dólmã

Tudo parecia andar rápido demais. E foi com o *status* de promessa que Laurent, então com 17 anos, desembarcou no primeiro grande restaurante, em sua jornada rumo ao graal da profissão: o Les Prés et Les Sources, em Eugénie-les-Bains. No comando, ninguém menos que Michel Guérard, que naquele momento não só era o pai da "nova" *nouvelle cuisine française*, como surfava o sucesso da recém-adquirida terceira estrela no Guia Michelin, que mantém até hoje. Nada mau.

No liceu técnico de Guérande, com o mestre Jean Guérin (ao centro) – o livro era um bolo (1974).

Eugénie-les-Bains fica a quase 700 quilômetros de Cholet. O acordo previa que eu começasse como cumim. Na estação, dois rapazes já me esperavam. Um deles, o sous chef, chamava-se Jacky Lanusse e havia trabalhado com Paul Bocuse; o outro era o *chef de partie*, chef de praça, de *monsieur* Guérard, um certo Alain Ducasse, de quem me tornaria muito amigo e de quem muito se ouviria falar no futuro.

Do alto de meu noviciado, depois de algum tempo, intuí que algo novo estava acontecendo, pairava no ar essa sensação. Naquele momento, o chef Guérard era até mais importante que Paul Bocuse. Ele havia criado o conceito de *cuisine minceur*, "cozinha do emagrecimento", que recriava, em versões mais leves, os pratos tradicionais da *nouvelle cuisine* original. Mais ou menos assim: Bocuse traçou o método, baseado na defesa de uma cozinha clássica, mais regional; já Guérard defendia, também com muita técnica, que a cozinha não é um processo estático, mas algo evolutivo, a ser revisto, em sintonia com os anseios sociais do momento. Eu me identifiquei com sua proposta. Os pratos eram apurados, leves, saudáveis.

Era um privilégio estar ali, aprendendo um estilo tão ousado. Trabalhar com Michel Guérard foi, para mim, um divisor de águas. Cozinha altamente criativa. Ele tinha um lado de fazer a equipe participar, um processo de

O primeiro caderno de receitas, utilizado entre 1974 e 1977, ainda existe.

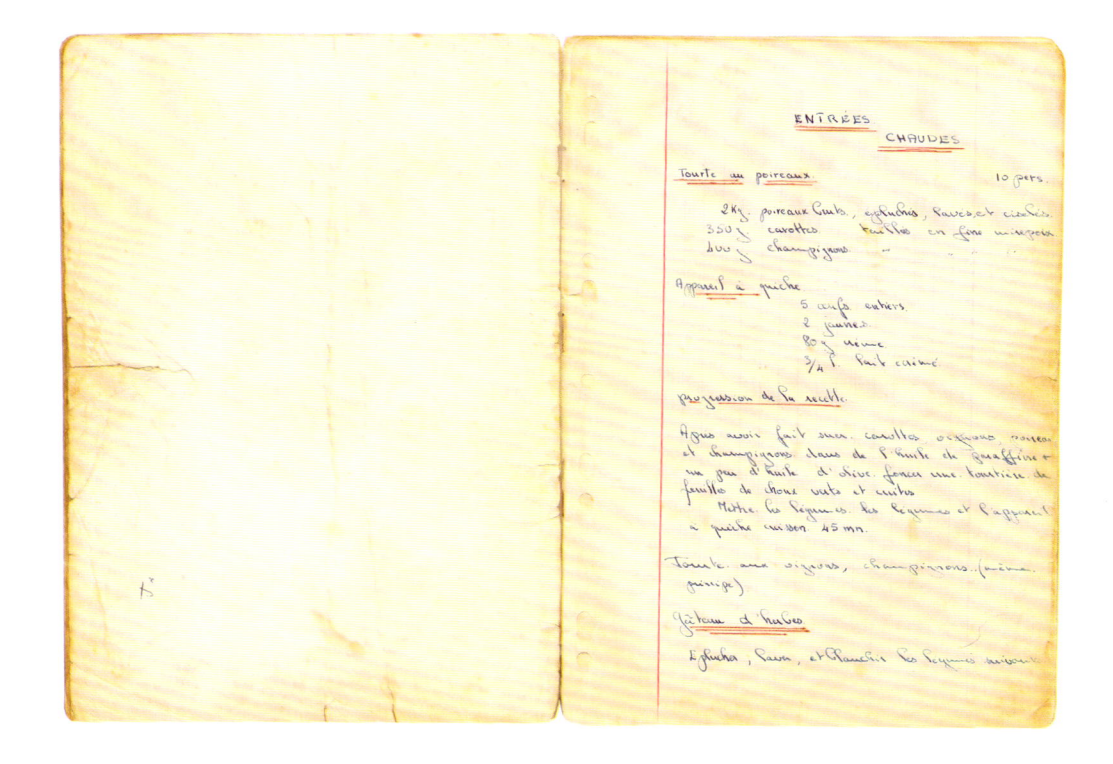

construção elevadíssimo, que me acompanhou na carreira. Por vezes, cozinhávamos para ele provar às escuras, tentando adivinhar o autor do prato. Com Guérard, aprendi a pensar o processo como um todo, antes da execução. Ele incentivava, dava liberdade. Com ele aprendi a fazer, por exemplo, uma chucrute de frutos do mar, algo que ninguém à época ainda fazia.

Ao término de minha temporada em seu restaurante, ele me indicou para uma oferta de trabalho que surgiu em Bordeaux, do chef Jean Ramet. A ideia era que eu ficasse apenas alguns meses e depois retornasse. No final, *monsieur* Ramet fez uma boa oferta, e acabei ficando por lá mesmo, com o aval de *monsieur* Guérard.

A proposta era irrecusável. Aberto em 1900, o Le Chapon Fin, que ainda existe, é uma casa clássica, histórica, finérrima, que foi frequentada por reis, monarcas, sultões, grandes políticos... e eu, como segundo do chef Jean Ramet, atuaria na retomada da glória épica do restaurante – ao prazo de um ano e meio, fomos contemplados com uma estrela no Michelin, a primeira do restaurante.

Em Bordeaux, me adaptei rapidamente. Mesmo tendo que acordar às quatro da manhã para fazer compras no mercado. Ao lado do chef, participava de todo o processo criativo. Meus pais ficaram tão orgulhosos que, pela primeira vez, foram me visitar.

Aos 19 anos, eu via minha carreira decolar. Tudo ia bem, até receber uma carta: a convocação para o serviço militar. Tentei argumentar, usei mil justificativas, mas não teve jeito: me ferrei. Exército, lá fui eu.

A julgar pelas reminiscências, o ano em que esteve à disposição dos militares franceses foi para chef Laurent um divertido período sabático durante o qual "não fez quase nada", como afirma, na base aérea de Dijon, onde serviu.

Ao ter seu talento descoberto, foi escalado para a cozinha. Rebelde, recusou. Participou primeiro como garçom, depois, no almoxarifado. Nas raras folgas, percorria o trajeto Dijon-Paris-Bordeaux, cerca de quinze horas, ida e volta, para visitar a namorada Sylvie, recepcionista e braço direito da esposa do chef Jean Ramet.

Certa feita, o rígido caráter herdado do pai foi posto à prova, quando Laurent flagrou – e denunciou – um oficial que estava furtando o almoxarifado. Ora, aquilo era "do povo", pensou o chef. E ele era o responsável. A denúncia lhe custou o cargo. Rebaixado, foi escalado para catar batatas nas fazendas do condado, para abastecer a cozinha do quartel. Ao lado de outro recruta, seu amigo, Laurent logo tratou de tornar confortável a árdua rotina: conseguiam as batatas logo cedo, depois bebiam com os camponeses, almoçavam com eles, tiravam uma soneca e regressavam, no fim da tarde.

Nessa toada, um ano se passou. Além da experiência de convívio com diferentes estratos sociais, o saldo de servir à pátria foi sair cabo-chefe.

Dois dias após dar baixa em Dijon, o chef entrava na cozinha de *monsieur* Paul Bocuse, em Lyon.

Um monólito chamado Paul Bocuse

O período no exército chegava ao fim. Ciente de que precisaria de um emprego, com a autoconfiança culinária que já adquirira, decidi ousar: bateria, literalmente, na porta de uma cozinha "grande".

Em um domingo de folga do quartel, pedi a um amigo uma carona até Lyon. Chegamos por volta de onze horas. Eu não conhecia ninguém na cidade. Minha primeira tentativa foi no restaurante do chef Georges Blanc – sem sucesso. Se não conhecia *personne* em Lyon, muito menos em Collonges-au-Mont-d'Or, onde fica o restaurante de Paul Bocuse. Mas fomos até lá.

Eu já tinha boas referências de minha atuação profissional, havia trabalhado com chefs importantes. No ímpeto juvenil, arrisquei alto: "*Bonjour*, posso falar com *monsieur* Paul Bocuse?".

Claro, não consegui. Mas dei uma tremenda sorte. O *maître*, que me atendeu, chamou Roger Jaloux, simplesmente o braço direito do chef. E que, vejam só, descobri ser amigo de *monsieur* Yvon Garnier, meu empregador em Cholet. Me apresentei, Jaloux foi cordial, gostou de minhas referências. "Vou ligar para você", disse.

Três dias depois, ele me ligou no quartel e perguntou se poderia começar já na semana seguinte. Quase caí de susto, mas não podia. Tolerante, Jaloux, que a vida tornaria um amigo querido, me "reservou" a vaga.

Assim que dei baixa, fui para Bordeaux, peguei meu dólmã com minha namorada Sylvie na estação ferroviária e embarquei em outro trem. Na manhã seguinte, oito em ponto, já estava em Lyon, na cozinha mais cobiçada de toda a França. Meia hora depois, já descascava laranjas para uma salada. Era maio de 1977.

Ao longo do tempo, muita gente tem me perguntado como era *monsieur* Paul. Só comecei a descobrir cinco meses depois, período no qual ele nem sequer olhou na minha cara ou falou comigo. Nada pessoal: o rigor era tanto, a pressão, tamanha, que a média de permanência de um cumim como eu era de quinze dias. Havia apostas na cozinha sobre quanto tempo esse ou aquele novato aguentaria. Por que então *monsieur* Paul se incomodaria com eles?

Ademais, havia o fato de, aos 50 anos, ele estar mais em ascensão e evidência do que nunca, o que o levava a se dedicar a diversos outros aspectos, que não a cozinha, no dia a dia. Na prática, quem tocava mesmo a cozinha do L'Auberge du Pont Collonges era Roger Jaloux.

Dezesseis anos mais velho que eu, Jaloux gostou do meu trabalho. Tanto que, poucos meses depois, virei chef de praça. A partir dessa oportunidade, decolei.

O lado B era a intensa disputa na cozinha. Nada de companheirismo. Concorrência o tempo todo. Cada um no seu quadrado. Parecia box de Fórmula 1. E até isso me ensinou bastante.

No L'Auberge du Pont de Collonges do mestre Paul Bocuse, com Sissi e os irmãos Pierre e Jean Troisgros (Lyon, 1981).

Sim, o ambiente era pesado, hostil até, como o são muitas das grandes cozinhas. A disciplina era rígida. Mesmo Jaloux não dava mole para ninguém. Era exigente, detalhista. Do alto de meus quatro anos de experiência, integrar aquela estrutura era bem mais difícil do que tudo o que eu havia vivido antes.

Quando *monsieur* Bocuse estava presente, nada lhe escapava. Nada. A roupa, o cabelo, o sapato, as unhas, o gestual, a postura, a maneira exata de segurar uma faca, a técnica adequada no trato de cada alimento. Cobrava inclusive os funcionários por seus hábitos fora do serviço. Era o "método bocusiano", ou "princípios Bocuse", como ele os denominava, em ação.

O tempo, sempre ele, me mostraria o valor inestimável de tudo aquilo em minha formação.

"Quem de vocês aqui trabalhou com Michel Guérard?", ele perguntou, um dia, em voz alta, na cozinha. Gelei. Mas me apresentei. "Bem, aqui não é laboratório medicinal", ironizou, referindo-se à cozinha mais leve de Guérard. "Aqui é cozinha de verdade: usamos manteiga, creme e vinho. Saiba disso." Tremi, achando que meus dias ali estavam contados. Mas não. A vida seguiu.

Embora todos, inclusive eu, o idolatrassem, era um alívio quando um compromisso fazia *monsieur* Paul se ausentar por alguns dias. Logo aprendi que, na informalidade dos corredores, todos se referiam a ele como "o Velho". Ironicamente, o mesmo "elogio" com o qual meus assistentes me tratam, pelas costas, na Escola Laurent.

Mas as coisas progrediram. *Monsieur* Paul melhorou a comunicação comigo. Creio que "me notou". Em minha autocrítica, concluí que se ele, a lenda, homem de personalidade difícil, me dava atenção, era porque eu tinha alguma qualidade. E isso me deu autoconfiança.

Um dia, ele me mandou a Paris, representá-lo em uma exposição de aviões. Minha primeira vez na Cidade Luz. No evento, reencontrei Alain Ducasse e conheci outro cara muito talentoso, de futuro promissor, Daniel Boulud, ambos representando seus respectivos chefs – cada cozinheiro tinha um pequeno restaurante no evento.

Sob a égide e os ensinamentos de Bocuse e Jaloux, eu evoluía a olhos vistos. Porque, assim como *monsieur* Paul, Roger Jaloux já detinha a nobre distinção de Meilleur Ouvrier de France, o melhor trabalhador da França.

Aprendi tanto com ele quanto com *monsieur* Paul. Para mim, foi um momento definidor: com Roger, sobre técnicas na cozinha; com Bocuse, como *restaurateur*. No Auberge du Pont Collonges, só estávamos ali para reproduzir à perfeição os clássicos "bocusianos": sopa de trufas, robalo em massa folhada, fricassê de frango ao vinagre, pato assado na lareira, lagosta gratinada, frango na bexiga de porco e muitos, muitos outros, que passei a dominar e respeitar.

O que não nos impedia de embutir no cardápio "sugestões do dia", sempre que *monsieur* Paul se ausentava. Poucas cozinhas no mundo têm produtos tão maravilhosos como os que tínhamos à disposição no Auberge, mas confesso que havia momentos em que a rotina de clássicos "enchia a paciência".

Ao descobrir nossa artimanha das "sugestões do dia", *monsieur* Paul literalmente teve um chilique. "Seus merdas, querem ser criativos e mal sabem fazer o básico", vociferou. A mesma frase usada quando um de nós errava uma receita.

Como sempre, ele estava certo. Essa é uma ficha que precisa cair para o cozinheiro que se intitula profissional. No caso da cozinha francesa, se o cara não sabe preparar uma terrine ou um suflê de queijo, quer inventar o quê?

Graças a meu bom desempenho, rapidamente Jaloux me promoveu a *chef tournant*, ou seja, eu assumia o posto de chef da praça em que estivesse, fosse a de peixe, de confeitaria, de carnes e assim por diante. O momento era ótimo. Ademais, adorei a atmosfera de Lyon, a segunda grande cidade onde morei. Caso não tivesse vindo para o Brasil, teria escolhido Lyon para me fixar. Até porque, sem que houvesse um motivo, nunca trabalhei nem morei em Paris.

Bocuse exalta Laurent, no Rio, em 1980 – do mestre com carinho.

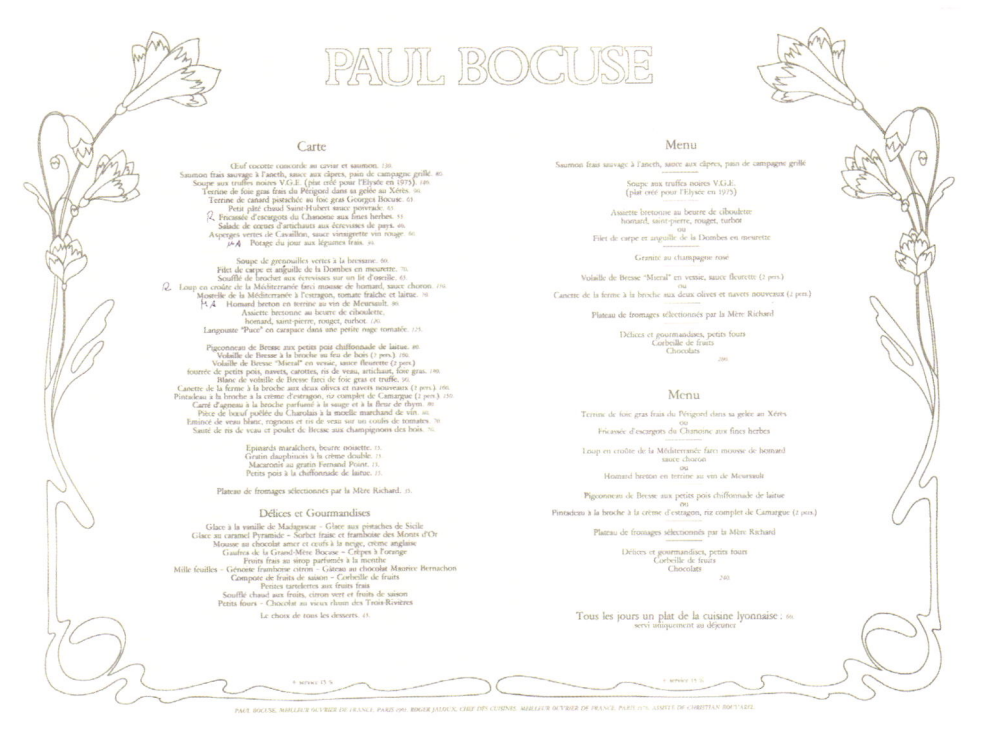

Joia rara: menu de 1981 do L'Auberge du Pont de Collonges, assinado pelo mestre e mentor, chef Paul Bocuse.

Já com uma remuneração razoavelmente boa, após tempos nos apertados alojamentos do restaurante, aluguei um apartamento adequado, em um bairro idem, troquei de carro – comprei um Golf –, e Sylvie veio de Bordeaux para morarmos juntos. Roger Jaloux, sempre ele, deu uma mãozinha, e ela conseguiu um trabalho de garçonete em Lyon. Tudo parecia perfeito. Tão perfeito que, em quatro meses, nos separamos. Ela ficou com a TV.

A essa altura, *monsieur* Paul havia arrendado um hotel, para onde me mudei. Cada empregado tinha seu quarto. Com dois anos e pouco de casa, eu me sentia muito seguro, pessoal e profissionalmente. Seguro até demais, beirando a autoindulgência. No campo pessoal, alternava namoricos passageiros e, pela primeira e única vez, abandonei temporariamente o rock para mergulhar de cabeça nos *hits* da *disco music* da época. Investi pesado no visual *à la* John Travolta e me acabava nas pistas de dança, arrastando todo o pessoal da cozinha comigo para a *night*, para desespero de Roger Jaloux. Mas separávamos bem a balada do dever: nunca faltei e me atrasei para o trabalho apenas uma vez.

Aos poucos, percebi que crescia no conceito de *monsieur* Paul, fato confirmado quando fui escolhido para a já mencionada viagem à Colômbia, que ele confundiu ao anunciar que "semana que vem embarcamos para Bogotá, no Peru" – minha primeira experiência internacional. No íntimo, sentia que estava sendo valorizado, o que era bom – nem todos tinham a liberdade de se dirigir à *madame* Bocuse, esposa do patrão, como acontecia comigo. Independentemente das relações de trabalho, Roger Jaloux e eu ficávamos cada vez mais próximos. Tanto que lhe expressei meu desejo de, um dia, ir embora da França, trabalhar no exterior. Estados Unidos, se possível.

E a oportunidade apareceu. O L'Hermitage, em Los Angeles, era disparado o melhor restaurante da Costa Oeste americana, naquele fim da década de 1970. *Monsieur* Paul determinou que eu poderia ir para lá como sous chef. Animado, avisei meus pais. O chef era Michel Blanchet, que inclusive foi

Na primeira foto, ao lado do amigo Roger Jaloux, na lendária cozinha do L'Auberge du Pont de Collonges, de Paul Bocuse (Lyon, 1997). Na segunda foto, na Colômbia em 1979: a primeira viagem internacional, com monsieur Bocuse.

a Lyon me conhecer. Com tudo certo, bastava que eu providenciasse minha documentação. Eis que chegou a bomba: o proprietário faleceu. Parou tudo. Ainda não seria daquela vez.

"Se quiser, devo abrir em breve uma operação na Ásia, em Hong Kong, não sei direito ainda. Você poderá ir para lá. Ou para o Brasil", anunciou *monsieur* Paul. Mal sabia eu que aquela frase profética mudaria minha vida radicalmente.

Cozinhando em verde-amarelo

Liberdade, igualdade, fraternidade

O Mercedes de última geração estaciona na porta do Laurent, em São Paulo. Dele, salta uma conhecida (e rica) colunável da alta sociedade paulistana, que adentra o restaurante. Avisa que está aguardando convidados. Enquanto se diverte com uma taça de champanhe, recebe do *maître* o menu, lê com atenção e comenta, brava: "Mas isso não é cardápio de restaurante francês, é de restaurante nordestino". O queixume, óbvio, bate na cozinha. Alertado, chef Laurent, cirurgicamente, escolhe o momento em que os convivas da *jet setter* chegam para enviar a todos como entrada um *superb* creme de mandioca com maracujá e camarão. Por conta da casa. Pedidos feitos, manás franco-nordestinos na mesa, a noite foi um sucesso. O chef foi aplaudido, e a anfitriã, elogiada pelo "bom gosto" da escolha.

Com a devida vênia de antecessores e sucessores, aos pingos nos is: quem estabeleceu régua & compasso ao que se convencionou denominar de alta gastronomia brasileira foi chef Laurent, ao aportar aqui nos anos 1980.

Curioso é que, após o batismo de fogo em Lyon sob a severa batuta do mestre Paul Bocuse, nem sequer era para Laurent ter vindo. Tampouco ele queria. Temporariamente, vá lá. Seus alvos eram Tóquio ou Nova York, que ele sabia "estarem em plena evolução gastronômica". A megalópole japonesa tinha a dianteira, "porque eu já era imensamente curioso pela Ásia". No Japão, comandaria a grande operação de uma sociedade entre Bocuse e uma famosa empresária nipônica. Um prêmio do mestre ao pupilo-revelação, em reconhecimento ao esforço e ao talento – antes, teria de cumprir uma temporada nos trópicos. Tinha apenas 23 anos quando chegou.

Recebendo o pai, Andre, e a avó, Odette Suaudeau (Rio, 1983).

De certa forma, Laurent admite, não era apenas um "emprego". Não estava implícito, nada foi ventilado abertamente, mas, ainda que para uma estada com prazo de validade, havia, sim, um quê de "missão diplomática" no ar. "Eu mesmo, com apenas 23 anos, via um pouco assim. E acho que *monsieur* Paul também, apesar de nunca ter falado nada." Ao topar o desafio, o chef tinha a noção de carregar nos ombros o lastro cultural da "Marselhesa".

Após a frustrada ida para a Califórnia, *monsieur* Paul me pediu paciência: em um ou dois meses, eu iria ou para o Japão, ou para o Brasil. Nesse caso, em um contrato de apenas seis meses, renováveis ou não. Na prática, o Brasil seria só um *pit stop* para o projeto do Japão. Mais ou menos como se eu fosse um jogador de futebol e fosse emprestado para outro clube, no caso, o restaurante Le Saint Honoré, no hotel Méridien, onde seria sous chef. Nova York, outro sonho meu, também era uma nova possibilidade que se abria.

Eu pouco sabia do Brasil, além da imagem clichê de paraíso tropical. Fora o futebol, não conhecia nada – precisei checar na enciclopédia. Samba, eu só soube o que era quando já estava aqui. Ao chegar, confesso que não tive uma boa impressão. Ok, o Rio era lindo, o ambiente, acolhedor, mas, em termos sociais, achei bem complicado. As diferenças tão gritantes me chamaram a atenção logo de cara, e foi quando me dei conta e agradeci, pela primeira vez, por ter nascido em um país que, naquele momento, tinha maior justiça social do que tem hoje. Também sabia que a ditadura militar ainda estava em vigor, mas só quando comecei a falar melhor o português compreendi sua exata dimensão.

Algum tempo após minha chegada, *monsieur* Paul veio ao Rio. Me lembro de estar na cozinha e ele me dar um tapinha nas costas. "Agora é com você. Você vai assumir."

Não entendi. Ele me explicou: Patrick Lannes, chef do Le Saint Honoré há pouco mais de um ano, estava de malas prontas, de volta para a França. Não esperava, mas estava preparado, então fiquei tranquilo. Afinal, um ano passa rápido. E tudo indicava que eu assumiria o *top* restaurante de *monsieur* Paul em Tóquio.

Quanto à gastronomia brasileira, o que descobri por aqui foi desalentador. Estagnada, parada. Tirando a cozinha italiana, o parâmetro era toda aquela cozinha internacional *kitsch* dos anos 1960 e 1970, com muito coquetel de camarão, filé *au poivre*, lagosta ao Thermidor naufragada no

Acima, uma das primeiras imagens no Brasil, com Paul Bocuse (dir.) e o chef Patrick Lannes (esq.), a quem substituiria no comando do restaurante Le Saint Honoré (Rio, 1980). Abaixo, em um momento histórico: sendo apresentado por Roger Jaloux como o novo chef do restaurante Le Saint Honoré (Rio, 1981).

molho bechamel… E esses clichês eram considerados *in*, sinônimos de comer bem para quem podia pagar. Aquela realidade não correspondia em nada ao que eu queria naquele momento para minha carreira. Por isso, a mudança para os Estados Unidos ou para o Japão seguia na mira.

Por outro lado, adorei as comidas e os petiscos que conheci nos botecos e lares dos meus cozinheiros. Torresmo, por exemplo. Eu pensava: por que não servem essas delícias nos restaurantes?

Corta para 2018. No e-mail da Escola Laurent, chega uma mensagem avisando sobre o falecimento de Anélio, ex-funcionário do chef nos tempos de Rio de Janeiro. Quem escreve é sua neta. Em texto emocionado, ela agradece: "Tudo que minha família desfruta materialmente hoje é porque o senhor, que era um jovem chef, acreditou nele e o ensinou e incentivou". A moça ouviu isso do avô. Termina dizendo que a foto dos dois, lado a lado, tirada décadas antes, ainda ornamenta a parede da sala. "Coisas assim não há o que pague", emociona-se o chef.

Sim, os planos envolviam Tóquio ou Nova York. No entanto, o improvável aconteceu: Laurent se "abrasileirou". Ou "tropicalizou", como ele prefere. E essa conversão tem tudo a ver com o elemento humano que ele encontrou por aqui, mais precisamente dentro de sua cozinha. Cercado pela ostentação que orbitava o então restaurante mais caro do país, o Brasil "de verdade", a vida como ela é, começou a se desenhar para o jovem francês através do olhar de seus subalternos, alguns deles semianalfabetos. "Meus *carras*", como Laurent se refere, ainda hoje, afrancesando o erre, a seus colaboradores.

Feiras livres, botequins, comida nordestina de rua, Maracanã, pavilhão de São Cristóvão, morros, favelas, periferias – essa foi a cartilha de assimilação da cultura brasileira que instrumentalizou o chef e moldou decisivamente sua cozinha.

Primeira de inúmeras visitas à Feira de São Cristóvão, com os cozinheiros do Le Saint Honoré (Rio, 1982).

Muita gente me pergunta como nascem os clássicos, como criei pratos cruzando base francesa e ingredientes brasileiros, receitas que hoje são minha assinatura e me acompanham desde então. No meu caso, acho que tem tudo a ver com a verdadeira família que descobri na cozinha do Le Saint Honoré. Gente humilde, com quem tive imediata empatia, por ser eu mesmo filho de um operário. Foi com eles que conheci o Rio, o Brasil. Foram eles que me mostraram os ingredientes e as comidas que me fascinaram. A caipirinha, o torresmo, a feijoada, as farofas, o doce de leite, foram meus cozinheiros que me apresentaram, assim como o Maracanã, o Flamengo, o Vasco. No futebol, um me "puxava" para seu time, o outro, para o seu, e nesse fogo cruzado tive a sorte de testemunhar grandes craques em ação, como Zico, Roberto Dinamite, entre outros. Também foi com eles que aprendi o português. Foi rápido: comecei obviamente pelos palavrões e, em três ou quatros meses, já me comunicava muito bem. E eu, por minha vez, os iniciei no francês básico, de cozinha, para nossa melhor comunicação.

Tempos após minha chegada, conheci a Sissi, uma piauiense que trabalhava no Méridien, com quem me casaria. Nos apaixonamos, fomos morar juntos. Isso, evidentemente, tem seu peso na permanência no Brasil, mergulhando de vez na cultura brasileira. Mas, olhando em retrospecto, vejo a importância daquela turma na minha história pessoal e profissional. Conheci – e desfrutei – o Copacabana Palace e todos os templos do *glamour* no Rio. Convivi com gente muito rica e interessante, excelentes pessoas. Mas o cotidiano com a equipe da cozinha foi certamente uma das grandes experiências da minha vida. O surgimento dos meus clássicos foi só uma consequência, e nisso eles também têm mérito. Tanto que ainda mantenho contato com muitos deles e suas famílias. E o melhor de tudo: carrego a certeza de também ter impactado positivamente a vida de cada um.

Com Janaína e Gregory como testemunhas, o casamento (Rio, 1990).

Em minha rotina carioca, apesar da enorme tentação, não ia à praia. Cedo, já estava na cozinha. Encarava a missão com seriedade, tinha comigo o dever de ofício a um homem chamado Paul Bocuse. Foi ele quem me nomeou, e era em nome dele que eu trabalhava. Isso, durante o dia. À noite, era diferente. Não demorou muito até eu descobrir o *easy living* da noite carioca, as boates, os botecos, as casas de samba, os, digamos, "endereços de tolerância". Da zona sul, Copacabana, Leblon, à Tijuca, passando por Lapa e Vila Isabel, eu aproveitava ao máximo. Passava em revista todo o circuito notívago. Por que não? Era jovem, em um primeiro momento, solteiro, num país diferente. O que importava era que, no dia seguinte, às oito da manhã, eu já estava na cozinha. Muitas vezes, saía da balada com o dia já claro, tomava café da manhã em algum boteco no caminho para "rebater" a noitada, chegava, entrava na ducha e *voilà* – estava pronto.

Minha relação com o pessoal da cozinha era respeitosa, fraterna. Eram caras mais velhos que eu. Ir à feira, por exemplo, aprendi com eles. E não demorou para que frequentar feiras livres virasse meu programa predileto. Adorei, elas eram diferentes das feiras francesas. Passei a ir sozinho, em busca daqueles ingredientes incríveis, que eu admirava não pelo mero exotismo ao olhar de um europeu, mas por serem bons e altamente gastronômicos. Aipim, maxixe, mandioquinha, abóbora, chicória, chuchu, caju, manga, tucupi, cupuaçu, maracujá, água de coco e muitos outros. E também os pescados, o pargo, o cherne, o vermelho, a cavaquinha. Esses produtos "viraram minha cabeça". Fiquei tão maravilhado que o ato de voltar para o hotel e pegar o elevador social para o restaurante no 37.º andar com tantas sacolas penduradas a tiracolo, muitas vezes com o gelo do peixe pingando, foi a deixa para vários embates com a direção do Méridien, alguns deles bem acalorados. "Só devo satisfações a *monsieur* Paul", eu respondia, petulante.

Terraço do hotel Méridien, com a equipe do Le Saint Honoré (Rio, 1981).

O meu pessoal da cozinha era muito bom. Nordestinos, em sua maioria. Talentos natos que só precisavam de um pouco de técnica, um "norte". Ensinei a eles, e juntos formamos um grande time. Alguns viraram amigos, cujas casas humildes, na periferia ou nos morros, eu visitava. Alguns deles, excelentes cozinheiros, viraram meus braços direitos, após começarem literalmente lavando louça. Tanto o Russo, cearense, como o Naim, do Piauí, chamavam-se Antônio. Havia também o Alexandre Bandeira, paraibano, que paralelamente era caricaturista e tinha uma inclinação tão grande para as artes que anos mais tarde virou restaurador de vitrais de igrejas.

Outro talento nato era Paulo Roberto, rapaz da Baixada Fluminense, negro, alto, brilhante na cozinha. Tão bom que o enviei para um estágio de seis meses em Lyon, com *monsieur* Paul. Ele voltou falando francês fluente e "tinindo". Chegou a aparecer em matéria da revista alemã *Stern*, ao lado de outros chefs. "Se tiver mais uma dúzia igual a ele, pode mandar", avisou Bocuse. Eu preparava o Paulo Roberto para ser meu sous chef, mas um dia ele me chamou de lado: "Não posso", disse. Surpreso, perguntei por quê. "Porque sou negro, chef."

Aquela resposta, impregnada do preconceito que ele havia introjetado, me balançou. E me deu a exata dimensão do racismo estrutural à brasileira. Preferi deixar o tempo correr e tentar de novo no futuro. Creio que teria convencido o Paulo Roberto. Não deu tempo. Infelizmente, um belo dia ele simplesmente sumiu. Evaporou. Ninguém soube o que aconteceu, nunca mais apareceu. Uma lástima, aquilo foi muito triste.

De Lyon à Rocinha

Quando o óbvio deixa de ser óbvio e vira impressionante, nasce um clássico. No meu caso, aconteceu ao juntar produtos inusitados do meu ponto de vista, mas que no Brasil são populares e corriqueiros na comida do dia a dia, e transformá-los em iguaria. Autoconfiança e técnica são fundamentais nessa hora. E um alerta aos cozinheiros: seja uma receita quente ou fria, não se cria um clássico, um prato memorável, sem a aplicação de técnicas adequadas.

Mas, de novo, tive a retaguarda do mestre Paul Bocuse. No Brasil, eu representava com orgulho sua cozinha. Supostamente, havia uma linha imaginária a qual nunca deveria ultrapassar. Mas ele mesmo se adiantou. Uma vez no Brasil, ele me incentivou a executar meus pratos usando os produtos da terra. Foi o que fiz. Por outro lado, sempre tentei adaptar expressões francesas ao batizar essas receitas, porque sou francês e porque elas são fruto da técnica francesa.

À esquerda, menu do Le Saint Honoré, versão 1982. À direita, anúncio do famoso creme de mandioquinha com caviar do restaurante Laurent de São Paulo (1995).

Nem sempre eu estava certo. Não adianta o chef ser criativo se a criação não vende. O mercado precisa assimilar. E nem sempre isso acontece. No Le Saint Honoré, e mesmo depois, em meus restaurantes no Rio e em São Paulo, criei pratos com a certeza de que seriam sucesso, de que virariam clássicos. Mas alguns deles empacaram, talvez porque estivessem à frente do tempo. Possivelmente funcionariam hoje, quem sabe. O fato é que tive de retirá-los da carta.

Muitas vezes, a inspiração do chef surgia de situações cotidianas. Como quando foi almoçar na casa humilde do funcionário Amélio Fernandes de Souza, no subúrbio, em Nova Iguaçu. Para colaborar com o almoço dominical, cada vizinho trouxe um prato. Comida simples, mas gostosa, bem-feita. Eis que uma senhora surgiu com a mandioquinha – batata-baroa, como é conhecida em terras fluminenses. Sem firulas, cozida apenas em água e sal. Laurent, que até então não conhecia o tubérculo, adorou. Achou-o extremamente gastronômico. Para muitos cozinheiros, um momento assim talvez passasse batido. Não para seu olhar perspicaz. "Na hora, me lembrei do purê de batata e da geleia de caviar ao creme de couve-flor do Joel Robuchon, um de seus grandes clássicos", recorda. Assim nasceu a famosa mousseline de mandioquinha com caviar, um dos muitos *hits* de seu repertório. Na ótica do chef, a graça, o espírito da coisa, estava na ousadia do delicado *crossover*: casar o "pobre e o rico", a mandioquinha e o caviar. Coisa de quem, sob camadas de rigor culinário, esconde doses de genuína preocupação social, parte indissociável de sua personalidade.

Nesse contexto, surgem manás antológicos: foie gras com caju; pupunha com vieiras; abóbora com vitela e trufas negras; o curau de milho que virou *quenelle*, depois o gnocchi de milho; o mousse de ouriço (ouriço!), o *magret* ao tucupi, a *bavaroise* de caqui, a costelinha com broto de samambaia, o *gâteau* de repolho com tutano. Sem falar no blini de tapioca, o "pai" do dadinho de tapioca, tão popular hoje em dia. Pratos que marcaram época e cravaram um novo tempo na gastronomia brasileira.

Laurent tinha as bênçãos de *monsieur* Paul Bocuse, que vinha ao Rio várias vezes ao ano conferir os trabalhos. Sua presença na cidade pautava festivais gastronômicos que atraíam legiões ao Saint Honoré. Com o tempo, o próprio Bocuse, que exigia comer feijoada aos sábados, entrou para a "galera da cozinha" e tinha sempre na bagagem presentinhos e brinquedos para seus "sobrinhos", os filhos dos funcionários de Laurent. Em algumas ocasiões, Bocuse fez questão de acompanhar Laurent em visitas ao pessoal, como quando esteve na favela da Rocinha, na casa de Doterives da Silva, "o melhor especialista em temperos que já tive", ressalta Laurent. Alguém imaginaria o maior dos cozinheiros, o mestre dos mestres, na Rocinha? Pois ele foi.

O primeiro *feedback* midiático de que algo de novo acontecia nas mesas do Le Saint Honoré veio em um amplo artigo da revista *Quatro Rodas*, destacando a excelência da comida e do serviço, liderado pelo sr. Inocente Polinelli, o *maître*, um italiano de Milão fluente em sete idiomas, além do requinte e do bom gosto do ambiente, marcas registradas da casa. A publicação outorgou ao restaurante o alto do pódio de melhor do Brasil, não muito tempo após Laurent assumir a cozinha. A partir daí, o céu foi o limite. Por anos, o sucesso foi retumbante. A elite aplaudia. O *jet set* internacional, idem. Ninguém – nem mesmo *monsieur* Paul – comunicou diretamente ao chef, mas circulava nos corredores do grupo Méridien que a unidade carioca, em tempo recorde, se transformara no melhor restaurante de toda a rede, mundo afora. "Quem é esse garoto"?, era a pergunta incidental na matriz.

Bocuse na Rocinha, em visita à casa do cozinheiro Doterives (à esq.), do Saint Honoré, com Laurent (de azul) e o sous chef Pierre Curty (centro).

A chegada do sucesso, do jeito que aconteceu, rápida e inesperadamente, balançou meu propósito de não ficar no Brasil. Mudou tudo. Conhecer a Sissi também. Houve mais um ingrediente crucial: a sociedade de *monsieur* Paul com a *restauratrice* japonesa acabou não dando certo, ao que ele me enviou um telex pedindo que "segurasse mais um pouco", um ano, quem sabe dois. E o tempo foi passando. De modo que, já adaptado, falando português, com amigos, uma namorada, um time de cozinheiros e uma equipe de garçons extraordinários, gostando daqui, fui ficando, ficando... Na primeira viagem a Minas Gerais, descobri o tutu, o feijão-tropeiro, a vaca atolada, a quirera com costelinha de porco – em suma, me esbaldei no trivial mineiro. Esses achados me estimulavam a conhecer ainda mais.

Foram tempos de muito trabalho e criatividade, e também de muito reconhecimento. E poucas coisas são mais legais do que ser reconhecido por sua "labuta". Melhor ainda naquela dimensão, com a aprovação unânime do Brasil formador de opinião.

Pesava também a percepção de que, mesmo sendo um mero representante, eu estava trazendo algo novo para um país em desenvolvimento, saindo de uma ditadura. E com uma atitude respeitosa. Sem olhar colonialista, sem tirar vantagens em prol do desenvolvimento local.

Sempre brigo por meus ideais. Aprendi com meu pai. Por isso, no Méridien, adquiri a fama de garoto problema. Além da veemente cobrança diária por novos produtos e ingredientes locais frescos, que nunca chegavam se eu não fosse à feira pagando do meu bolso, havia no ambiente de trabalho uma questão social: eu adorava meu pessoal de cozinha, mas pouco ligava para os demais. Não sei fazer *lobby*. Não sorrio para quem não estou a fim. Não ia a coquetéis e jantares da diretoria, não bajulava, não saía para beber com eles. E ainda discutia com a diretoria sobre a política interna. Como quando um diretor de RH veio de Paris, em voo de primeira classe, acompanhado por sua secretária, apenas para cortar alguns funcionários do hotel. No meu caso, eram dois cozinheiros com salários de 150 dólares cada um. Não concordei. "Vocês têm que confiar em quem empregam como responsável pela operação", protestei. E não abri mão de meus cozinheiros.

Em outra ocasião, literalmente chamei para a briga dois diretores que boicotavam minha escolha de ingredientes e tentavam me indispor com meu pessoal de cozinha. Eu estava disposto a ir às vias de fato, cheguei a tirar o jaleco, ao que eles amarelaram. "Ele é bom, mas é chato, é complicado", reclamavam para *monsieur* Paul. "Se acalme", ele me ligava de volta. O resultado do meu trabalho falava mais alto.

Ainda assim, o sucesso pode jogar você numa zona de conforto perigosa. E eu já ia para cinco anos de Brasil. Era hora de me movimentar.

O jornal

Já vivendo com Sissi, fomos para Nova York, a convite do empresário italiano Ciro Maccione, amigo de *monsieur* Paul, dono do Le Cirque. A estrutura profissional do restaurante franco-italiano dele me impressionou. E o que Sissi e eu suspeitávamos aconteceu: um convite para assumir a casa. Salário excelente para os anos 1980, 15 mil dólares mensais. Gostei do que vi e fui até apresentado à brigada como futuro novo chef.

Ficamos por detalhes, apenas. Voltamos para o Rio. Aí, o lendário jornalista Zózimo do Amaral, figura simpática que eu admirava e sempre ia ao restaurante, publicou a seguinte nota, em sua prestigiosa coluna no *Jornal do Brasil*: "Da mesma forma que estamos perdendo o craque Zico para a Europa, estamos prestes a perder um craque da cozinha".

Eu não vi. Nem sequer tinha lido. Mas a repercussão foi imediata. No mesmo dia, o diretor-geral do hotel Méridien veio até mim, com o jornal na mão, esbravejando sobre o que era aquilo. "Não sei", respondi. E não sabia mesmo. Mérito total do Zózimo, como grande jornalista que era. Nunca soubemos como ele descobriu minha iminente saída.

O efeito foi como rastilho de pólvora. Apenas dois dias após a publicação da nota, dr. Célio Pinto de Almeida, amigo, cliente *habitué*, empresário, sócio fundador do shopping Rio Sul, na época o mais badalado da cidade, me ligou. Queria marcar uma reunião.

"Estamos traçando um plano para abrir um restaurante com você, para que fique no Brasil", disse. Foi uma total surpresa. Atropelou a ordem das coisas. E o "estamos", significava um grupo dos maiores empresários do Rio. Tanto que me convenceram. Afinal, um restaurante próprio era outra perspectiva. A parte chata seria comunicar *monsieur* Paul de minha saída. Avisei-o, e, como esperava, houve um grande mal-estar.

Durou muito pouco, esse nosso estremecimento. Meses depois, em 1986, uma semana antes da inauguração do restaurante Laurent, no bairro de Botafogo, ele voltou ao Brasil. Visitou, olhou tudo com carinho, aconselhou. E me desejou boa sorte. "Só não vá reproduzir os pratos do Le Saint Honoré."

Não tinha como. Muitos desses pratos eram de minha autoria. Tanto que, com minha saída, o Le Saint Honoré deixou apenas alguns no cardápio.

Na visita seguinte ao Rio, ele foi jantar comigo. "Você fez bem em manter esses pratos", disse.

Esse era *monsieur* Paul.

Descoberto pela mídia: com o jornalista Zózimo Barrozo do Amaral, no Le Saint Honoré (Rio, 1980).

Olhar estrangeiro

À mesa com o poder

Nos longos anos na vanguarda da gastronomia no Brasil, chef Laurent cozinhou para personalidades, artistas, grandes estadistas, a nata do empresariado e do *show business*, realezas, banqueiros. No Rio de Janeiro em ebulição social pós-ditadura, o chef recebia celebridades a granel no Le Saint Honoré. As grandes fortunas, o dinheiro quatrocentão, igualmente frequentavam a casa. Em comum, a busca pelo melhor e mais falado menu do país. Esse moto-perpétuo de famosos prosseguiria anos a fio, em endereços-solo do chef, no Rio e em São Paulo.

No salão do restaurante, sempre me posicionei como um profissional. Nunca me considerei amigo dos frequentadores. Como cozinheiro, minha posição era a de um humilde servidor, por mais que, em muitos casos, possa ter havido uma interlocução maior. Hoje, me arrependo um pouco dessa postura. Tive diversas oportunidades de registros fotográficos que seriam históricos, mas desperdicei. Na época, não fazia questão.

No primeiro Rock in Rio, em 1985, toda a equipe do Queen foi jantar no Le Saint Honoré. Sentaram todos em grande uma mesa redonda e, ao final, aplaudiram a sobremesa em forma de guitarra que nosso *chef pâtisserie* preparou. Num caso raro, tirei uma foto, com a banda toda. Infelizmente, justo essa foto acabou sumindo. Quando descobri, fiquei triste. Valia muito mais para mim a foto com o Queen do que o livro de ouro do restaurante, assinado por *jet setters*, políticos, grandes empresários, blá-blá-blá... Esse eu literalmente joguei fora.

Em turnê no Brasil, Tina Turner foi ao restaurante Laurent do Rio. Sem *entourage*, só com dois caras, provavelmente seus empresários. Ao fim do jantar, fui até a mesa, Tina foi imensamente simpática, elogiou a comida. Tentei ser rápido, não queria invadir sua privacidade.

Quem também frequentava o Laurent era Cazuza. Na maior parte das vezes, acompanhado da mãe, Lucinha Araújo, às vezes com ela e o pai, João Araújo. O cantor e a mãe iam muito ao restaurante, até poucas semanas antes de ele falecer.

Anúncio do restaurante Laurent, no Rio de Janeiro (1986).

Roberto Carlos às vezes frequentava o Saint Honoré. Não foi difícil perceber seu gosto por uma alimentação mais natural – ele só comia alimentos leves, legumes, essas coisas.

Gilberto Gil sempre foi bom de garfo. E gostava de gastronomia, era interessado no assunto.

Uma pessoa de notoriedade que adorei conhecer foi Michael Caine, ator inglês. Um cara extremamente simpático, quis saber sobre a cozinha, ou melhor, visitou a cozinha do Saint Honoré! Ele tinha uma fleuma britânica muito educada.

Outra figura que eu admirava era Jorginho Guinle. Ele tinha muita classe, sua elegância me impressionava. Na mesa, era delicado, sabia comer. Não bebia muito vinho, preferia champanhe, mas aconteceu de tomarmos taças de tintos juntos. Ele tinha berço, referências. Era um *connoisseur*. Baixinho, sua delicadeza era a prova de que não é necessário ser bonitão para grandes conquistas, a julgar pelas estrelas de Hollywood com quem ele notoriamente se envolveu.

Cartão de visita do restaurante Laurent (Rio, 1986).

Presidentes de farda também circulavam pelos salões do Le Saint Honoré. Na verdade, ex-presidentes. Em várias ocasiões, Emílio Garrastazu Médici jantou lá, por vezes em companhia do jornalista Zózimo Barrozo do Amaral, outro frequentador assíduo; seu sucessor na presidência, Ernesto Geisel, invariavelmente aparecia na companhia do ex-ministro Delfim Netto e do economista Roberto Campos. "Eu os cumprimentava e já voltava para a cozinha, não esticava o assunto", recapitula Laurent. Já João Figueiredo enfureceu o próprio Paul Bocuse, que foi convidado pelo então CEO da Air France no Brasil, sr. Joseph Halfin, para preparar uma noite especial para o então presidente. Figueiredo ousou trocar o menu do jantar de gala preparado por mim e Roger Jaloux por um reles sanduíche saído da copa do Palácio do Planalto. Diante de tamanha desfeita, Bocuse deixou a cozinha, foi apresentado e cumprimentou a primeira-dama, Dulce Fiqueiredo, mas não demonstrou o menor entusiasmo diante do presidente brasileiro.

Minha primeira impressão do Lula não foi das melhores. E falo isso com convicção porque sou filho de metalúrgico. Muito antes que ele fosse eleito, fiz um jantar para uma delegação chinesa do qual ele participou, na Escola Laurent, em São Paulo. Ele foi um dos primeiros a chegar e conheceu nossa estrutura. "Escola é tudo que esse país precisa", afirmou. Quando mencionei que era filho de operário, ele comentou: "Ah, isso na França é algo muito sério". Não entendi; aquela foi uma resposta no mínimo intrigante.

Nosso segundo encontro foi em uma comitiva oficial, a bordo de um voo para Paris, onde eu participaria de uma edição do concurso de gastronomia Bocuse D'or. Ele já era presidente. No meio da conversa, sugeri que ele precisava de um bom cozinheiro no Palácio da Alvorada. Meu ponto era: como representação máxima do país, a comida da residência oficial do presidente deveria ser o suprassumo da brasilidade, fosse para convidados estrangeiros ou não. "Ô, rapaz, eu crio o coelho, mato o coelho, cozinho o coelho e como o coelho. Não preciso de ninguém", disse o Lula.

Acima, em um jantar na casa de amigos: Sissi, d. Ruth Cardoso, chef Laurent e o presidente FHC (1996). Abaixo, entre chefes de Estado: no Palácio da Alvorada, com o presidente FHC, d. Ruth Cardoso e Jacques Chirac, presidente francês.

As reações do ex-presidente Fernando Henrique Cardoso eram opostas. Grande *gourmand*, bom apreciador, foi cliente do chef Laurent desde a época em que ainda era ministro. E continuou a ser ao longo dos anos que vestiu a faixa presidencial, tanto no Rio quanto em São Paulo.

Em 1995, em seu primeiro ano de mandato, o Itamaraty me pediu para fazer o jantar oficial da visita do então presidente da França, Jacques Chirac, para o qual também foram convidados Roberto Marinho e o banqueiro Walther Moreira Salles. Aceitei, até por questão de princípios, no apoio a um estadista francês em visita oficial ao Brasil. E também para atender o presidente e dona Ruth Cardoso, sua esposa, sempre atenciosos comigo.

Para minha total surpresa, após o jantar, o presidente Chirac me chamou e brincou: "O que você está fazendo aqui?", disse, em clara alusão a atuar no Brasil sendo um cozinheiro francês.

Ao que FHC prontamente devolveu, no espírito da brincadeira: "Daqui ele não sai. Não deixo". Rimos os três.

Foi ali, naquele jantar, que o falecido presidente Chirac decidiu que eu receberia a medalha da Ordem do Mérito Agrícola. Dois anos depois, fui nomeado Cavaleiro da Ordem do Mérito Agrícola, por minha contribuição à difusão da cultura gastronômica francesa no exterior – uma honraria de enorme respeitabilidade.

"Bem, já que estão dando a você uma comenda francesa, daremos também a brasileira, de Cavaleiro da Ordem do Rio Branco", comentou, de novo para meu total espanto, o presidente Fernando Henrique.

Saldo da noite: duas comendas prestigiosíssimas. Difícil de acreditar.

(Muitos anos mais tarde, em 9 de novembro de 2016, fui condecorado com outra premiação referente ao reconhecimento de meu trabalho: a medalha da Légion d'Honneur, Legião de Honra, a maior honraria que um cidadão francês pode receber, o que me deu muita satisfação pessoal.)

Não muito depois, dona Ruth Cardoso me pediu a indicação de alguém para trabalhar como *personal* chef do presidente. Eu ia indicar o Naim, braço direito na cozinha do restaurante Cantaloup, em São Paulo; antes, porém, ela perguntou se eu conhecia e o que achava de uma moça que conhecera – e gostara – em um almoço na casa da família Gouvêa Vieira, proprietária do grupo Ipiranga, no Rio. "Se a senhora gostou, contrate, já ouvi falar que ela é boa."

A medalha da Legião da Honra.

Roberta Sudbrack, a talentosa cozinheira em questão, chefiou por sete anos a cozinha do Palácio da Alvorada. E com muito mérito.

Por ser um grande banqueiro, presidente do Unibanco, eu achava no mínimo ousado, para não dizer arriscado, que Walther Moreira Salles chegasse sozinho, sem seguranças, ao restaurante Laurent, em São Paulo. Já nos conhecíamos, ele era cliente do Saint Honoré e continuou nos prestigiando quando abri o Laurent no Rio, além de oferecer vários jantares privados em sua residência. Ele vinha perto do fim do horário de almoço para encontrar amigos, também grandes empresários. Tinha sempre em mãos rótulos franceses de safras que nós nem sonhávamos ter em nossa adega.

Em 1986, o cônsul da Inglaterra no Rio me convocou para um almoço mais que especial em sua residência no Parque Guinle: à mesa, estaria o casal real, a princesa consorte Diana e o príncipe herdeiro Charles, em visita ao Brasil. Como eram só doze pessoas, fui sozinho, sem ajudantes. O cardápio era normal, com exceção de Lady Di, que solicitou uma *salade du marché*, "salada de mercado", com folhas e frutos brasileiros. Tudo correu bem, mantive-me discreto como sempre. Eu já me preparava para ir embora quando, num momento em que estava agachado de costas, na cozinha, alguém bateu no meu ombro. Levei um susto: era o príncipe Charles que, em francês, me agradeceu e disse que havia gostado muito da comida.

No final dos anos 1990, David Rockefeller, o multimilionário americano, foi jantar no restaurante Laurent do Rio, acompanhado da família Safra. Na saída, me agradeceu, disse que havia gostado muito: "Até porque já conheço seu outro endereço, em Paris, vou sempre jantar lá".

Respondi que estava lisonjeado com a comparação, mas esclareci que o restaurante Laurent, grande casa até hoje em atividade em Paris, embaixo dos Champs-Élysées, não era meu. Rockefeller se confundiu: além do nome, o tom pastel da decoração de ambos era bem parecido. Mas não deixou de ser um grande elogio.

Como resultado de nos conhecermos nessa noite, dona Lili Safra me convidou para assinar o menu do casamento de seu filho, uma ocasião incrível: dez andares do Méridien fechados durante três dias exclusivamente para o evento e um *jet set* internacional de convidados desfilando pelo hotel.

Muita gente do universo televisivo sempre frequentou o Le Saint Honoré, especialmente da rede Globo. Diversos artistas. Acabei ficando amigo do Boni, José Bonifácio de Oliveira Sobrinho, e do dr. Walter Sampaio, o diretor administrativo da Globo. Os dois quase sempre iam juntos. E o Boni, grande conhecedor e entusiasta da gastronomia, amante de bons vinhos, viraria cliente também do restaurante Laurent, no Rio e em São Paulo.

Tenho a plena noção de que minha atitude reservada, nada expansiva, pouco contribuiu para que me tornasse amigo de clientes. Felizmente, havia exceções à regra, e acabei fazendo amizades duradouras. Um dia, no Rio, fui apresentado a um publicitário paulista de quem já ouvira falar que era arrojado e imprimira novos tons à publicidade brasileira. Ao conhecê-lo, percebi que o cara de fato entendia de boa cozinha. Por sorte, quando mudei para São Paulo, tive durante muito tempo Washington Olivetto como cliente. Eram almoços de negócios longuíssimos, quase até o fim da tarde, muitas vezes na companhia dos diretores ou de clientes de sua agência e de Patrícia, sua esposa, uma querida – o *gran finale* era sempre com Fernet branca, que ele adorava. Dessas visitas, nasceu uma amizade genuína, de alma, que já perdura há décadas. Além de gênio da publicidade, Washington é carismático, carinhoso, generoso. Sempre senti que ele é uma boa alma, e foi essa sua qualidade que nos deixou muito próximos, como somos até hoje.

Rogério Fasano foi outro *habitué* com quem floresceu uma bela amizade. Craque da gastronomia, *bien sûr*, talvez o maior *restaurateur* desse país. Apesar do inegável DNA italiano, é um grande entusiasta da cozinha francesa. Das mesas do restaurante Laurent em São Paulo, evoluímos para um companheirismo cúmplice, visitando juntos grandes restaurantes em

Paris. Quando concebeu seu restaurante franco-italiano Parigi, uma de suas famosas casas, fui chamado para compor o cardápio francês. Curiosamente, foi sua paixão pelo *crème brulée*, clássica sobremesa francesa da qual ele era fã, a centelha de nossa conexão.

Rogério queria adicionar o doce, que sempre comia no restaurante Laurent, na carta do Fasano, então em sua lendária fase da rua Haddock Lobo, em São Paulo. Para isso, convidou-me e à Sissi para uma degustação. Ele mandou à mesa três versões – todas fora do ponto, para padrões franceses. Ao que não perdi a piada: "Rogério, fique com seu *tiramisù*, que eu fico com meu *crème brulée*".

E o que dizer de meu amigo Giancarlo Bolla? Grande mestre, grande *restaurateur*, ganhou meu respeito não só pela qualidade de seu trabalho na cozinha, mas também pelo afiado *feeling* na área de salão. Elegante, carismático, sabia tratar o cliente com classe, um dos motivos pelos quais o La Tambouille sempre teve a preferência do público feminino, encantado com os detalhes sedutores do restaurante, praticamente inigualáveis. Com seu falecimento precoce, todos nós perdemos. Particularmente, foi uma honra ser dos poucos a ter estado ao lado dele, em sua casa, pouco antes de ele nos deixar.

Gregory, Fidel, Bush e o casal Marinho

Roberto Marinho e dona Lily sempre nutriram indisfarçada admiração pelo chef e por sua cozinha. Frequentavam assiduamente o Saint Honoré. Com o tempo, levaram Laurent para cozinhar exclusivamente para eles e seus convidados, sobretudo em datas festivas. De 1987 a 2003, rigorosamente todos os jantares de Natal e Ano-Novo da família tiveram a lavra do cozinheiro francês nascido no Vale do Loire. E não parou por aí, já que por anos a fio o chef assinou inúmeros cardápios de discretíssimos almoços e jantares de Marinho com políticos brasileiros do mais alto escalão, que iam ao Cosme Velho pedir a "bênção" do homem mais poderoso do país, nomes que Laurent prefere não citar.

Essa relação trouxe ao chef grande proximidade, ainda que circunstancial, com o altíssimo clero do poder. Afinal, quantos cozinheiros no planeta serviram Fidel Castro e um presidente americano, no caso George H. W. Bush, na mesma mesa, ainda que em datas diferentes?

Aconteceu quase que secretamente, na residência de Roberto Marinho no Cosme Velho, durante a Eco 92, quando os dois líderes vieram ao Rio para o maior evento de ecologia até então já realizado. Em uma noite, o convidado de honra foi Fidel Castro. Em outra, o presidente Bush "pai", sendo que o líder cubano presenteou o anfitrião carioca com quatro flamingos. Assinei os dois jantares. Não tive muito acesso ao salão, fiquei no *backstage*, com dona Lily como interlocutora. Até poderia ter tirado fotos, doutor Roberto não se oporia, muito pelo contrário. Mas, por um misto de discrição e postura profissional, preferi não fazer. Uma pena. Momentos assim precisam ser eternizados.

Com o casal Marinho acabou surgindo um grande respeito mútuo. Até que, em uma noite de domingo de 1987, assinei o cardápio do jantar que oficializou seu enlace matrimonial, ambos vindos de casamentos anteriores. Uma proximidade familiar, até. A ponto de, um dia, meu filho Gregory, então com 5 anos, pedir para conhecer Roberto Marinho. Foi uma surpresa. Aquele era um pedido incomum para a idade dele. Perguntei por quê: "Ah, pai, porque ele é um grande homem".

Fiquei feliz ao identificar tão precocemente nele uma característica que até hoje nos é comum: a admiração por pessoas que fazem coisas que de fato importam. Na cabecinha dele, o dono de um canal de televisão ao qual ele assistia todos os dias era digno de enaltecimento. E era mesmo.

Fizemos preparativos para a visita. Antes, liguei para dona Lily, para combinar. Marcamos para o dia seguinte. Gregory se arrumou sozinho, colocou até gravata. Lá chegando, subiu para falar com Roberto, que estava no quarto. Depois, disse que o encontrou lendo jornais espalhados pela cama. Conversaram bastante, enquanto eu tomava chá com dona Lily. Na volta, no carro, a caminho de casa, Gregory falou: "Pai, o dr. Roberto disse que você é um grande cozinheiro, o maior que ele já conheceu". Foi uma tarde memorável. Quando, em 1995, lancei meu primeiro livro, *O Sabor das Estações*, Roberto Marinho me agraciou com um prefácio muito carinhoso.

Nos porões da ditadura

Por conta da formação humanista, Laurent Suaudeau sempre procurou ter a relação mais cordial possível com seus colaboradores. É assim até hoje: cobrando com austeridade (e autoridade) no devido momento, mas sempre jogando pelo grupo quando necessário.

Logo que chegou ao Brasil, Laurent criou no Le Saint Honoré a "mesa do chef", que ocupava lugar central na cozinha. Nela, recebia para almoçar não apenas o alto clero do Méridien, mas principalmente seu time de cozinha, de quem obtinha o termômetro da política do país. Eram refeições descontraídas, animadas, nas quais o chef comentava suas impressões sobre um Brasil em transição. E foi justamente a "mesa do chef" que o colocou cara a cara não apenas com o regime militar que agonizava – mas ainda expunha as garras –, como também com o grande fantasma da França contemporânea.

Certa manhã, fomos todos surpreendidos pela presença espalhafatosa da Polícia Federal no hotel. Foi um sururu. Mas quem levou o maior susto fui eu. "Laurent Suaudeau é você? Venha comigo agora", disse um oficial de paletó e gravata que subiu até o andar onde eu estava – lá embaixo, no *lobby*, outros cinco agentes o aguardavam.

Eu estava sendo conduzido para interrogatório. Nem precisei de tradutor para entender. Só não sabia o porquê.

Imediatamente, o *maître* Polinelli comunicou o diretor de Recursos Humanos, que em minutos já confrontava meu algoz. O agente elevou o tom: "Recebemos uma grave denúncia, e ele tem que nos acompanhar para esclarecimentos. Agora. Vamos!".

E disse que eu teria de ser ouvido na Praça Mauá. Àquela altura, eu já sabia o que significava ser conduzido até tais instalações da Marinha e o que se passara lá, em anos recentes.

"Ele não vai de jeito nenhum", disse o sr. Alberto, do RH. "Sou representante da empresa no Brasil, e, se você quiser, compareço com ele amanhã. Mas agora ele não vai."

Para nossa surpresa, o policial aquiesceu.

No dia seguinte, lá fomos nós. Obviamente, eu estava muito nervoso. Após atravessar um labirinto lúgubre de corredores escuros, chegamos a uma sala onde um cara de paletó azul-escuro fumando muito já nos esperava. "É ele o francês? Tivemos uma denúncia de que você está participando de passeatas aqui no Rio, na Praça XV e na Presidente Vargas", foi o que o agente disse.

Eu nunca havia feito isso. Neguei veementemente a acusação. Aquilo era pura ficção. Todo o diálogo durou uns quinze minutos. No final, o policial se convenceu de que eu não representava qualquer tipo de ameaça à ordem social. É bom lembrar que o Brasil vivia a abertura política, a campanha das Diretas Já estava nas ruas. Fosse uns anos antes, não sei como teria sido o desenrolar da situação.

Voltei à rotina. Alguns dias depois, Augusto, o chefe da segurança, um cara enorme, gente boa, de quem eu gostava e que dizia ter servido na Guerra do Vietnã mesmo sendo brasileiro, me chamou de canto. "Ô rapaz, você tem que aprender a calar tua boca. Você tá atraindo gente que não presta pra jantar com você."

Muita gente almoçava comigo. Um dos *habitués* era o sr. Wunch, um tcheco de 88 anos, grande figura, diretor de alimentos e bebidas do Copacabana Palace. Ele não apenas havia trabalhado com o mestre Escoffier, na França, como recebeu no Copa gente do quilate do general De Gaulle. Em 1963, seu receptivo tinha tudo pronto para receber John Kennedy, se o então presidente americano não tivesse sido assassinado no Texas, meses antes de vir ao Brasil. Mas não era o sr. Wunch o dedo-duro.

"O cara que te denunciou está sentando na sua mesa. Se o pego de jeito lá fora, atiro da ponte Rio-Niterói", esbravejou Augusto.

Na hora entendi quem era. Lembrei que o tal delator sempre estava por perto, toda vez que recebíamos no restaurante alguém ligado ao governo militar, o que acontecia com frequência. *Monsieur* Paul tampouco gostava dele. "Não vou com a cara desse homem", dizia pra mim, quando vinha ao Rio.

Era o diretor de habitação do hotel. Um cara de aparência esquisita, mas de muita classe, sempre vestido impecavelmente. O que eu mais estranhava nele, no entanto, era o francês perfeito, para quem se dizia argentino, ex-coronel da cavalaria militar, ainda por cima. Era algo misterioso, que eu não conseguia entender.

Passaram-se três ou quatro meses. Emilio, um português, nosso segundo *maître*, um dia me chamou de lado e disse que precisava muito falar comigo. Sobre a tal ida à Polícia Federal.

Emilio tinha uma filha linda, um amor de criança, de quem a mulher do tal diretor de habitação, uma francesa nascida na Argélia, gostava muito, a ponto de convidá-la para sua casa. Quando Emilio e a família chegaram, o cão do diretor de habitação, um enorme pastor-alemão, estava trancado em uma edícula. A criança teimou que queria vê-lo. Não querendo decepcionar a pequena convidada, a esposa insistiu para que o homem soltasse o bicho.

"Seu Laurent", prosseguiu, espantado, olhos vidrados, o Emilio, "quando ele abriu a porta do cômodo, tomei um susto que quase me derrubou. Deu pra ver direitinho lá dentro uma enorme bandeira nazista, com suástica e tudo, e um pôster do Hitler".

Eu gelei. Agora tudo fazia sentido. Durante a guerra, o cara com toda a certeza fez parte do governo colaboracionista francês e, com a queda do nazismo, fugiu da França, como inúmeros outros, encontrando um porto seguro no governo Perón, na Argentina, que acolheu nazistas fugidos. Provavelmente era militar e, por conta disso, conseguiu patente e passaporte argentino, antes de ingressar no grupo Méridien.

Tudo indica que virei alvo ao expressar meus pontos de vista sociais sobre o Brasil. Achando que eu fosse comunista, o sujeito tramou para que eu fosse preso ou, pior, expulso do país.

Essa escaramuça escancarou uma ferida ainda aberta entre nós, franceses. Passadas tantas décadas, o colaboracionismo na Segunda Guerra ainda é assunto tabu, um esqueleto que volta e meia sai do armário para nos assombrar. É algo que não cicatriza.

Em 1986, quando saí do Méridien para abrir meu próprio restaurante, soube que esse senhor sumiu do dia para a noite. E nunca mais se ouviu falar dele.

Um jantar para a realeza

Era abril de 2015, e os moradores da pacata Rio das Flores, vizinha a Vassouras, no interior fluminense, estranhavam a caravana de carrões bacanas que passava nas ruelas apertadas da cidade. O destino do séquito era a belíssima Fazenda Guaritá, preciosidade histórica do Ciclo do Café onde, 134 anos depois, a dinastia Orleans e Bragança revivia um ritual de ninguém menos que o imperador Dom Pedro II. Na cozinha, chef Laurent Suaudeau.

Comemoravam-se então os 60 anos de dom Francisco de Orleans e Bragança, trineto de Pedro II, com presença de quase uma centena de convidados pra lá de VIPs: a grande maioria, portadora de "sangue azul" – franceses, belgas e até austríacos, oriundos de clãs consanguíneos à Casa de Bragança, além, óbvio, dos descendentes da família imperial brasileira e seus primos lusitanos. A missão do chef Laurent era *hardcore*: reproduzir, passo a passo, o banquete oferecido a Dom Pedro II e comitiva, quando, em abril de 1881, o monarca visitou a cidade mineira de Leopoldina, cujo nome, não por coincidência, batizava sua filha Leopoldina de Bragança e Bourbon, princesa do Brasil.

O cardápio de nove tempos trazia Omelete a L'Impératrice, Mayonnaise a Leopoldina, Filet de Boeuf aux Champignons e Cotelette d'Agneau, entre outros manás.

Houve todo um ritual preparatório. Antes, fui chamado para reuniões a fim de explicar o menu. E, na verdade, a reprodução só foi possível graças a uma cópia existente na Biblioteca Nacional, no Rio, que pertenceu à coleção da imperatriz Teresa Cristina, cujo *hobby*, ao longo da vida, foi colecionar cardápios de banquete.

O convite era muito chique, com os brasões da família imperial, uma arte gráfica muito elegante. A louça era toda do século XIX, com muita prataria; os copos, de cristal, e a toalha de linho branco que decorava a mesa – toda essa notável *memorabilia* havia de fato pertencido a D. Pedro II. Era glorioso estar ali. Me senti duplamente honrado. Primeiro, por ter sido lembrado para reproduzir tal jantar imperial; depois, porque não escondo minhas simpatias pela monarquia. Tive oportunidade de conhecer muitos dos presentes, com quem conversei bastante. Sem dúvida, a ocasião foi um dos marcos da minha carreira.

Ainda em 2015, fui chamado para comandar um almoço de grande importância. Era um dia lindo, de sol, céu azul. Na casa de um cliente, no Morumbi, em São Paulo, o convidado de honra era ninguém menos que o príncipe Albert, de Mônaco. Mandei as sugestões, o cardápio foi aprovado. Na pauta, algumas receitas que constam aqui do livro, como a "Textura de coco", "Ceviche de manjuba" e "Carré de cordeiro", também. Findo o almoço, fui apresentado ao príncipe, que perguntou de onde eu era. E se surpreendeu ao saber de minhas amizades com Alain Ducasse, chef do Hotel de Paris em Mônaco, e também com Jacky Oberti, chef do restaurante vegetariano do mesmo hotel.

O príncipe foi simpático, e quis entender como eu havia chegado ao Brasil. Tão simpático que me convidou para tirarmos uma foto, das raras que tiro nessas ocasiões. E deixou transparecer que gostava muito do Brasil.

O fim e o princípio

Ponte aérea

Quando minha filha Janaína nasceu, senti que não poderia haver melhor hora para mudar de ares. *Monsieur* Paul bem que tentou me "segurar", mas a chance de abrir meu próprio restaurante aos 29 anos, em sociedade com grandes empresários, era incalculavelmente mais desafiadora e promissora. No fim das contas, apesar dos atritos ao longo dos anos, saí do grupo Méridien na paz.

Em termos de *business*, a sociedade era impecável, a melhor que já tive. O resultado financeiro foi ótimo, mudou meu padrão de vida, já que detinha 50% da operação. Além do dr. Célio Pinto de Almeida, diretor do shopping Rio Sul, os demais sócios, todos empresários de destaque, eram Naum Hyffer, Tulio Rabinovich e Miguel Pires Gonçalves, cariocas, e Miguel Ethel Sobrinho, de São Paulo.

Escolhemos um casarão antigo em Botafogo que foi totalmente reformado. Uma residência térrea ampla, de arquitetura bonita. A Sissi, que assumiu a parte financeira, projetou a decoração do salão, enquanto eu defini o *layout* da cozinha. Ao todo, tínhamos 25 colaboradores, incluindo parte da minha equipe no Le Saint Honoré – entre eles Otoniel Abílio da Costa, sempre um fiel escudeiro, e o sr. Oreste Delfim, italiano de Turim, que virou meu *maître* principal. Renovei completamente meu portfólio, mantendo na carta apenas alguns sucessos dos tempos de Méridien.

Mal inauguramos e o restaurante Laurent foi apontado como o melhor do Brasil. Todo o público que já me conhecia migrou para nosso salão. Generoso, o jornalista Armando Nogueira, grande *connaisseur*, formador de opinião, publicou um comentário de enorme repercussão depois de nos visitar: "O novo restaurante do chef Laurent é o caminho mais curto para a França. Nem precisa de passagem aérea". A casa abria e fechava lotada.

16 de março de 1990: após anos de muito sucesso, esse estado positivo de coisas sofreu um abalo sísmico, com a decretação do famigerado Plano Collor, que "sequestrou" o dinheiro do cidadão – um duro golpe para a mesa mais cara do país. De um dia para o outro, literalmente, o público sumiu. Outro efeito colateral foi que,

naquela virada de 1990 para 1991, o círculo virtuoso carioca de verão-*Réveillon*-Carnaval seria um dos piores, economicamente, da história moderna da cidade. Como se não bastasse, a violência urbana aumentava a olhos vistos. E o Rio ainda perdera para São Paulo a Fórmula 1, até então um dos grandes trunfos do turismo da cidade.

Quando fechamos o restaurante, pensei: é isso. Acabou. Cumpri meu papel aqui. Hora de voltar para a França. Ao que um dos sócios, Miguel Ethel, sugeriu: "Antes de tomar essa decisão, você deveria tentar São Paulo". Eu já tinha ido a São Paulo algumas vezes. Não muitas, mas o suficiente para gostar e sentir nela um apelo de *business* maior que o do Rio. Também notei a enorme demanda por almoços de negócios. Naquele momento de crise do Plano Collor, era notória a movimentação empresarial trocando o Rio pela Pauliceia, agências de publicidade, de turismo, de comunicação e até empresas de aviação. O mercado financeiro operava na cidade, e até a Fórmula 1 retornara para o autódromo de Interlagos. Ademais, conheci Massimo Ferrari, grande *restaurateur*, até hoje um dileto amigo, proprietário do então melhor restaurante da cidade, que levava seu nome. Coração enorme e generoso, Massimo me fez as honras e me manteve conectado com os bastidores do mercado paulistano de restaurantes.

Terminei por me associar ao senhor Carlos Nascimento, empresário ligado à família proprietária do Banco Real e presidente da rede Transamérica de hotéis, que foi ao Rio me procurar para uma reunião. "Estamos te oferecendo para mudar para São Paulo e reabrir o restaurante em dos nossos *flats*", ele disse. Nunca havia pensado nessa possibilidade – um *flat* –, mas não é que funcionou? Inauguramos no mesmo ano, 1991, com parte de meus fiéis escudeiros do Rio: Antonio Faustino de Oliveira, o "Russo", como sous chef, Otoniel, *maître*, o *sommelier* Gilson Josino da Costa e Antonio Francisco dos Santos, o Naim, como cozinheiro. Eles trouxeram suas famílias, o que configurava uma grande responsabilidade para mim.

Optei por um menu mais enxuto, percebi que o paulistano era mais "careta", em uma clara evidência de tradicionalismo e provincianismo. Fomos razoavelmente bem até 1993, quando finalmente a casa explodiu, no bom sentido. E, com o *boom*, vieram os diversos prêmios, o interesse da mídia e os convites para assessorias e consultorias para hotéis e restaurantes de nível por todo o Brasil. Bem pagas, é verdade, mas que demandavam muito trabalho.

Com Russo, eterno braço direito, no restaurante Laurent (São Paulo, 1996).

Um novo tempo

Em São Paulo, Laurent iniciou uma de suas maiores contribuições à pluralidade da cozinha brasileira. Ao longo de uma década, comandou a organização do segmento gastronômico da Fispal, evento seminal da indústria brasileira de alimentação, presidido por Ricardo Santos Neto. E ainda hoje se orgulha (muito) disso.

A Fispal agregou forte valor a um mercado ainda não inteiramente sedimentado. Nivelou pelo alto. A "menina dos olhos" do chef era o concurso de cozinhas regionais, no qual cozinheiros de diferentes latitudes exibiam seus repertórios, concorrendo a prêmios que incluíam estágios no exterior. Muita gente bamba, "nomões" hoje na ribalta culinária, começou ali. E a resposta do público era incrível, vinha gente de todo lugar assistir às performances dos chefs: arquibancadas lotadas, ingressos esgotados, cordões de isolamento. Um frenesi.

O trabalho na Fispal, meu e da minha equipe, foi muito importante. Foi pioneiro. Basicamente, uma grande homenagem à riqueza da cozinha regional do Brasil e aos ingredientes que aprendi a amar. Um projeto no qual me engajei por paixão, não por ego, ou para ser visto como "chef brasileiro". Tampouco para competir com alguém. Mas porque esta é a missão de nosso *métier*: agregar, integrar para desenvolver. Seja onde for – no Brasil, no Japão, na França, na África, tanto faz. Na Fispal, com o envolvimento de pequenas, grandes e médias empresas, conseguimos incentivar e revelar talentos de vários estados, profissionais que, a partir dali, se projetaram e viraram referência. Tenho orgulho desse legado de integração pela comida, principalmente por ter sido feito em uma época sem redes sociais ou celulares.

Menu do restaurante Laurent, em São Paulo (1991).

A operação paulistana de *monsieur* Suaudeau funcionou bem por uma década. Financeiramente, inclusive. Depois do *flat*, o restaurante Laurent prosseguiu por mais alguns anos em novo endereço, nos Jardins. Mas havia algo diferente no ar. O chef pressentiu o novo tempo a caminho.

O mercado estava mudando. O contexto do *flat* teve seu momento de aceitação, depois buscamos uma alternativa que também deu certo por um tempo. Mas não era só isso.

Em certa ocasião, disse a Sissi, minha esposa: *c'est fini*. Não quero mais saber de restaurantes. E não era apenas pelas dificuldades societárias, isso é do jogo. Acima de tudo, foi por concluir que a clientela para a qual desenvolvia meu trabalho não voltaria. Talvez nem existisse mais. E isso já vinha de algum tempo. Agora, o perfil era de gente com muito dinheiro, mas pouco propensa a compreender a proposta do que vai comer. Acostumei-me a uma relação com o cliente baseada no respeito e na reciprocidade, com gente interessada em ampliar seus limites culturais e gastronômicos. E eu sabia que nunca mais encontraria esse nível de relação, o que com certeza me aborreceria profundamente.

Melhor então parar.

Algumas boas propostas ainda chegaram, mas recusei. Uma delas excelente, do hotel Emiliano, quando inaugurou em São Paulo. Apesar de achar interessante o conceito de hotel-butique, eu disse "não". Felizmente, minha equipe foi para lá, ganhando o dobro do que ganhava no restaurante Laurent. Causou certo alvoroço a notícia de que eu estaria saindo de cena, em 2005, após ter arrebatado 80% dos prêmios da revista *Veja*. Quando dei entrevistas tentando explicar, ninguém entendeu.

Certa feita, um conhecido financista entrou no restaurante Laurent em São Paulo. Com ele, um grupo de figurões, seus amigos. Traziam, sem exagero, doze a quinze garrafas de vinho. Bons rótulos, excelentes. O *maître* comunicou que a casa teria que cobrar a rolha. O sujeito se indignou, chef Laurent foi chamado na cozinha para o cachimbo da paz.

"Sabia que eu posso comprar tudo isso aqui?", provocou o empresário.

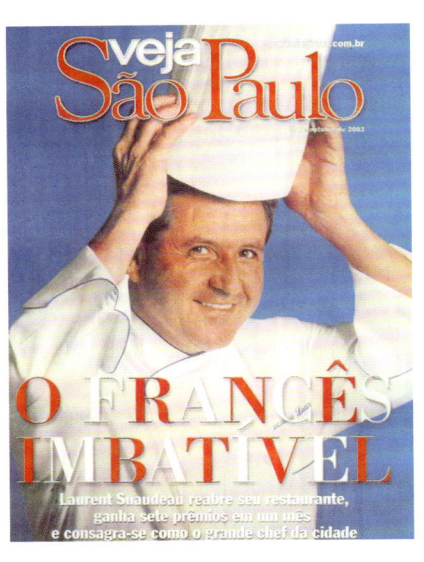

Acima, com o chef Daniel Boulud (gravata vermelha) e amigos, em evento em São Paulo (2016). Abaixo, o destaque na capa da Veja São Paulo (2003).

"Sim, tudo menos eu", devolveu Laurent.

Definitivamente, o dinheiro mudara de mãos. E "Laurent, o rebelde", como o chamava Paul Bocuse, não faria o jogo desse tipo de gente. Mesmo que tentasse, não saberia. O que, ele admite, é péssimo, comercialmente falando.

Já há algum tempo o nome Laurent era sinônimo de excelência gastronômica no Brasil. Dessa forma, a transição para almoços e jantares privados ou corporativos foi até natural. O melhor de tudo era que, sem as amarras mundanas de um restaurante, o chef poderia dedicar-se à sua segunda – ou primeira? – paixão: garimpar e formar talentos. Nascia, no ano 2000, a Escola Laurent Suaudeau. Formar 12 mil alunos em vinte anos de *lavoro* ininterrupto é uma conta e tanto.

Males que vêm para bem

Com a Escola Laurent em funcionamento e caminhos promissores no horizonte, era de se esperar o melhor para o começo do novo século.

Mas mesmo um chef com boa milhagem deve estar preparado para projetos que no papel soam maravilhosos e infalíveis, porém, na prática, não decolam. Por vários problemas.

Aconteceu comigo, no início dos anos 2000. De números impressionantes, o projeto na região de Campos do Jordão era espetacular – nada menos que o famoso Botanique Hotel & Spa. Minha figura societária era privilegiada, sócio e chef. Entretanto, por graves problemas internos quando da composição societária final, com desentendimentos e muitas surpresas negativas, a coisa não foi adiante. Ao menos para mim.

Financeiramente, foi uma desventura perigosa. O lado bom dessa experiência frustrante foi que, para a execução do projeto, me envolvi também na criação de um pequeno restaurante-cooperativa no vilarejo local onde se situaria a obra. Um trabalho que consistia em engajar pessoas da região, preparando-as e qualificando-as como mão de obra para o empreendimento.

Acima, no restaurante Daniel, do amigo Daniel Boulud, com Sissi, o chef e equipe (Nova York, 1994).

Dessa forma, fazia todo o sentido um restaurante para a comunidade gerido por ela mesma, funcionando no sistema de cooperativa – e, o que era melhor, com os mesmos parceiros comerciais da Escola Laurent fornecendo muitos dos insumos necessários para seu funcionamento.

Baseando-me no melhor do trivial mineiro, que adoro, elaborei o cardápio do restaurante e treinei os locais, em sua maioria senhoras já de alguma idade. Deu muito certo.

Com um valor bem baixo por refeição para moradores, o restaurante passou a atender perfeitamente à comunidade. Paralelamente, fomentamos o comércio dos pequenos produtores rurais dos arredores, fornecedores da maioria dos produtos usados na cozinha. E se a comida era boa, os pães, então, viraram referência na região.

Meu envolvimento nessa empreitada durou três anos, de 2004 a 2007, tempo suficiente para capacitar boa parte dos que lá trabalhavam e acabaram virando profissionais. E, para meu orgulho, recebo informações de que o projeto ainda vai bem, obrigado. Apesar da frustração com o objetivo "maior", muitos dos valores que prego e pratico em meu trabalho ao longo dos anos ainda estão lá, em funcionamento. E isso não tem o que pague.

Formação profissional: revolucionar é preciso

Por mais que o futebol brasileiro se modernize, resiste nele a figura do "olheiro". O cara que, sob sol ou chuva, campo de grama ou terra, está lá, rosto no alambrado, garimpando novos talentos. Laurent é um "olheiro" da gastronomia. Tem o faro indicador se este ou aquele leva jeito pra coisa ou não. Uma vida inteira dedicada ao ofício o avaliza para tal. Quando se percebeu fora do universo dos restaurantes, o chef idealizou seu Avalon culinário: um local onde pudesse transmitir o abissal currículo que, generoso, ama compartilhar. E assim, quem sabe, contribuir socialmente. Pela cozinha do imponente palacete do Jardim Paulista, sede da Escola Laurent Suaudeau, não raro, passam também muitos jovens talentos de baixa renda, sem que paguem por isso.

Monsieur *Paul Bocuse e o chef Daniel Boulud exaltam matéria do jornal* O Globo, *em 2013.*

Abrir a escola foi, para o chef, o desfecho natural de um ciclo. Ao chegar ao Brasil, Laurent se deparou com cozinheiros brasileiros trabalhando muito por instinto. Talentosos, sim, mas "fazendo por fazer", piloto automático acionado. Identificou ainda, a partir de seus comandados, a alta capacidade de assimilação e interpretação desses profissionais. Mas, em suas palavras, "faltava reflexão, faltava questionamento". Ainda falta. Quando o assunto é formação, há sempre duas ou três coisas que *monsieur* Suaudeau pode ensinar.

Venho de uma formação diferenciada, em que a preocupação reflexiva do cozinheiro é tão ou mais importante do que saber cozinhar bem. Aprendi desde cedo que, nessa profissão, a parte técnica e o método de trabalho também são fundamentais e fazem a diferença entre o bom cozinheiro e aquele com um algo a mais. A reflexão, o porquê de cada tarefa, é muito importante. No Brasil, isso ainda é algo muito complicado. Infelizmente, com algumas exceções, as escolas de gastronomia não transmitem aos alunos a preocupação com a metodologia de trabalho, que começa pela organização. Não sei a razão disso, mas sobram exemplos de que tudo ainda é muito empírico. O método é importante, com ele você otimiza, antecipa, prevê. Sem um bom método, são necessárias mais pessoas para trabalhar, o que obviamente significa maior custo. E mão de obra é o artigo mais caro dentro de uma cozinha.

Hôtel De Paris Monte-Carlo, com Sissi e o amigo, chef Alain Ducasse (Mônaco, 1980).

Redefinir o papel do empresariado, dos chefs, dos restaurantes, das escolas e até do Estado – um choque de gestão. Na visão de Laurent Suaudeau, uma revolução se faz necessária, em prol da melhor capacitação dos cozinheiros profissionais. Uma nova visão do aprendizado de gastronomia, "com eventual mudança até das leis trabalhistas", ele prega. Mão de obra qualificada significa a valoração do mercado de trabalho como um todo – com o eventual bônus do surgimento, aí sim, de uma autêntica escola gastronômica brasileira. Conceito que, na visão do chef, hoje se encontra "ilhado", esparso, restrito a brilhantes iniciativas individuais de chefs espalhados de norte a sul. Mas sem convergir.

Não creio ter a solução para isso, mas o assunto deve ser debatido. A verdade é que, mesmo no estado atual, sólida, desenvolvida, com muita visibilidade midiática, a cultura gastronômica no Brasil não tem metodologia. E não apenas isso. Muitos dos cursos de gastronomia têm suas grades adaptadas de modelos do exterior, quando na verdade deveriam incluir um viés da cultura culinária brasileira. Alguns chefs de ponta cumprem bem essa função, mas não podemos ficar só na mão deles, já que esse papel cabe às instituições de ensino. Aí poderíamos dar a largada rumo a uma autêntica gastronomia brasileira, algo que até o momento não vejo delineado.

Se fosse feita uma enquete entre chefs perguntando se eles preferiam admitir em suas cozinhas um novato recém-saído de uma faculdade renomada ou alguém de menor acesso financeiro, para então formá-lo, não tenho dúvida de que a maioria escolheria a segunda opção. E por quê? Porque o modelo de ensino de gastronomia no Brasil é ultrapassado. Sou defensor da importância dessas escolas, mas a elas também cabe um *mea-culpa*: precisam se redefinir perante uma realidade chamada mercado de trabalho.

O raciocínio gastronômico no Brasil ainda é estranhamente intuitivo. A emoção à flor da pele não tem método. Ok, nas últimas décadas, houve um ganho, o país "amadureceu" dentro da cozinha. Mas ainda há muitos degraus a transpor.

Acima, no concurso Bocuse D'Or, com o chef Gentil Mendonça (Nestlé) e o braço direito Naim (França, 1999). Abaixo, no restaurante Laurent, com o amigo Washington Olivetto e o sous chef Adilson Batista (São Paulo, 2006).

A popularização da gastronomia teve o mérito de desmistificá-la perante o grande público. Isso foi ótimo, mas pouco ajudou a melhorar a formação dos cozinheiros. Nos programas de TV, alguns deles muito bons, a deficiência na formação dos participantes é até constrangedora. E os menos culpados são os próprios, ou os chefs que comandam esses shows. Não são eles que devem ser questionados, é o atual sistema de ensino que precisa ser revisto.

Em tempos em que nossa profissão enfrenta, mais do que nunca, o desafio de gerar empregos, o atual modelo de ensino é dogmático, burocrático, hermético, não traz resultados para o mercado. Não se trata de "demonizar" cursos e faculdades, ao contrário. Mas me parece evidente que temos de formar melhor, buscar soluções que vão ao encontro de algo que se chama mercado de trabalho. Na França, esse questionamento sempre existiu e é renovado, de tempos em tempos.

Dentro de uma cozinha, fazer bem-feito tem o mesmo custo de fazer malfeito. O *know-how* é um capital no mesmo patamar que o dinheiro. Ora, então é melhor fazermos bem-feito!

Um bom caminho inicial para essa transformação talvez seja um sistema em que o estudante deva cumprir por determinação curricular um estágio de seis meses dentro de restaurantes. Nesse período, recebe uma bolsa-estágio, sem que incidam impostos sobre o contratante. No longo prazo, a formação melhora, e o custo financeiro do estudo de gastronomia tende a baratear e tornar-se mais inclusivo, permitindo acesso a estudantes de menor poder aquisitivo. Chefs e mercado teriam, assim, uma alternativa qualificada a somar aos talentos egressos de faculdades de renome.

Quanto ao corpo docente dessas instituições, parte dele provavelmente bem remunerada, deveria haver ao menos um pré-requisito *sine qua non*: experiência comprovada em cozinha. Nem todos a têm.

Não é coincidência que brasileiros que têm a oportunidade de estagiar ou trabalhar em boas cozinhas internacionais adquirem um "verniz" que os projeta a outro patamar. Hoje, no Brasil, histórias assim são recorrentes. Ainda dá tempo de invertermos o fluxo: jovens brasileiros de boa formação sendo contratados aqui para trabalhar no exterior. Como regra, não como exceção. Com boa capacitação, as portas se abrem mais facilmente.

Laurent, Claude Troisgros, Paul Bocuse, chef Roger Vergé no restaurante CT, de Troisgros (Nova York, 1994).

Tempos atrás, tive o privilégio de ter como aluna na Escola Laurent uma senhora de origem humilde, que começou seu negócio com apenas trezentos reais, assando peixes em Macapá, no Amapá. Dentro do que sua realidade social permitia, persistiu, trabalhou, informou-se, estudou onde e como podia. Aos poucos, o negócio evoluiu, e ela virou uma ótima cozinheira e empreendedora. Hoje, o Flora Restaurante tem duas unidades e é referência na cidade. Sua comida nada fica a dever a destaques do Sudeste. A proprietária, Flora, ainda investe em formação, para ela e para seus colaboradores. Sabe que conhecimento agrega, areja os negócios. Por sua origem, a chef Flora é exemplo de que o mercado de trabalho não deve se limitar a jovens cosmopolitas inebriados pelo inegável *glamour* de programas televisivos de cozinha. No Amapá ou no Chuí, sobram talentos à procura de oportunidades. Para esses, a formação, ou a falta dela, pode ser o divisor de águas.

Autorretrato

Os dois leões de Lyon

Ao longo da carreira, tive o privilégio de trabalhar com pessoas que acabaram se tornando grandes amigos. *Monsieur* Paul e o querido Roger Jaloux, ambos já falecidos, são os melhores exemplos. Décadas depois, na mesma Lyon que nos uniu, uma camaradagem mais recente evoluiu para uma grande cumplicidade em torno justamente de meu eterno mentor, Paul Bocuse.

O sr. Paul-Étienne Carrillon sempre foi um *gourmand*, um entusiasta da gastronomia, em especial da francesa. O que era só amor abstrato virou paixão e *hobby*, quando ele, inesperadamente, ficou viúvo. Nos conhecemos há anos em Lyon, cidade que adoro e visito regularmente desde que lá trabalhei. Logo descobri seu imenso orgulho em ser *lyonnais*, um nativo da cidade, e que grande parte desse orgulho deriva da culinária de sua terra.

Trata-se de uma pessoa muito agradável. Em Lyon, visitamos juntos o Les Halles, mercado que é verdadeira instituição da cidade e, com justiça, acabou rebatizado Les Halles du Lyon Paul Bocuse, em homenagem ao filho famoso, ainda que *monsieur* Paul fosse de Collonges-au-Mont-d'Or, que na prática nada mais é que um distrito de Lyon. Nos balcões do mercado, beliscamos queijos, frutos do mar, embutidos, enquanto bebemos champanhe ou vinhos do Rhône. Mais recentemente, Carrillon virou um mecenas e "agitador" do cenário gastronômico local – atualmente, é um dos articuladores dos eventos da Les Toques Blanches Lyonnaises, a associação dos chefs de Lyon, cuja origem remonta aos anos 1930.

Aliás, vale destacar que, em 2019, em seu grande jantar anual, o Trophées de la Gastronomie et des Vins, importante premiação francesa, a associação dos chefs de Lyon, por meio de seu presidente, Christophe Marguin, chef-proprietário do famoso restaurante Le Président

Sob o dolmã de Paul Bocuse, com o chef Gilbert Ribout, o empresário Paul-Étienne Carrilon e o chef Renato Carioni, em Lyon (2019).

e filho de Jacky Marguin, um dos primeiros aprendizes de Paul Bocuse, homenageou o chef brasileiro Renato Carioni com o prêmio de Melhor Mesa Internacional, premiação que Renato recebeu das mãos de *monsieur* Carrillon. Um justo reconhecimento por sua trajetória como cozinheiro na França, onde trabalhou muitos anos e em grandes cozinhas, como no restaurante de duas estrelas no Guia Michelin Château Chèvre d'Or, perto de Nice, onde foi nada menos que sous chef. Nascido em Florianópolis, mas em São Paulo há bastante tempo, Carioni é, para mim, o chef de melhor formação acadêmica atuando hoje no Brasil. Um grande cozinheiro.

Mas o aspecto mais fascinante desse grande personagem *lyonnais* que é Carrillon, e elo que nos une, é o entusiasmo e a identificação com o legado de Paul Bocuse. Valor que ele foi construindo à medida que se aprofundava na biografia de *monsieur* Paul, o que não deixa de ser surpreendente. Porque, em verdade, Carrillon é industrial. Sua empresa, a multinacional Acnis International, com sede, claro, em Lyon, fabrica e exporta próteses de titânio. Tem inclusive filial no Brasil, em Sorocaba, no interior paulista. Carrillon já veio ao país inúmeras vezes, razão pela qual ama feijoada, caipirinha e churrasco.

Sua identificação com o Brasil não para por aí, já que faz questão de cultivar amizade com os jogadores brasileiros que atuam pelo Lyon, seu time do coração. Com eles, forma uma pequena confraria, e juntos almoçam semanalmente, por vezes no sofisticado Lyon Golf Club ou no próprio mercado Les Halles. Já participei de alguns desses encontros.

Eterna amizade – com Paul Bocuse e Roger Jaloux (Lyon, 2014).

Para cultuar a memória de Bocuse, Carrillon compra toda a *memorabilia* de *monsieur* Paul que consegue. Tudo. Em um de nossos últimos encontros, acabara de adquirir uma preciosa coleção de louças e pratarias de mesa, fato que mereceu até destaque em TVs locais. Tanto no escritório como na sala de estar de casa exibe enormes leões, esculturas que evocam o animal-símbolo da cidade. Sua justificativa: "Já houve um leão em Lyon, seu nome era Paul Bocuse. Alguém com três estrelas no Guia Michelin desde os anos 1960 não é só um chef: é um gênio, um deus", afirma, emocionado. No decorrer dos anos, só teve contato com *monsieur* Paul como cliente do L'Auberge du Pont de Collonges que, desconfio, sempre foi seu restaurante favorito. Mas orgulha-se de ter sido dos primeiros a receber um exemplar autografado de *Le Feu Sacré* [O Fogo Sagrado], biografia de *monsieur* Paul, muito antes de o livro chegar ao mercado. Ultimamente, andava às voltas com veículos que pertenceram ao mestre, provavelmente o raríssimo Mercedes-Benz Classe G Paul Bocuse, edição especial limitada que só teve sete exemplares no mundo. E com uma estátua de Bocuse de dois metros de altura, em acrílico, cuja origem ninguém conhece com precisão.

"Tenho a missão de cultuar a memória do mestre", costuma dizer. Assino embaixo, meu caro: cada um a seu modo, temos uma dívida com *monsieur* Paul.

Aos olhos do mundo: a imagem da cozinha brasileira no exterior

Vista de fora, posso afirmar que a cozinha brasileira não está ainda no patamar que merece ou que, como alguns pensam, poderia estar. Excetuando alguns clichês aqui e ali, no exterior pouco se fala dela. Países sem a expressiva quantidade de ingredientes excepcionais que o Brasil possui de norte a sul têm muito mais destaque. Na prática, falta uma sinergia de dentro para fora.

Não se trata da busca frenética por uma "nova escola de cozinha", mas que a gastronomia brasileira obtenha a merecida projeção e reconhecimento. Exemplos de trabalhos bem-feitos não faltam. Basta observar a admiração mundial que a gastronomia peruana adquiriu, em anos recentes. Hoje, o ceviche é mais do que comum em churrascarias brasileiras.

Não vai aqui a crítica pela crítica. Tenho plena noção de que, mesmo trabalhando com ingredientes brasileiros, sempre serei visto como o que sou: um cozinheiro francês. Mas falo como cidadão, como o estrangeiro que, em quatro décadas de Brasil, formou um sem-número de jovens aspirantes a chefs.

Vejo como necessário um trabalho de baixo para cima, a começar pelo incentivo a pequenos e médios produtores regionais. Por outro lado, existem hoje no Brasil chefs muito competentes exercendo lideranças regionais isoladas. Em comum a eles, a execução excepcional de produtos locais. Mas é preciso mais. A partir daí, creio ser necessário mapear, regio-

Acima, em Mônaco: na piscina do Hôtel De Paris Monte-Carlo, com Sissi e o chef Jacky Oberti (2012). Abaixo, no L'Auberge du Pont de Collonges (Lyon, 1995).

nalmente, as culinárias de Norte, Nordeste, Sul, Sudeste e Centro-Oeste, suas diferenças e seus traços comuns.

Em inúmeros casos, esse legado regional é traduzido em um prato, em uma ou várias receitas de expressão.

Nesse contexto, é também necessário o resgate da herança gestual de tradições regionais quase perdidas – por exemplo, como trabalhar o caju ou o camarão seco. Processos por vezes esquecidos, ou restritos a um pequeno grupo, heranças culinárias não escritas que sobrevivem oralmente. Porque o gesto é a última expressão do raciocínio intelectual.

Por sua vez, essas culturas locais se agregam a outras influências da cozinha brasileira, como a italiana, a portuguesa, a árabe, a alemã (no Sul), a judaica (no Nordeste), a africana, e assim por diante.

Paralelamente, esse trabalho dos chefs locais precisa incorporar, sem academicismos, pesquisadores e historiadores e, claro, as faculdades e os cursos de gastronomia.

E há que se ter uma liderança, um nome de frente. Ainda que o desenvolvimento regional caiba aos "filhos da terra", toda a cadeia precisa ser coordenada por um chef que tenha alcançado uma posição indiscutível acerca de seu trabalho. Um líder, de destaque nacional, aceito por todos, que se posicione à frente dos demais, em liderança transitória a cada dois ou três anos.

É essa a força-tarefa conjunta que pode representar o Brasil no exterior. Caberá a esse líder a apresentação da cozinha brasileira em todas as suas diferentes interfaces, por meio de ações de turismo, intercâmbios etc. Participações coletivas, com apoio de instituições públicas e privadas, em mercados de interesse do país no exterior.

No passado, o chef e pesquisador paraense Paulo Martins, já falecido, de quem fui amigo, mostrou a direção a ser seguida. Mesmo sem ser um chef "badalado", baseado em seu profundo conhecimento da culinária e dos ingredientes do Pará e em uma enorme bagagem intelectual, Martins, munido de iniciativa própria, participava de inúmeros eventos gastronômicos, nacionais e internacionais. Já fui sondado para esse papel de linha de frente. Minha resposta: ajudei bastante por muito tempo, e ainda ajudarei no que for preciso; mas agora esse papel cabe a chefs brasileiros.

Algumas dessas ações já existem, esparsas, regionalmente, por vezes nacionalmente. Falta uma ação coletiva para canalizá-las, com o apoio imprescindível de entidades públicas e privadas e também das instituições de ensino.

O papel do cozinheiro na sociedade atual

Mais recentemente, chef Laurent notou que muitos talentos egressos da cozinha da Escola Laurent Suaudeau conseguiam, até rapidamente, projeção de destaque no mercado – em grandes restaurantes, hotéis, bares, *caterings*, cozinhas industriais. "Devo ter feito um bom trabalho, já que, em alguns deles, eu não tinha muitas esperanças", brinca. Paralelamente, também reparou que boa parte desses profissionais tinha em comum a origem humilde. A constatação germinou uma ideia, ou melhor, um ideal: ampliar o legado de sua carreira, por meio de ensinamentos. Tal qual os recebeu de seus mestres.

Na prática, o Instituto Laurent é um projeto de ensino culinário diferenciado. Não há cobrança de mensalidades ou taxas. Ao longo dos módulos de seis ou oito meses, a depender do curso, jovens aprendizes recebem uma pequena bolsa, como um estagiário. Com o apoio de parceiros da iniciativa privada do setor alimentício, a missão é formar mão de obra qualificada, o que já ocorre. Mas certamente o instituto ainda pode muito mais. Porque, Laurent adverte, "mais do que nunca os chefs precisam estar preparados para os desafios que vêm pela frente".

Chefs de peso: entre Claude Troisgros e Daniel Boulud, na festa dos 20 anos de Laurent no Brasil (São Paulo, 2000).

Há alguns anos, ao observar o rumo da gastronomia no Brasil e o seu imenso crescimento midiático, comecei a temer que a profissão virasse apenas um modismo. Foi o que ocorreu.

Isso é bom e é mau. É bom porque fomenta o setor e o mercado de trabalho. O lado negativo: a falta de compromisso de alguns chefs com o que o *métier* representa.

Como sabemos, o primeiro compromisso de um chef é com o cliente. Mas, na mesma medida, é também com o investidor da operação. E hoje essa preocupação, a meu ver, é secundária. Atualmente, boa parcela dos chefs age motivada apenas pelo ego e por interesses.

Pois bem: se pegarmos alguns "chefs de Instagram" e os colocarmos em uma cozinha com dez comandados, são boas as chances de alguns deles pedirem "socorro", de não saberem por onde começar.

Dedicam-se alguns desses cozinheiros à cata de *likes*, alimentando assim seus seguidores.

Por outro lado, observo um reverso da moeda salutar: muitos desses chefs recém-ingressos no mercado incorporam a seus trabalhos projetos de cidadania e consciência social. Isso é positivo e muito importante, sobretudo a partir de agora, ante os gigantescos desafios causados pela pandemia da covid-19.

Por conta dessas e de outras dualidades, tudo me leva a crer que o futuro da profissão esteja conectado ao interior dos países, e não às grandes cidades. Começando por maior apoio a pequenos e médios produtores.

Ainda existem locais onde o ritual de desfrutar de uma boa comida é mais completo e aprazível, como realmente deve ser. Basta observar a lista do famoso Guia Michelin fora do Brasil: a rota do interior parece ser o caminho para os grandes restaurantes do amanhã. Louvo os restaurantes respeitáveis das grandes metrópoles. Mas a identidade culinária de uma região, seu DNA, é legitimada pelos cardápios das cozinhas interioranas.

O futuro da gastronomia e dos chefs passa também por direcionarmos o prazer da mesa, direito de todos, a políticas de saúde pública. Esse conceito se apoia em cinco pilares:

1 Respeito ao alimento, cuja produção deve ser sempre qualitativa, bem como às suas origens.

2 Respeito também à distribuição e à transformação do alimento, que deve ser feita de maneira adequada e em locais igualmente corretos, seja em empresas, bares ou restaurantes, independentemente da questão quantitativa.

3 Sobre a formação dos indivíduos que executam a transformação do alimento, os responsáveis pelo processo precisam estar envolvidos não apenas tecnicamente na mera execução mecânica do trabalho, mas ser levados à reflexão sobre seu papel como cozinheiros em toda a cadeia.

4 Com base em estudos nutricionais e parâmetros adequados, a diminuição da carga de proteínas animais na dieta-padrão dos brasileiros.

5 Políticas públicas para que a educação alimentar comece como matéria curricular já na pré-escola, no ensino privado e no público, aos moldes do que ocorre em outros países.

Os dez mandamentos do cozinheiro, por Laurent Suaudeau

1. *Disciplina e postura:*
   Para contar com o respeito de sua equipe, o chef precisa ter comportamento exemplar dentro e fora do ambiente de trabalho, bem como equilíbrio entre discurso e prática.

2. *Gratidão:*
   Jamais esquecer quem lhe ensinou a trabalhar; jamais deixar de homenageá-los e, sempre que possível, citá-los em declarações públicas.

3. *Humildade:*
   O cozinheiro deve se posicionar como incentivador e promotor do conhecimento em prol da melhoria coletiva, e não apenas do próprio benefício. Deve se posicionar também na defesa de uma cozinha evolutiva, sem jamais desconstruir o legado do passado – há uma razão para tudo que chega "pronto" às novas gerações.

4. *Respeito:*
   Primeiramente aos seus colaboradores, de modo a fazê-los entender que a consciência é o tempero essencial da profissão – isso os ajudará a respeitar os clientes.

5 *Compromisso:*
Você é parte do mundo da cozinha. Sua obrigação é trabalhar em prol do desenvolvimento do seu *métier*, e não apenas da sua pessoa.

6 *Paixão:*
Os olhos devem brilhar quando o chef está diante das panelas; se um dia não mais brilharem, é porque a paixão acabou – melhor então mudar ou parar.

7 *Perseverança:*
Sem ela, o cozinheiro se afasta da essência da cozinha e perde o desejo de trabalhar em prol de um legado.

8 *Compartilhar:*
É a essência e o alicerce de nosso ofício; o restante é "confete" para enganar.

9 *Curiosidade:*
Não basta conhecer "novos produtos", mas conhecer e entender a origem de todos os produtos com os quais trabalha, sem preconceitos.

10 *Ouvir de quem sabe:*
Virtude essencial ao bom cozinheiro.

Eu, Laurent Suaudeau

Em 1964, quando tinha 6 anos, o general Charles de Gaulle foi a Cholet para um discurso. Eu estava na casa de um casal vizinho, onde ficava esperando meus pais voltarem do trabalho, e eles me levaram. Mesmo sendo criança, fiquei bastante impressionado. Tanto que, até hoje, lembro vivamente de sua presença no palco, da roupa militar e do quepe com as estrelas. Das palavras, impossível, mas do tom inflamado, sim. Admiro seu papel forte na Segunda Guerra e, após o conflito, seus esforços para a reunificação da França e sua visão do mercado europeu. Também admiro sua crença nos interesses coletivos, preservando a individualidade.

Particularmente, sempre acreditei e defendi os interesses coletivos com a preservação da individualidade.

E, para além dessas crenças, provavelmente meu único ponto em comum com *monsieur* De Gaulle seja incorporar o típico francês contestador, inconformista. Um "gaulês refratário", por assim dizer.

No meu caso, essa persona, a quem, admito, falta um pouco de despojamento, é "agravada" pela ascendência escocesa, por parte do avô materno, e pelo DNA *vendéen*, da Vendeia, por parte de meu pai.

Tenho a plena noção de que minha forma direta de me expressar por vezes pode ser um pouco dura. O fato de não saber entrar em politicagens tampouco me favorece, socialmente falando. Não gosto e não sei fazer *lobbies*, não concedo sorrisos fáceis, para "agradar". Prefiro o *low profile*. Sempre fui assim. Na adolescência, passava a maior parte do tempo sozinho.

"Laurent, o rebelde", *monsieur* Paul me apelidou. Gostava de ouvir isso. De fato, "não engulo fácil". Nem de *monsieur* Paul, como aconteceu algumas vezes. A crítica é parte de mim desde a infância, herança de um pai operário que me ensinou a sempre questionar os caminhos que eu escolhesse.

Monsieur Paul já dizia: "Chefs, voltem para suas panelas", em menção ao caráter midiático que pressentia nossa profissão percorrer. Mais do que nunca, faço dele minhas palavras.

Receitas

CINCO DÉCADAS EM 50 RECEITAS

Não foi uma seleção exatamente fácil, mas estas são algumas das receitas mais marcantes ao longo da minha carreira, em diferentes períodos. Optei por indicar o ano de criação de cada uma. Na primeira parte, apresento as receitas originárias, respectivamente, do restaurante Le Saint Honoré, do hotel Méridien, no Rio de Janeiro (entre 1980 e 1986, as primeiras que criei no Brasil); as receitas do Restaurante Laurent, de Botafogo (1986 a 1991) e as dos muitos menus do Restaurante Laurent em São Paulo (1991 a 2005). Na segunda parte, figuram receitas desenvolvidas unicamente na Escola Laurent, em São Paulo, e servidas exclusivamente em jantares privados, a partir de 2006 até hoje.

Chef Laurent Suaudeau

Primeira parte

RESTAURANTE LE SAINT HONORÉ
RIO DE JANEIRO, 1980–1986

RESTAURANTE LAURENT
BOTAFOGO, 1986–1991

RESTAURANTE LAURENT
SÃO PAULO, 1991–2005

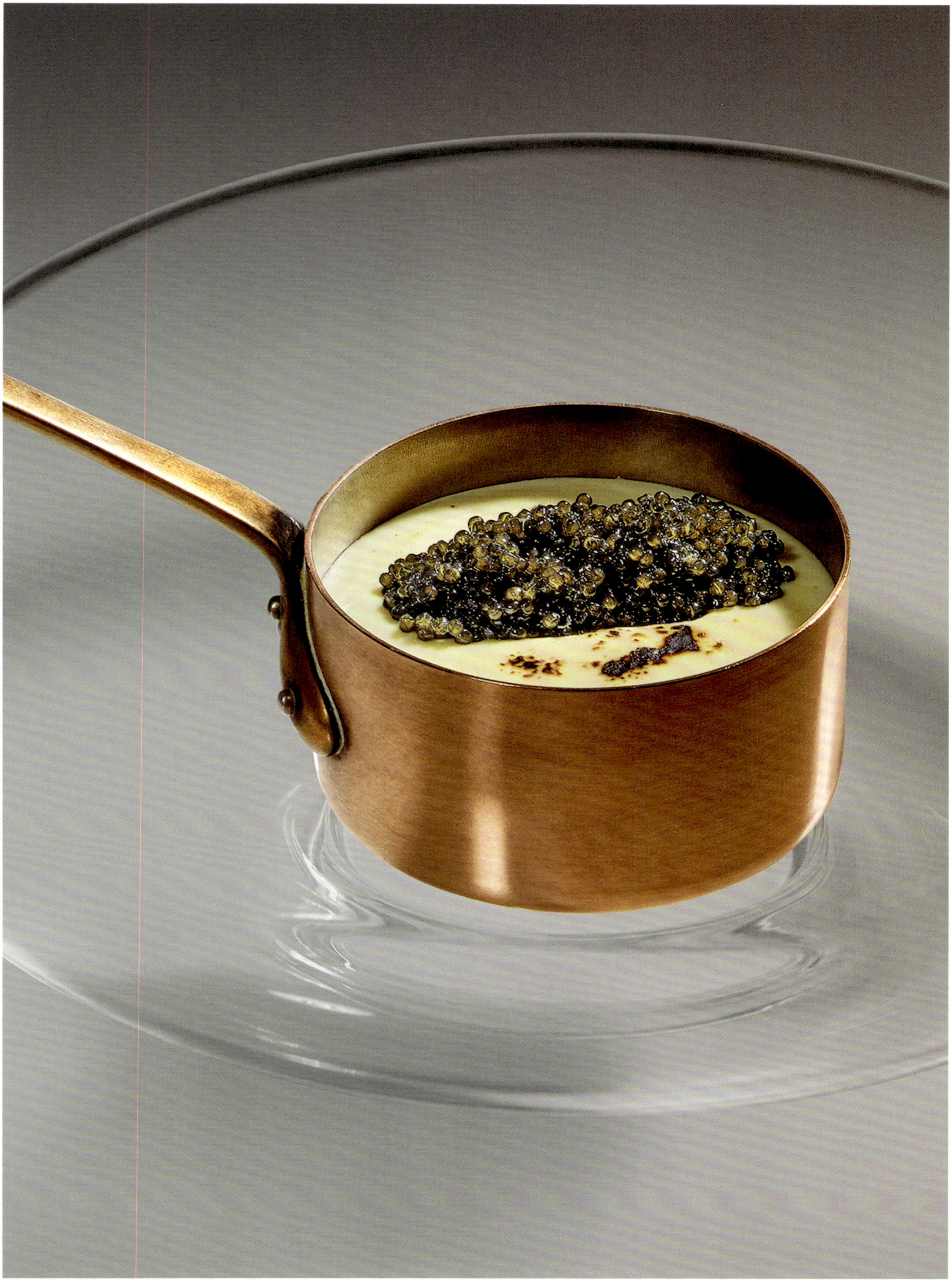

Mousseline de mandioquinha com caviar (1982)

Grande sucesso, servida ainda hoje em inúmeros bufês de casamento. É, com certeza, o ícone de meu trabalho, apesar de não ser minha receita preferida. Foi criada a partir de uma larga sobra de caviar da festa de casamento do filho de dona Lily Safra, cliente assídua do restaurante Saint Honoré. Por coincidência, no domingo, um dia após a festa, um de meus cozinheiros me levou para almoçar na casa dele em Belford Roxo, subúrbio carioca, onde sua esposa serviu mandioquinha, ou batata-baroa, como é conhecida no Rio de Janeiro. No retorno, dirigindo meu velho Fusca 1969 e já pensando no almoço do dia seguinte, concebi usá-la como base de uma mousseline rica em manteiga e creme. O resto é história. O detalhe é que, no Saint Honoré, servíamos em elegantes panelinhas de prata inglesa.

4 porções

125 g de mandioquinha
125 ml de creme de leite fresco
125 ml de leite integral
sal a gosto
pimenta-do-reino branca a gosto
noz-moscada ralada na hora a gosto
20 g de manteiga gelada
40 g de caviar

Lave e descasque a mandioquinha; ferva em água com sal, começando em água fria. Depois de cozida, escorra e passe no amassador. Em uma panela, coloque o creme de leite, o leite e tempere com sal, pimenta-do-reino e noz-moscada; leve ao fogo até ferver. Junte aos poucos o purê de mandioquinha e cozinhe por 5 minutos, até ficar homogêneo. Bata no liquidificador, acrescentando a manteiga ainda gelada. Deixe os ramequins preenchidos com mousseline no forno a 130 °C por 3 minutos, para formar uma leve película que sustente o caviar. Sirva a mousseline nos ramequins, com o caviar no centro.

Abóbora recheada, molho *Périgourdine* (1982)

Servi esta receita pela primeira vez em um almoço exclusivo para senhoras da alta sociedade carioca, que, ao final, me aplaudiram, para surpresa de nosso maître, sr. Polinelli, admirado de me ver servir abóbora a clientes tão abastadas.

4 porções

RECHEIO

20 g de manteiga
10 g de cebola picada
180 g de chicória cortada em *julienne*
30 g de **caramelo de champignon** (ver p. 212)

ABÓBORA

1,5 kg de abóbora-japonesa
60 g de queijo meia cura da Serra da Canastra cortado em *brunoise*

MOLHO *PÉRIGOURDINE*

60 ml de vinho do Porto
10 ml de conhaque
200 ml de **caldo de frango** (ver p. 215)
15 g de **caramelo de champignon** (ver p. 212)
10 g de trufa negra

MONTAGEM

500 g de **massa folhada** (ver p. 223)
10 ml de leite

RECHEIO

Prepare previamente o recheio. Refogue na manteiga a cebola picada e a chicória até murchar e secar um pouco. Junte o caramelo de champignon. Com essa massa, molde 8 bolinhas de 1 cm de diâmetro cada. Congele no freezer.

ABÓBORA

Enrole a abóbora em papel-alumínio e asse no forno a 200 ºC por 60 minutos. A seguir, abra e retire as sementes da abóbora. Separe a polpa e leve ao fogo em uma frigideira para secar, até perder 70% da umidade. Peneire e transfira para outra panela. Acrescente o queijo meia cura, misturando bem até ficar cremoso como um purê. Reserve. Em uma fôrma de silicone, molde metade do purê de abóbora em 8 meias-luas, colocando no meio de cada uma delas uma bolinha do recheio. Uma vez colocadas as bolinhas, tampe cada meia-lua com um pouco do restante do purê de abóbora. Congele no freezer.

MOLHO *PÉRIGOURDINE*

Prepare o molho fazendo uma redução do vinho do Porto com o conhaque. Acrescente o caldo de frango e reduza a um terço do volume. Acrescente o caramelo de champignon e a trufa.

MONTAGEM

Estique a massa folhada até atingir 2 mm de espessura. Corte-a em 16 tiras de 1 cm de largura por 15 cm de comprimento. Em um tapete de silicone, disponha essas tiras em formato de mandala (serão 4 mandalas, e para cada uma serão usadas 6 tiras). Retire do congelador as 8 meias-luas de abóbora e junte-as em pares, obtendo quatro "luas cheias". Coloque cada "lua cheia" no meio de uma mandala e a envolva com a massa folhada em tiras (de preferência, deixe um espaço de 3 mm a 4 mm entre cada tira). ¶ Pincele a massa folhada com leite e reserve por 1 hora na geladeira. Tire da geladeira, pincele novamente com o leite e asse no forno preaquecido a 220 ºC por 20 minutos; desligue e mantenha no forno por mais 10 minutos. ¶ Sirva o folhado de abóbora com o molho Périgourdine.

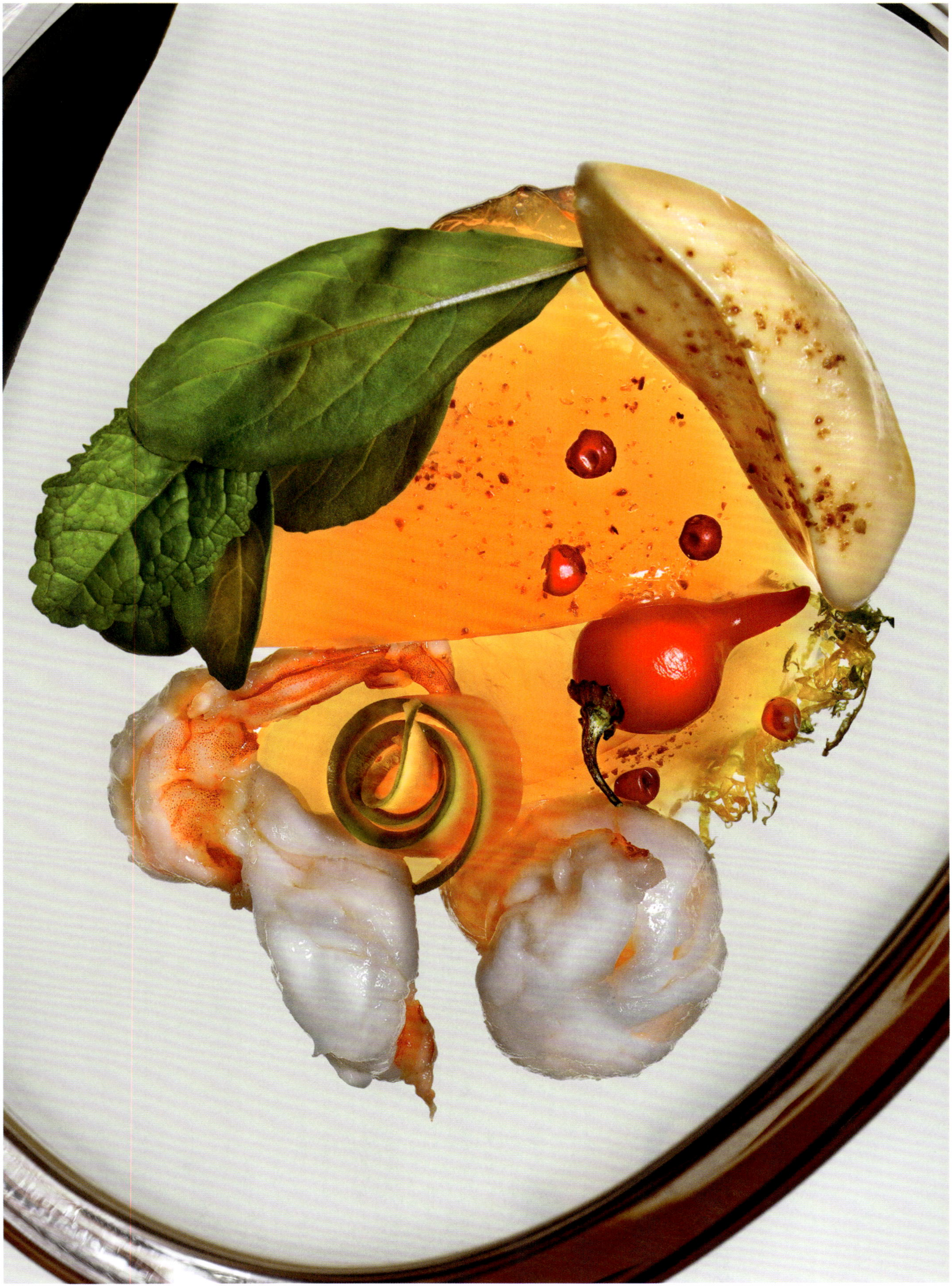

Coquetel de camarão, geleia de crustáceo (1982)

É um desafio reinterpretar a lendária receita do Copacabana Palace, best-seller entre os hóspedes nos anos de 1950/1960. A receita é diferente, sem maionese, optei por algo que lembre a cor do molho golf, porém mais tropical, sem esquecer a geleia de crustáceo da original.

4 porções

AZEITE AROMATIZADO

50 g de cebola
10 g de alho
30 g de alho-poró
200 ml de azeite extravirgem
1 buquê garni

GELEIA DE CRUSTÁCEO

200 ml de caldo de crustáceos (ver p. 214)
3 g de gelatina sem sabor em folha
sal a gosto
pimenta murupi a gosto

EMULSÃO DE PAPAIA

200 ml do azeite aromatizado
30 g de clara cozida
100 g de mamão papaia
10 ml de conhaque
suco de 1 limão-taiti
sal a gosto
pimenta-do-reino moída na hora a gosto

MONTAGEM

12 camarões médios cozidos inteiros em água fervente com sal, depois descascados
50 g de minifolhas de rúcula

AZEITE AROMATIZADO

Comece pelo preparo do azeite aromatizado. Pique a cebola, o alho e o alho-poró em émincé e coloque em uma panela. Adicione o azeite e o buquê garni e leve ao fogo baixo por 30 minutos. Coe o azeite e reserve-o.

GELEIA DE CRUSTÁCEO

Aqueça o consomê de crustáceos previamente preparado. Coe, acrescente a gelatina e os temperos, misture bem para diluir. Reserve na geladeira.

EMULSÃO DE PAPAIA

No liquidificador, bata o azeite aromatizado com a clara de ovo cozida, o mamão, o conhaque e o suco de limão. Coe, tempere com sal e pimenta-do-reino e reserve.

MONTAGEM

Para a montagem, use quatro taças de dry martini; comece colocando em cada uma a geleia de crustáceos, por cima dois camarões cortados em pedaços de 0,5 cm e cubra com a emulsão de papaia. Enfeite a borda de cada taça com os quatro camarões restantes. Decore com as minifolhas de rúcula.

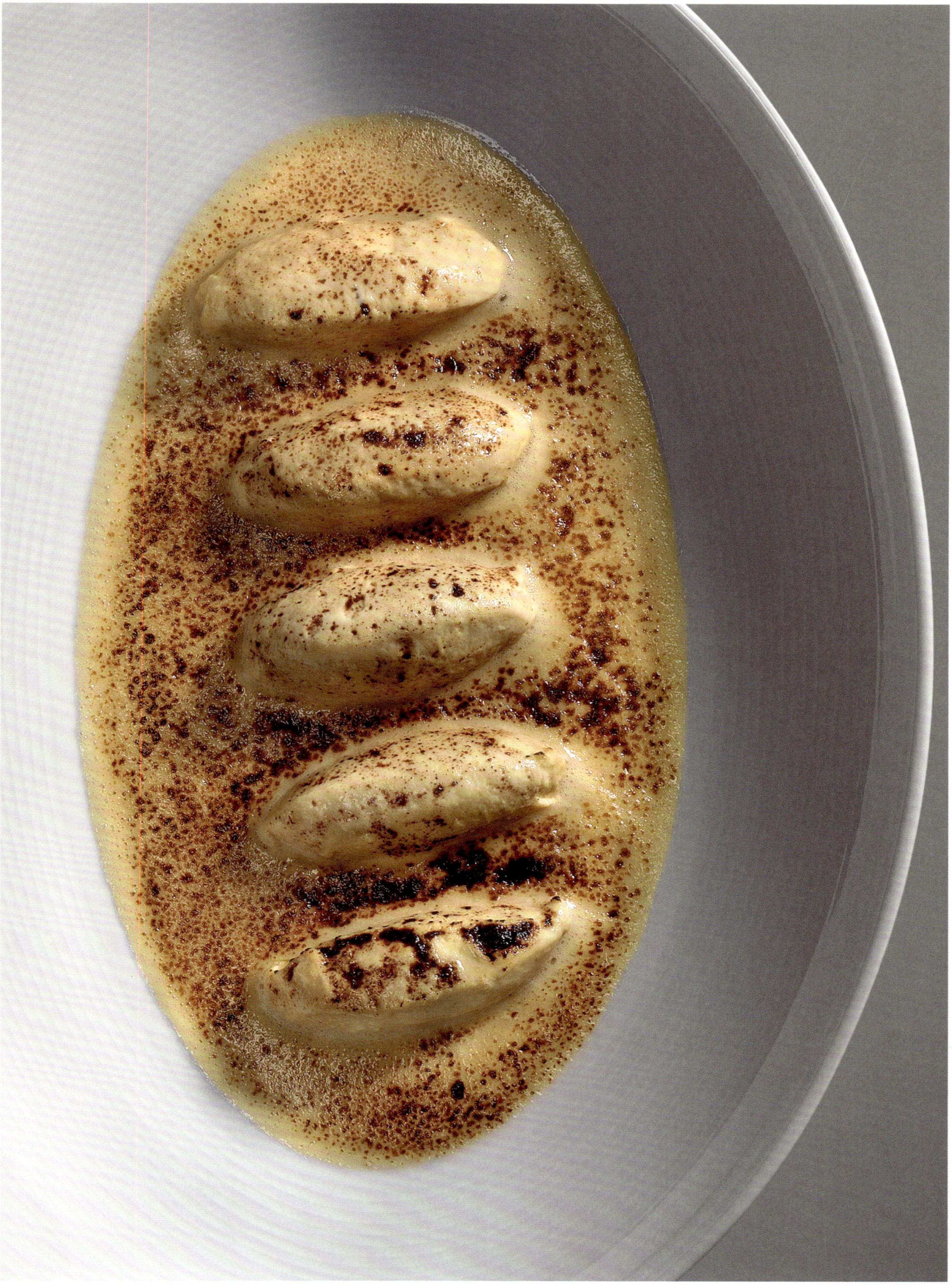

Gnocchi de milho-verde ao creme de parmesão (1983)

Mais uma de minhas criações famosas. A intenção inicial era fazer uma mousse de milho quando meu sous chef na época me apresentou a tradicional receita de curau, que adorei. Optamos, então, por fazer esta mousse como uma quenelle *com um molho cremoso de parmesão, de pouca acidez, contrastando com a suavidade do milho. O que começou no cardápio como* quenelle *acabou virando gnocchi – e o sucesso foi absoluto.*

12 porções

MASSA DO GNOCCHI

1,5 kg de milho-verde (aproximadamente 8-10 espigas)
300 g de filé de peito de frango sem pele
75 g de clara
sal a gosto
pimenta-do-reino branca a gosto
noz-moscada ralada na hora a gosto

CREME DE PARMESÃO

20 ml de vinho do Porto
100 ml de **caldo de frango** (ver p. 215)
150 ml de creme de leite fresco
50 g de parmesão ralado na hora

MASSA DO GNOCCHI

Debulhe as espigas de milho, retirando os grãos com o auxílio de uma faca. Bata os grãos no liquidificador com um pouco de água e peneire. Em uma panela, cozinhe o milho batido e peneirado em fogo brando, mexendo sempre até a massa engrossar e ficar bem amarela, com a textura de um curau. Deixe esfriar e reserve. Bata o peito de frango sem pele com as claras no processador, até adquirir uma consistência cremosa. Misture a pasta de frango ao curau, observando a proporção de uma porção de frango para três de milho. Tempere com sal, pimenta-do-reino branca e noz-moscada. Peneire a mistura em uma peneira fina. Esquente água com uma pitada de sal em uma panela e mantenha em fogo baixo. Com a ajuda de duas colheres de sopa, molde pequenos gnocchi e coloque na panela com água para cozinhar por 15 minutos, sem deixar ferver. Retire com a escumadeira e reserve em um escorredor de massas.

CREME DE PARMESÃO

Em fogo baixo, reduza o vinho do Porto à metade. Acrescente o caldo de frango, reduzido a um terço. Adicione o creme de leite e o parmesão. Deixe reduzir à metade, em fogo baixo, por 15 minutos. Coe e reserve. Em um recipiente refratário, disponha os gnocchi cobertos com o creme e leve para gratinar no forno a 180 °C por 10 minutos.

Escabeche de sardinha (1985)

Este preparo me lembra meus primeiros dias no Rio, quando ia tomar uma cerveja no boteco de um português e comer um escabeche de sardinha. Era um prato simples, saboroso, sem tomate, apimentado. Minha versão homenageia esse boteco e seu grande personagem luso.

4 porções

ESCABECHE DE SARDINHA

40 g de pimentão vermelho
40 g de pimentão amarelo
30 ml de azeite
30 ml **court-bouillon (caldo nage)** (ver p. 218)
8 sardinhas frescas
sal a gosto
pimenta-do-reino branca moída na hora a gosto

SALADA DE BATATA

150 g de batata-doce roxa
150 g de batata-doce amarela
2 dentes de alho amassados
1 folha de louro
1 ramo de tomilho
10 ml de azeite
10 g de sal grosso
100 g de batata-inglesa
1 g de açafrão
sal a gosto
60 ml de azeite
5 ml de suco de limão-siciliano

MONTAGEM E FINALIZAÇÃO

25 g de salsa fresca
60 ml de azeite
5 ml de suco de limão-siciliano
50 g de minirrúcula
50 g de minialface-romana

ESCABECHE DE SARDINHA

Toste os pimentões no fogão e retire a pele e as sementes; corte em brunoise grossa de 5 mm. Refogue ligeiramente no azeite e acrescente o court-bouillon. Cozinhe em fogo baixo por 5 minutos e reserve. Limpe os filés de sardinha, removendo todas as espinhas; a seguir, tempere com sal e pimenta-do-reino branca. Em uma fôrma para terrine, de preferência de louça, disponha quatro filés. Despeje uma parte dos pimentões no caldo morno, até cobri-los; repita a operação, colocando os demais filés e regando com mais caldo, formando camadas. Reserve por 3 dias na geladeira em temperatura entre 3 °C e 6 °C.

SALADA DE BATATA

Embrulhe os dois tipos de batata-doce em papel-alumínio com o alho amassado, a folha de louro, o tomilho, o azeite e o sal grosso. Asse no forno por 30 minutos a 180 °C e reserve. Depois, com a ajuda de um cortador, corte rodelas dessas batatas de 1,5 cm de diâmetro por 0,5 cm de altura; reserve. Descasque a batata-inglesa e, com a ajuda de um cortador, corte em rodelas de 1,5 cm de diâmetro por 0,5 cm de altura. Numa panela, cubra as rodelas de batata-inglesa com água, adicionando o açafrão e o sal, e cozinhe até amolecer.

MONTAGEM E FINALIZAÇÃO

Retire os filés de sardinha do caldo de pimentão e escorra, reservando o caldo. Separe um pouco dele num bowl com os pimentões e acrescente a salsa. Na sequência, emulsione com uma colher de pau ou um fouet, colocando o azeite e o suco de limão-siciliano. Regue as batatas (colocadas lado a lado em alternância de cor) e os filés de sardinha com esse molho emulsionado. Decore com as minifolhas.

Creme de mandioca ao maracujá e bacon (1986)

Homenagem ao restaurante Casa da Gamboa, em Salvador. Surgiu quando de minha primeira viagem à Bahia, a convite do então presidente da companhia aérea Transbrasil, sr. Omar Fontana.

4 porções

200 g de mandioca
800 ml de caldo de frango (ver p. 215)
40 g de bacon frito
120 ml de suco de maracujá fresco
15 g de manteiga de crustáceos (ver caldo de crustáceos, p. 214)
30 g de camarão
20 ml de leite de coco

Cozinhe a mandioca na água com sal. Após a cocção, misture-a ao caldo de frango, ao bacon frito e ao suco de maracujá e cozinhe por 45 minutos em fogo baixo; bata no liquidificador. ¶ Aqueça a manteiga em uma frigideira e salteie o camarão; acrescente o creme de mandioca batido. Finalize com o leite de coco. ¶ Sirva em cumbuca de consomê.

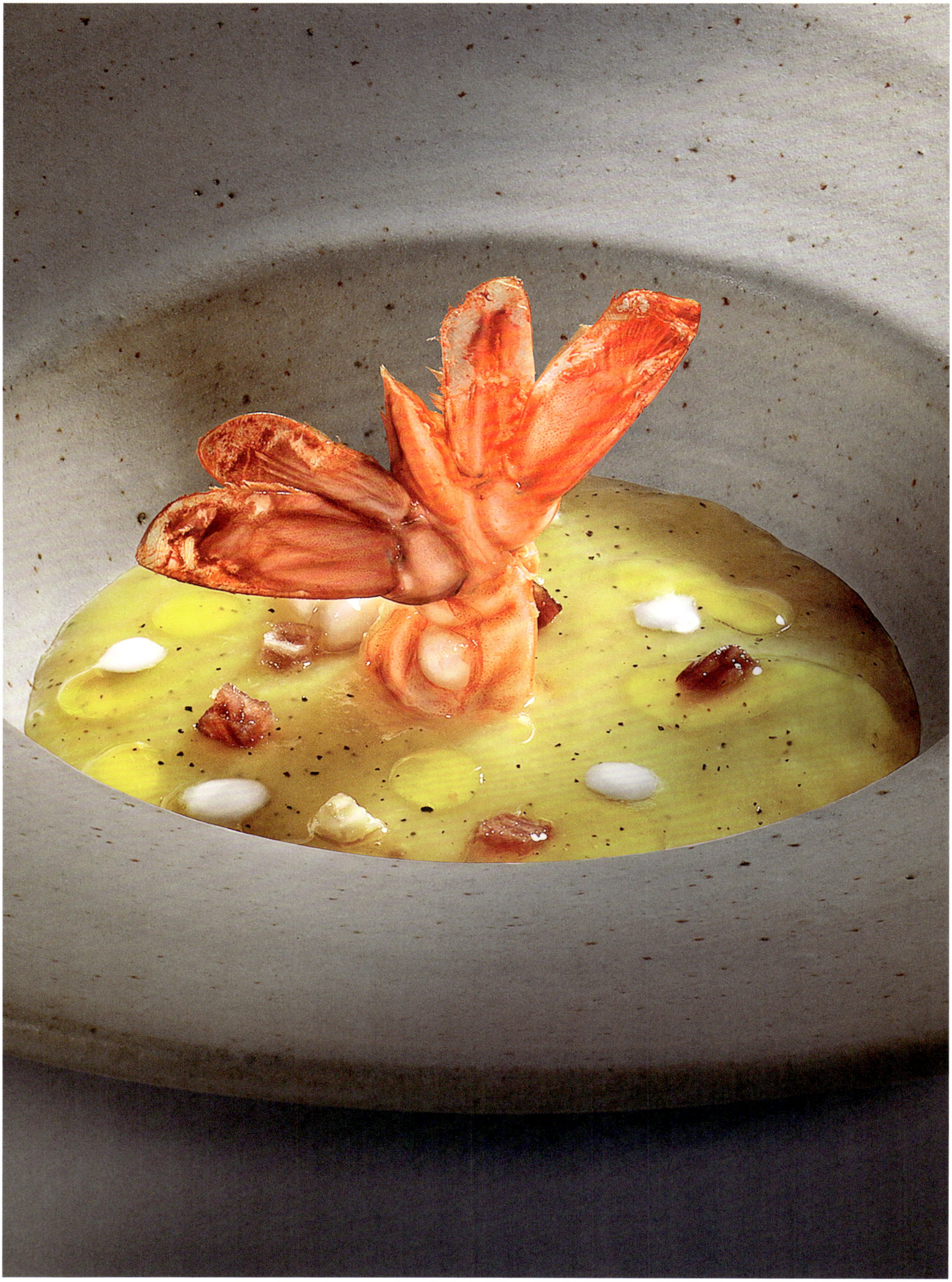

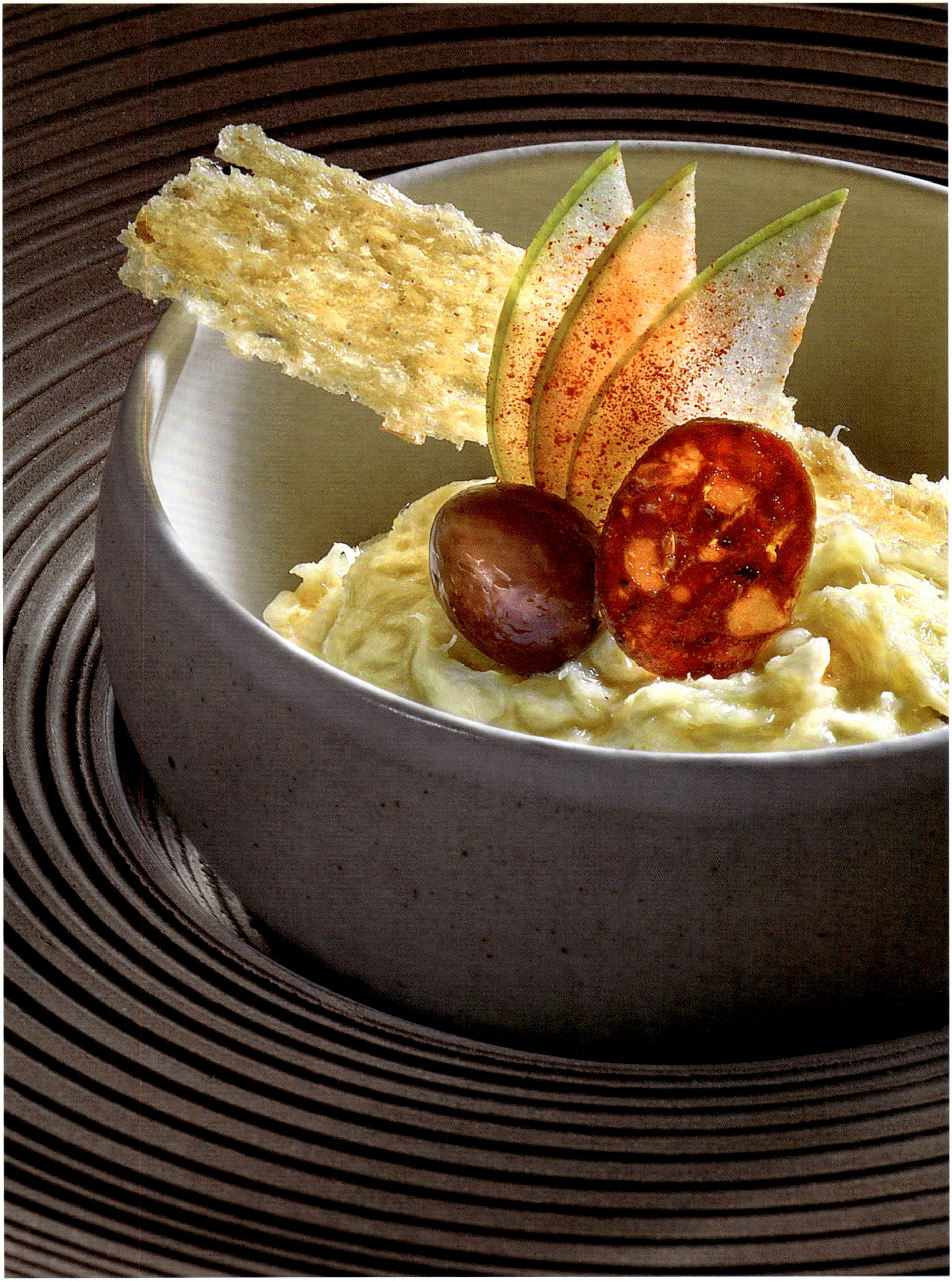

Brandade de bacalhau, maçã verde, emulsão de chouriço (1988)

Tentei superar uma receita de minha mãe, ótima cozinheira. Segundo a própria dona Colette, consegui: ela aprovou.

4 porções

200 g de bacalhau
35 ml de azeite
20 g de alho-poró
15 g de alho
20 g de cebola
60 g de batata asterix
2 cravos
1 **buquê garni**
125 ml de leite integral

FINALIZAÇÃO

10 g de chouriço
75 ml de azeite
10 g de maçã verde

Dessalgue o bacalhau por uma noite em água fria. Corte-o em pedaços e cubra com água numa panela; deixe ferver por 3 minutos. Escorra, tire a pele, as espinhas, desfie e reserve. Em uma panela, aqueça o azeite e refogue o alho-poró e o alho cortados em émincé e a cebola, sem deixar dourar. Acrescente o bacalhau, a batata, o cravo e o buquê garni e cubra com o leite; cozinhe em fogo brando até secar o leite. Retire o buquê garni e o cravo. Amasse com pilão ou passe no moulin; reserve.

FINALIZAÇÃO

Corte o chouriço em fatias finas e leve ao forno numa assadeira a 110 °C. Quando tirar do forno, acrescente o azeite da finalização, misturando energicamente a brandade com uma colher de pau; e finalize com o chouriço crocante. Corte a maçã verde em julienne e coloque por cima da brandade já emulsionada.

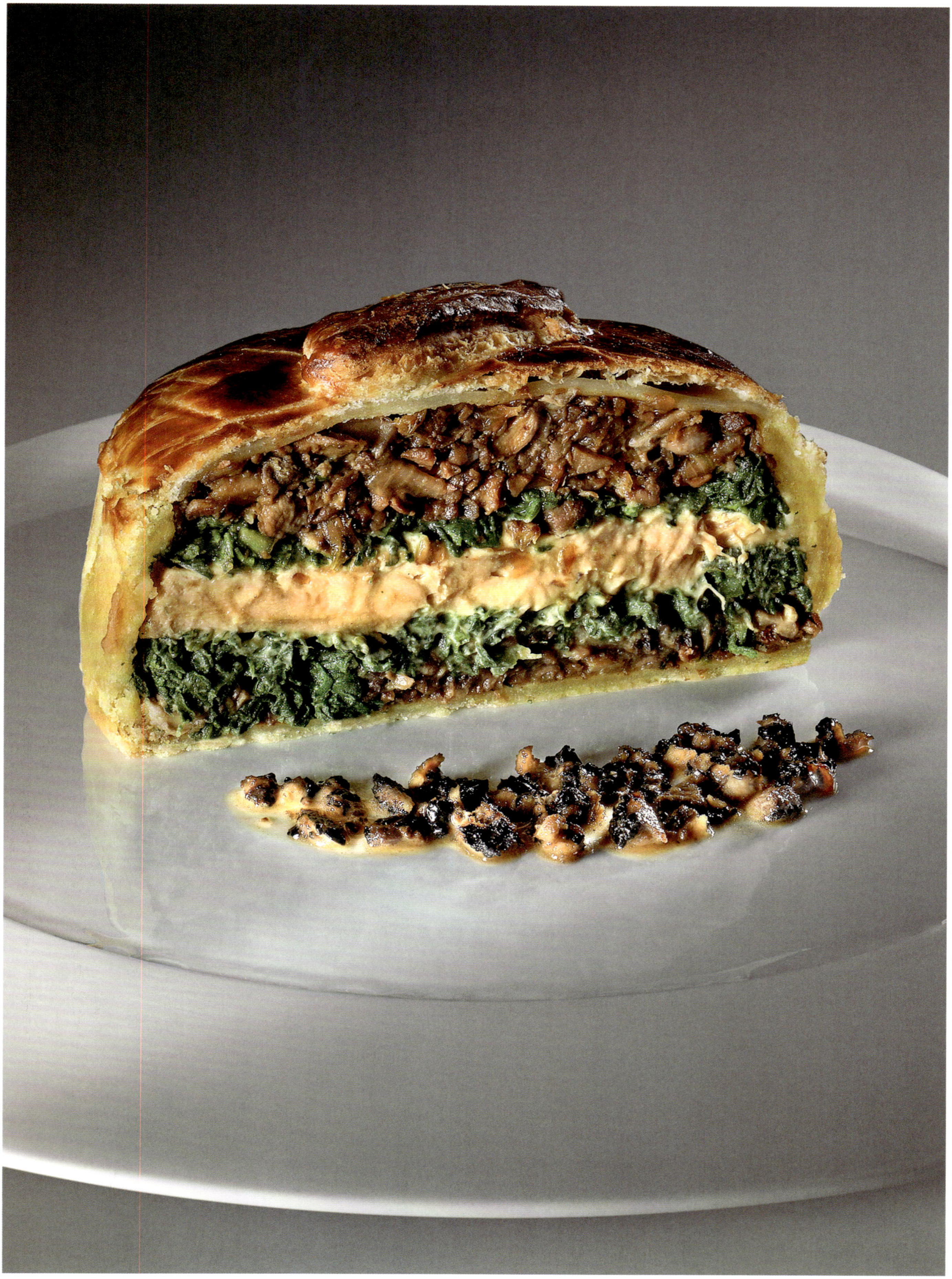

Patê chaud de champignons e foie gras (1991)

Baseada nos grandes clássicos franceses, esta receita foi criada num piscar de olhos: um patê com dois ingredientes caros à escola francesa, acrescido de folhas verdes de espinafre.

4 porções

RECHEIO

1 maço de espinafre
50 g de manteiga
500 g de cogumelo-de-paris cortado em quatro
200 g de foie gras cozido (ver p. 219)

MOLHO

60 ml de vinho do Porto
200 ml de jus de frango (ver p. 220)
20 g de trufa negra
sal a gosto
pimenta-do-reino moída na hora a gosto

MONTAGEM

500 g de massa brisée (base e paredes) (ver p. 222)
200 g de massa folhada (tampa) (ver p. 223)
15 g de gema

RECHEIO

Mergulhe o espinafre em água fervente com sal, deixe cozinhar por 3 minutos e resfrie em um recipiente com água e gelo. Retire da água e aperte-o muito bem para retirar o excesso de umidade; refogue rapidamente utilizando metade da manteiga. Tempere o cogumelo-de-paris com sal e refogue na manteiga restante até que doure. Corte o foie gras em fatias de 30 g.

MOLHO

Reduza o vinho do Porto a um terço do volume. Acrescente o jus de frango e a trufa. Reduza a um terço, tempere com sal e pimenta-do-reino.

MONTAGEM

Forre uma fôrma grande com a massa brisée à espessura de 3 mm. Recheie, em camadas, seguindo esta ordem: cogumelos refogados; espinafre refogado; foie gras; espinafre refogado e, por fim, uma última camada de cogumelos refogados. Tampe com a massa folhada em uma espessura de 3 mm e pincele com a gema. O conjunto deve ser congelado antes de entrar no forno a 230 °C por 7 minutos; depois, deixe por mais 10 minutos a 160 °C. A seguir, desligue o forno e deixe mais 3 minutos.

IMPORTANTE: a temperatura interna do patê chaud não pode ultrapassar os 53 °C; o foie gras deve se manter inteiro e não deve derreter; o tempo e temperatura podem variar de forno para forno.

Blini de milho, tartar de vieira (1995)

Lendo o livro de Édouard Nignon, chef do tsar russo Nicolau II, veio a inspiração desta receita de blini, substituindo a farinha de trigo sarraceno original por farinha de milho e de mandioca – um blini mais tropical.

4 porções

BLINI

67 ml de leite morno
2 g de fermento fresco
15 g de fubá
12 g de farinha de trigo
12 g de farinha de mandioca
12 g de gema
sal a gosto
2 g de açúcar
22 g de clara
2 g de cebolinha
2 g de salsa

TARTAR

90 g de vieiras cortadas em *émincé*
5 g de polpa de maracujá
sal a gosto
1 g de pimenta-do-reino moída na hora

MONTAGEM

25 g de polpa de abacate
5 g de tomate
10 g de beterraba
5 g de rabanete
3 g de palmito pupunha cortado em fina *julienne*
pimenta-de-cheiro verde a gosto
pimenta biquinho a gosto
60 ml de azeite extravirgem

PARA DECORAR

30 g de coalhada seca

BLINI

Misture o leite morno com o fermento em uma vasilha e deixe repousar por 5 minutos. Junte o fubá e as farinhas; deixe fermentar por 2 horas. Acrescente as gemas, o sal e o açúcar. Bata as claras em neve e misture delicadamente à massa. Adicione a cebolinha e a salsa. Aqueça uma frigideira para blinis, adicione uma porção de massa e cozinhe o blini em fogo baixo até dourar os dois lados. Repita a operação até terminar a massa.

TARTAR

Tempere a vieira com maracujá, sal e pimenta-do-reino.

MONTAGEM

Coloque o tartar de vieira por cima do blini e disponha todos os vegetais de modo harmonioso em volta do blini. Guarneça com gotas de coalhada seca.

Alcachofra com creme de ricota, limão e azeite (1999)

Apesar de o Brasil ser um belo produtor de alcachofras, é difícil encontrá-las em restaurantes para serem trabalhadas por inteiro, aproveitando a beleza e as cores de suas folhas internas. Por isso, resolvi apresentá-las no prato nessa forma singela.

4 porções

4 alcachofras inteiras
2 litros de água
10 g de sal
1 limão
250 g de ricota
60 ml de azeite de manjericão (ver p. 213)
sal a gosto
noz-moscada ralada na hora a gosto
pimenta-do-reino moída na hora a gosto
15 g de manjericão fresco
200 ml de óleo
15 ml de azeite

Cozinhe as alcachofras em uma panela com água, sal e o suco de limão. Limpe-as e reserve o fundo e as folhas mais delicadas (violeta) de cada uma das unidades. Separe algumas das folhas violetas com um pouco de água da cocção da alcachofra, peneire e reserve para formatar pequenas gotas na montagem do prato. Para preparar o recheio, amasse a ricota e tempere-a com 40 ml do azeite de manjericão, (reserve o restante), sal, noz-moscada e pimenta-do-reino. Frite as folhas de manjericão no óleo a 180 °C; reserve. Para montar cada porção, espalhe o creme de ricota sobre o prato. Coloque um fundo da alcachofra cortado em forma de leque e ajeite delicadamente as folhas no meio, dispondo conforme a foto. Espalhe o manjericão frito, regue com azeite e sirva em temperatura ambiente.

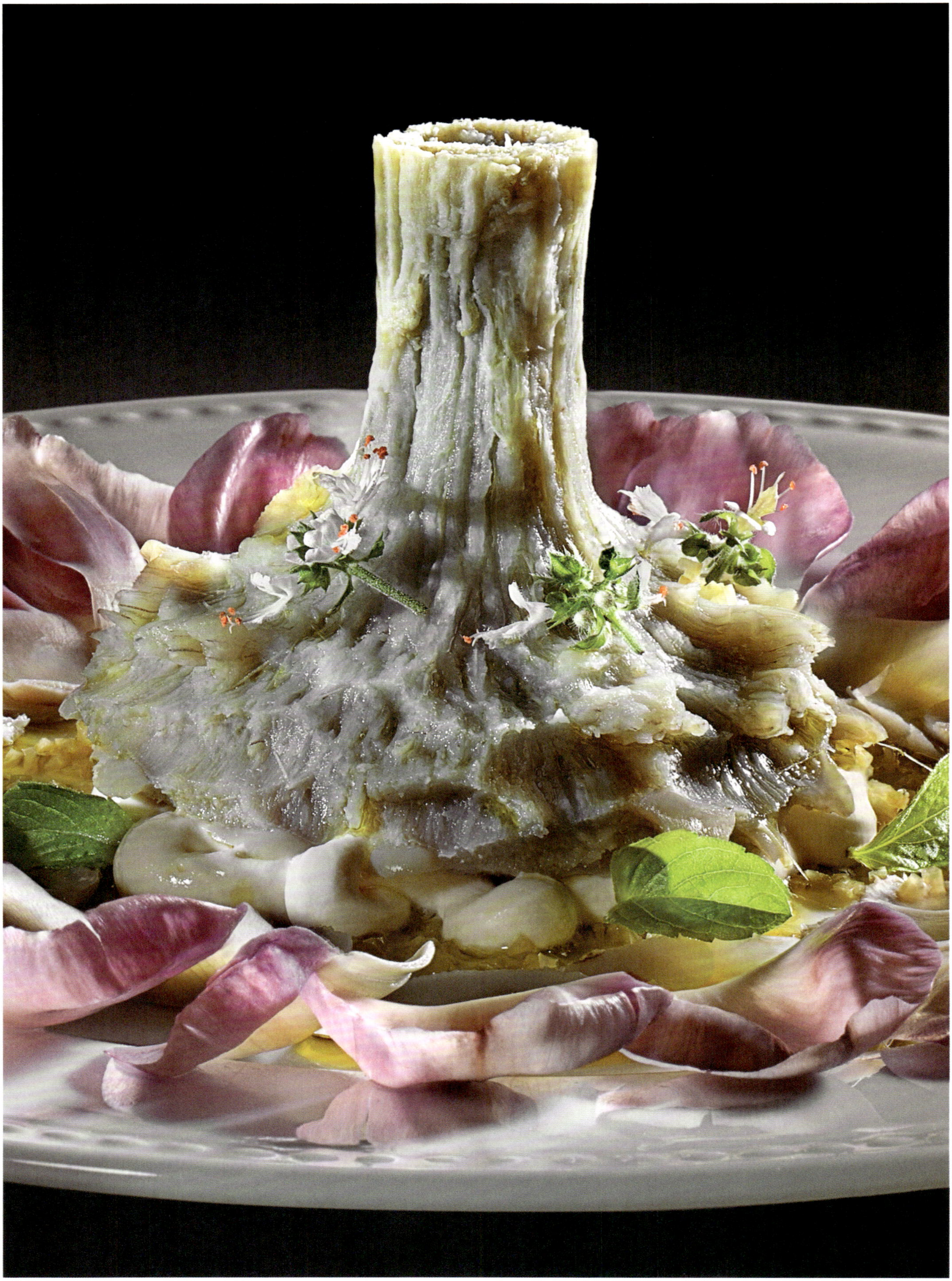

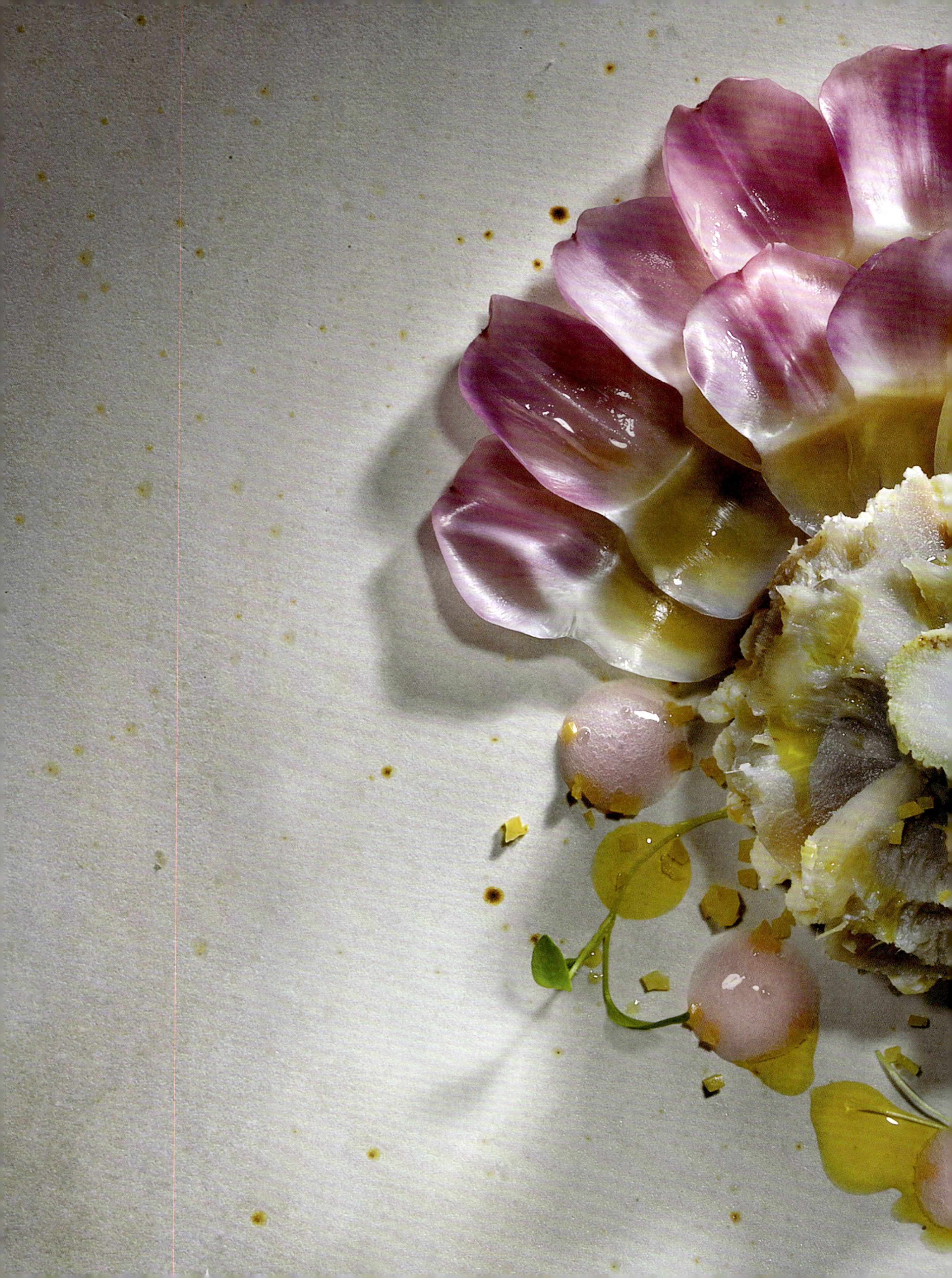

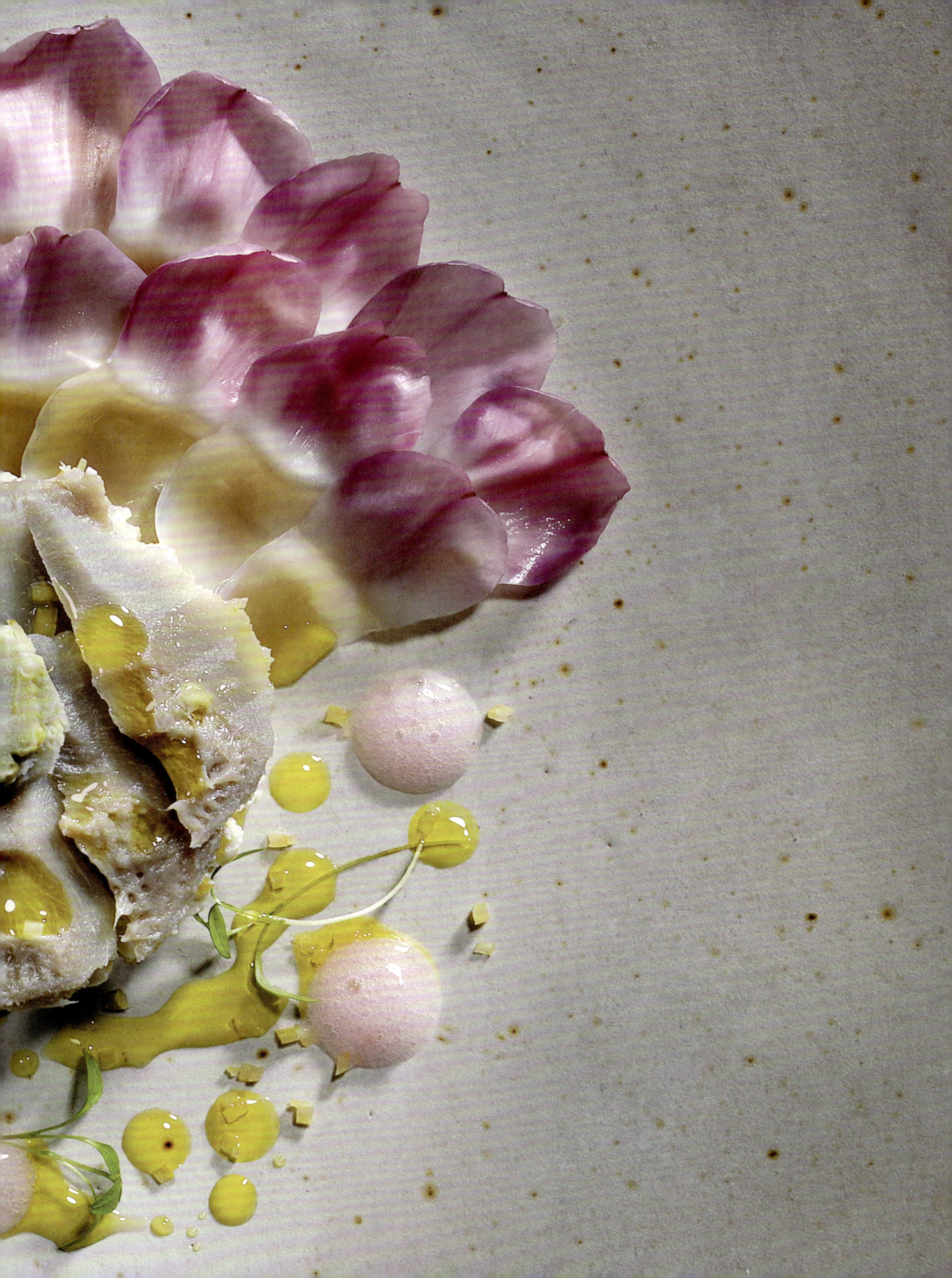

Endívia, caramelo de mostarda, bottarga (2003)

As endívias sempre me lembraram o formato de uma bottarga, prontas para serem recheadas. Foi o que fiz, com creme de grão-de-bico, laqueando-as com um leve molho de mostarda e acrescentando lascas de bottarga.

4 porções

ENDÍVIA
3 endívias inteiras

RECHEIO
100 g de grão-de-bico
15 ml de azeite
30 g de cebola picada
50 g de coalhada seca
sal a gosto
pimenta-do-reino moída na hora a gosto

CARAMELO DE MOSTARDA
30 g de açúcar
15 ml de vinagre de vinho branco
140 ml de caldo de legumes (ver p. 215)
15 g de mostarda de Dijon

FINALIZAÇÃO
5 g de lascas de bottarga
azeite para untar

ENDÍVIA
Escalde a endívia inteira duas vezes até que fique bem tenra em sua base; em seguida, solte as folhas e deixe escorrer a água. Separe as folhas mais nobres para formatar a endívia recheada; pique as aparas (miolo) para o recheio.

RECHEIO
Cozinhe o grão-de-bico, previamente demolhado, na panela de pressão por 30 minutos até amolecer. Escorra e passe no processador. Peneire e reserve. Para o recheio, aqueça o azeite e refogue a cebola, junte as aparas de endívia e o creme de grão-de-bico. Adicione a coalhada seca e tempere com sal e pimenta.

MONTAGEM
Estique um pedaço de filme de PVC de 20 cm x 15 cm sobre uma superfície lisa. Disponha sobre ela as folhas da endívia e espalhe no centro de cada folha uma fina colherada de recheio, reconstituindo a forma original da endívia. Resfrie por 6 horas para compactá-la.

CARAMELO DE MOSTARDA
Enquanto isso, prepare o caramelo de mostarda. Faça uma gastrique (ver p. 220) com açúcar e vinagre, acrescente o caldo de legumes e deixe reduzir um pouco em fogo brando. Fora do fogo, acrescente a mostarda e emulsione Reserve.

FINALIZAÇÃO
Em uma assadeira untada com azeite, disponha as endívias e pincele-as com o caramelo de mostarda; leve ao forno a 75 °C por 10 minutos para aquecer. Decore com as lascas de bottarga antes de servir.

Royale de ouriço, emulsão de coentro (2003)

Como engrandecer algo conhecido na cozinha clássica francesa como Royale du foie gras, uma guarnição para consomês? Lembrei de ovas de ouriço. Ricas em albumina, bastaria misturá-las com lactose para diminuir o gosto forte e cozinhar na temperatura certa para obter algo cremoso e delicado. Acompanha leve emulsão de coentro.

4 porções

ROYALE

125 g de ovas de ouriço
125 g de creme de leite
125 g de leite
sal a gosto
páprica picante a gosto
pimenta-de-caiena a gosto
noz-moscada a gosto

EMULSÃO

65 ml de caldo de frango
(ver p. 215)
65 ml de creme de leite
5 g de coentro

ROYALE

Misture as ovas de ouriço ao creme de leite e ao leite. Tempere com o sal e as especiarias, coloque em quatro ramequins de vidro e reserve. Cozinhe em banho-maria, com os ramequins, a 85 °C por 1h30.

EMULSÃO

Ferva o caldo de frango com o creme de leite. Adicione as folhas de coentro e cubra a panela com filme de PVC, para não eliminar vapor. Deixe descansar por 20 minutos, emulsione e coe. Sirva o royale morno com a emulsão por cima.

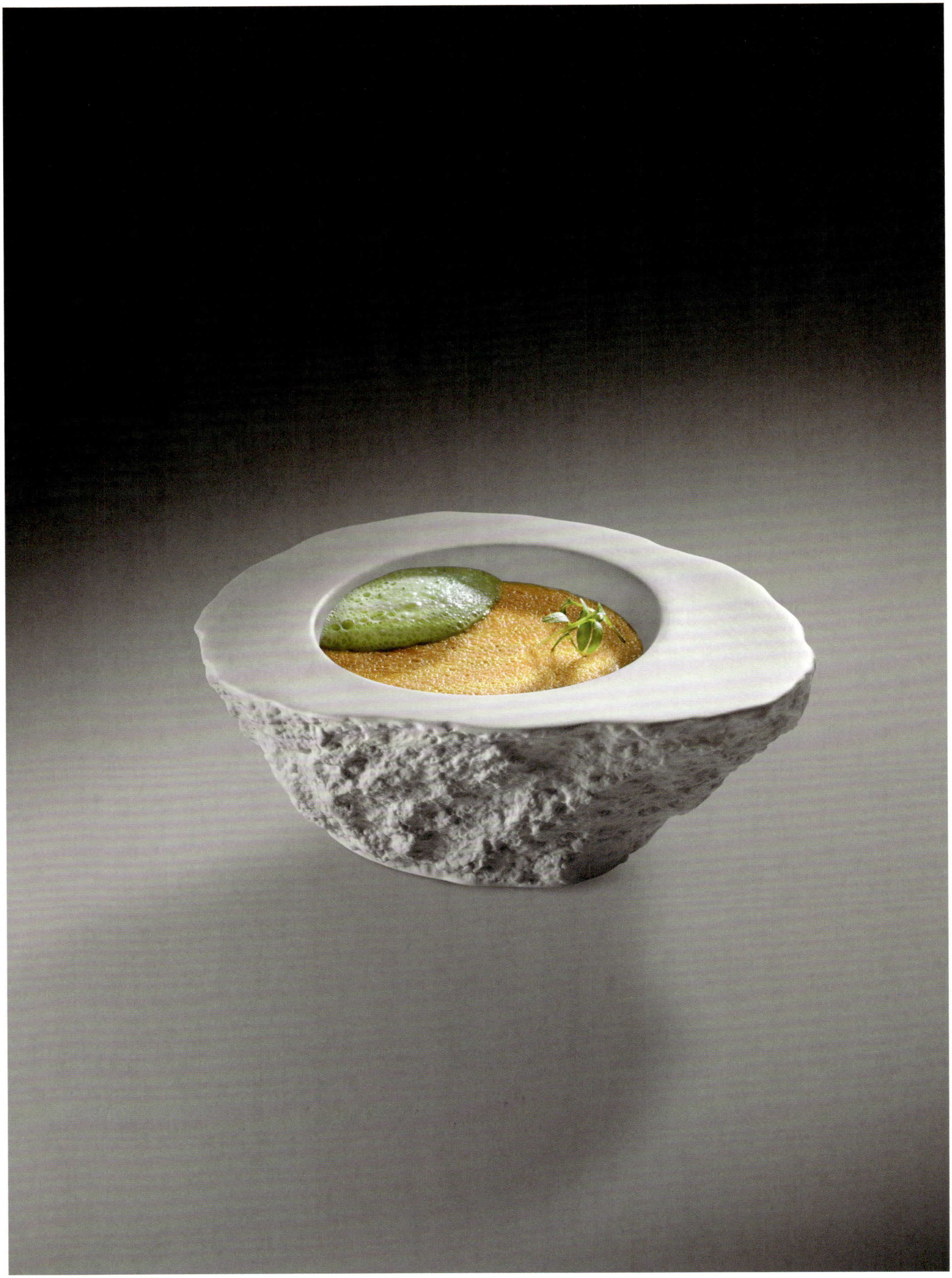

Cavaquinha, molho Iemanjá, galette de tapioca, creme acaçá (1994)

Em uma viagem a Fortaleza, vi uma estátua feminina, que soube se tratar de Iracema. Depois, conheci as histórias de Iemanjá, a orixá rainha do mar. Há tempos eu já pretendia desenvolver algo que remetesse ao gosto da moqueca, mas com textura de molho ou caldo. Batizei como "Cavaquinha Iemanjá", realçada com o creme de acaçá, uma comida da cozinha de candomblé que me seduziu pela simplicidade e pela textura delicada.

4 porções

GALETTE DE TAPIOCA

75 ml de leite
75 ml de leite de coco
35 g de farinha de tapioca granulada
15 g de coco ralado fresco
15 g de manteiga

MOLHO IEMANJÁ

125 ml de azeite extravirgem
15 g de cebola picada
10 g de alho-poró picado
10 g de curry em pó
5 g de urucum em pó
90 g de cenoura cortada em émincé
30 g de pimentão amarelo cortado em émincé
30 g de pimentão vermelho cortado em émincé
15 g de gengibre
250 ml de suco de laranja
250 ml de água de coco
150 ml de leite de coco
20 g de folhas de coentro

CREME ACAÇÁ

30 g de farinha de arroz
100 ml de **caldo de peixe ou de crustáceos** (ver p. 216, 214)
100 ml de leite de coco

MONTAGEM

600 g de cavaquinha sem pele
30 ml de azeite

GALETTE DE TAPIOCA

Ferva o leite com o leite de coco. Junte a farinha de tapioca e o coco ralado em um bowl e cozinhe em banho-maria por 5 minutos em fogo baixo. Enforme em aros e deixe descansar na geladeira por uma noite. Corte as tapiocas no tamanho desejado. Sele com manteiga em frigideira antiaderente.

MOLHO IEMANJÁ

Refogue no azeite a cebola, o alho-poró, o curry e o urucum, sem dourar, por 5 minutos; em seguida, adicione a cenoura, os dois tipos de pimentão e o gengibre. Acrescente o suco de laranja, a água de coco e o leite de coco. Cozinhe em fogo baixo durante 30 minutos; nos últimos 5 minutos, junte as folhas de coentro. Bata o molho no liquidificador, coe e reserve.

CREME ACAÇÁ

Misture todos os ingredientes e cozinhe por 10 minutos em fogo baixo, com leve fervura. Reserve.

MONTAGEM

Sele a cavaquinha com o azeite. Na montagem do prato para servir, coloque nesta ordem: o molho Iemanjá, a cavaquinha e a gallete de tapioca e o creme acaçá.

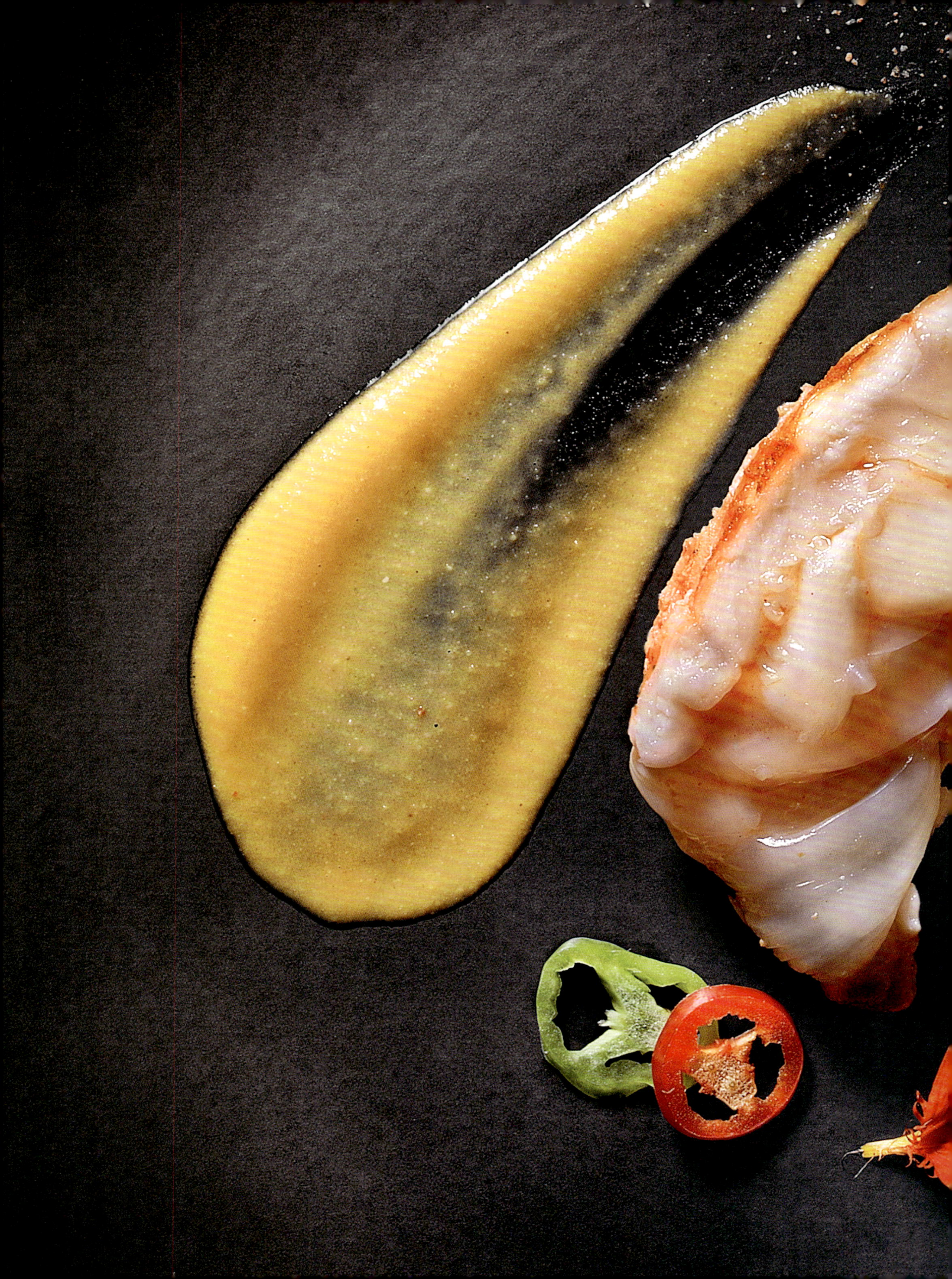

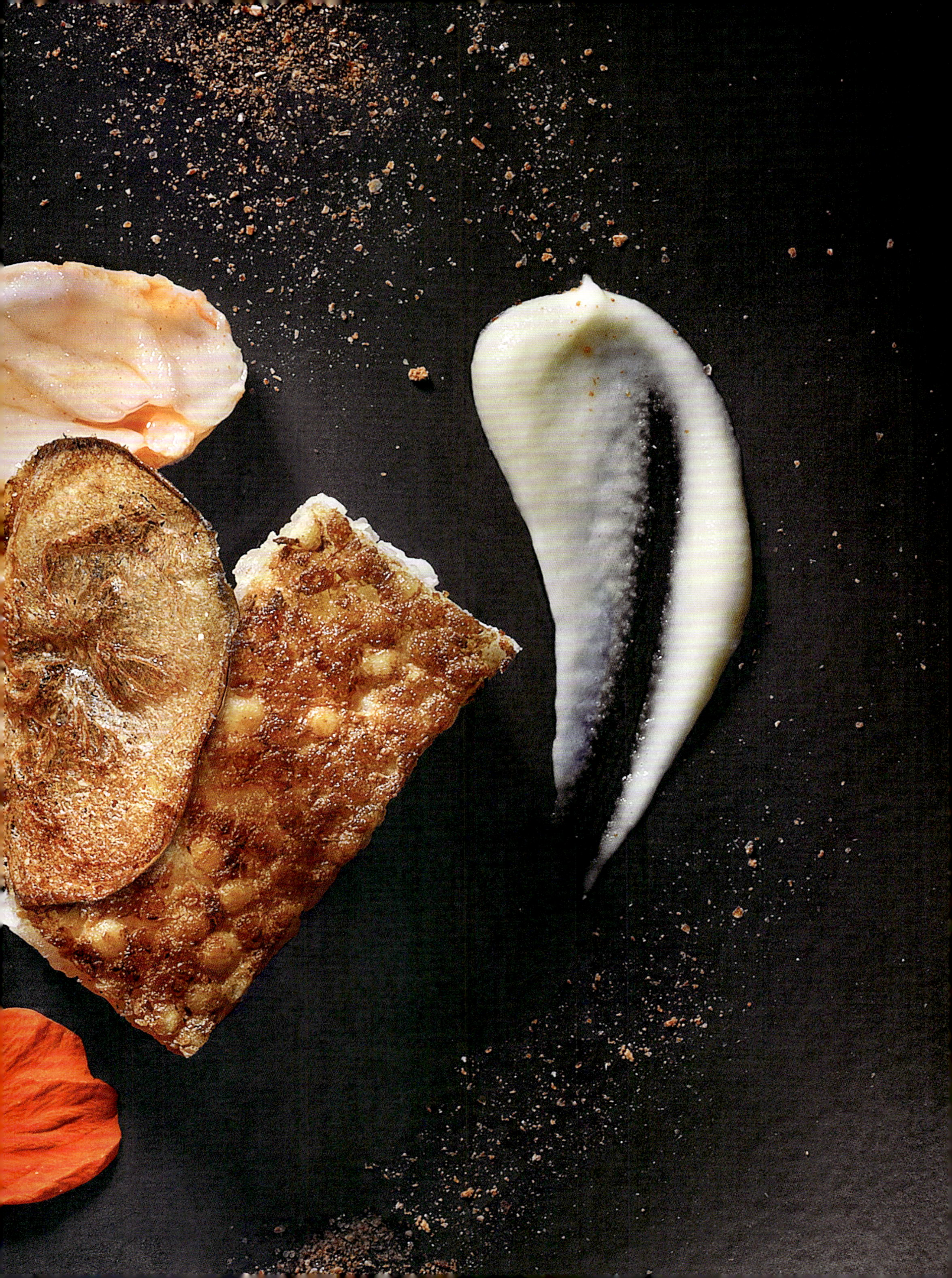

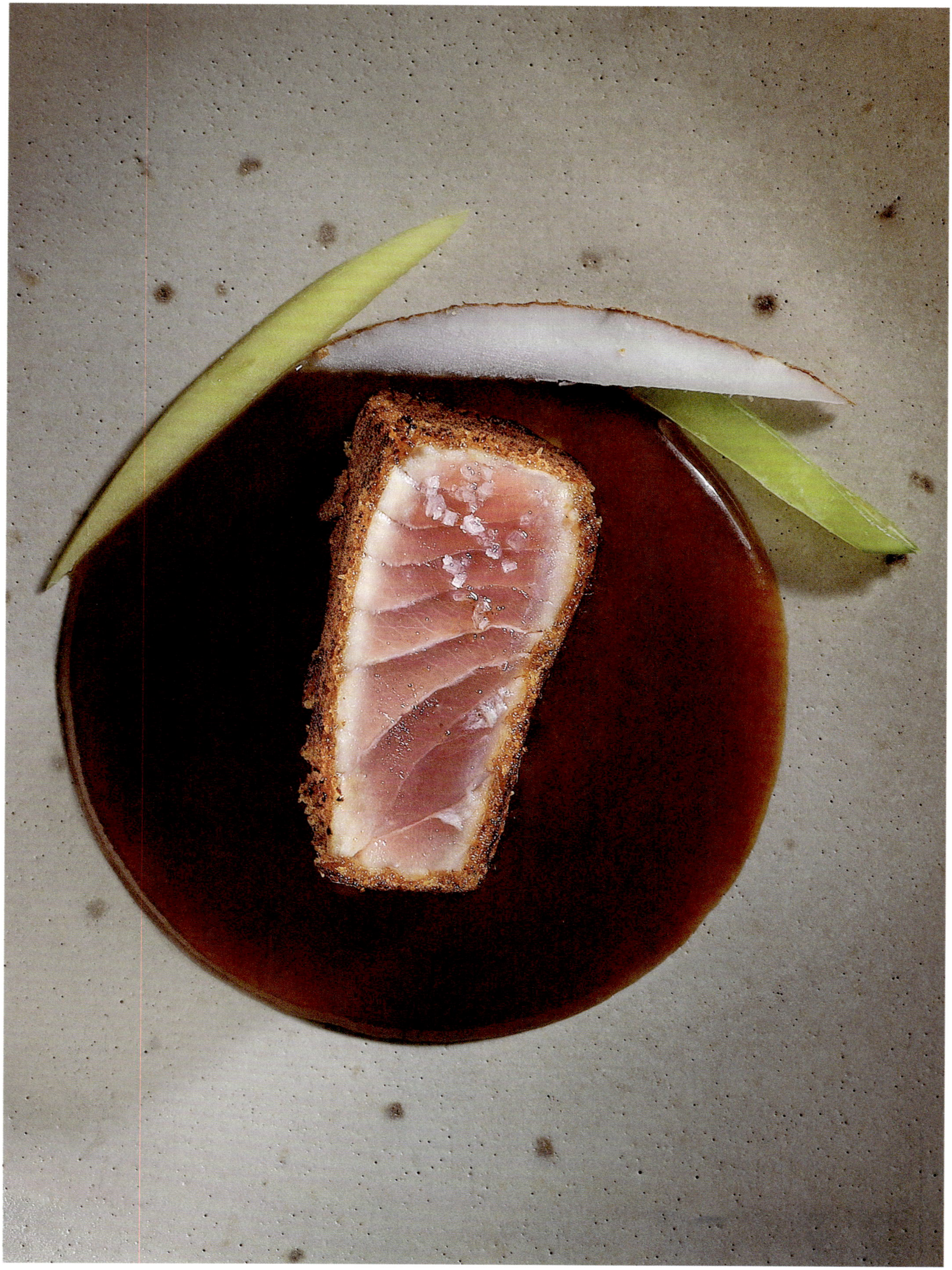

Atum em crosta de pão de especiarias (1998)

Uma combinação até com certo grau de emoção. Surgiu acidentalmente, quando um pedaço de atum cru foi passado na farinha de especiarias que usávamos na pâtisserie. Ficou bom, principalmente pelo gosto acentuado das especiarias.

4 porções

MOLHO THAI

10 ml de azeite
20 g de cebola picada
5 g de alho picado
5 g de amendoim descascado e picado, sem sal
2 g de páprica picante
2 g de cominho em pó
2 g de zattar
1 g de curry
1 g de folhas de hortelã
15 ml de molho de ostra
15 ml de shoyu
60 ml de leite de coco
100 ml de caldo de peixe (ver p. 216)

ATUM

600 g de filé de atum
100 g de farinha de pão de especiarias (ver p. 226)
60 ml de azeite
pimenta-do-reino moída na hora a gosto

FINALIZAÇÃO

20 g de manga cortada em julienne
5 g de lascas de coco fresco em julienne
10 g de ervilha-torta cortada em julienne

MOLHO THAI

Em uma panela, aqueça o azeite e refogue a cebola e o alho; acrescente o amendoim e todas as especiarias. Mantenha em fogo baixo por 3 minutos, sem dourar nem deixar ressecar. Adicione o molho de ostra e o shoyu e deixe reduzir pela metade. Acrescente o leite de coco e o caldo de peixe e deixe reduzir para um terço. Coe no chinois grosso e reserve.

ATUM

Separe o atum em quatro porções e tempere com a pimenta. Empane-as com a farinha de pão de especiarias. Sele no azeite quente até chegar ao ponto desejado.

FINALIZAÇÃO

Para servir, espalhe o molho sobre o prato e, por cima, coloque a porção de atum. Decore com a manga, o coco e a ervilha-torta.

Lasanha Napoleão de pupunha e camarão
(1996)

A pupunha é um ingrediente fantástico, que admite diferentes texturas, inclusive cremosa, na montagem de uma lasanha. O nome do grande estadista aparece porque a cozinha francesa prevê montagens em camadas, o que remete ao chapéu de Bonaparte.

4 porções

PALMITO

250 g de coração de palmito pupunha
10 ml de suco de limão
100 ml de azeite extravirgem
sal e pimenta-do-reino a gosto

MOLHO

150 ml de caldo de crustáceos (ver p. 214)
20 ml de demi-glace (ver caldo de carne, p. 214)
2 g de folhas de estragão picado
2 g de pimenta-de-caiena
30 g de tomate sem pele e sem sementes

CAMARÕES

12 camarões (cerca de 40 g cada um)
sal e pimenta-do-reino a gosto
50 ml de azeite

PALMITO

Limpe os corações de palmito na água fria. Com uma mandolina, faça lâminas finas (2 mm); reserve um terço dessas lâminas para cortar em julienne; tempere com o suco de limão e o azeite extravirgem. Em uma frigideira aquecida com azeite, frite um terço das lâminas de palmito; reserve sobre papel-toalha. Refogue as aparas de palmito com azeite. Cozinhe em fogo brando, com água à altura das aparas de palmito, até amolecer e ficar com textura de purê. Tempere com sal e pimenta-do-reino e reserve.

MOLHO

Leve ao fogo o caldo de crustáceos e deixe reduzir para metade do volume. Adicione o demi-glace, o estragão picado, a pimenta-de-caiena e o tomate. Deixe ferver por 20 minutos, coe no chinois fino e reserve. O molho será servido à parte.

CAMARÕES

Tempere os camarões com sal e pimenta-do-reino e, numa frigideira, salteie-os no azeite.

MONTAGEM

No centro do prato de servir, monte a lasanha em camadas. Comece com uma camada de purê de palmito, depois, em sequência, dois camarões em posição cruzada, sobre eles mais uma colher de purê de palmito, depois o palmito cortado em julienne, outra camada de purê de palmito, depois duas lâminas fritas de palmito, mais uma camada de purê, mais camarão e a última camada de purê de palmito. Finalize com mais lâminas fritas de palmito e sirva o molho à parte.

Magret laqueado ao tucupi e sementes de coentro (1981)

Certa vez, no Le Saint Honoré, um cliente brasileiro me perguntou por que eu queria fazer "comida de índio". Aquilo me preocupou. Dias depois, uma senhora francesa me chamou à mesa para elogiar aquele sabor que a encantou, mas que não conseguia definir – era o tucupi. Esse fato me deixou confiante em manter a receita no menu, e com sucesso. Foi meu sous chef, Paulo Carvalho, quem me apresentou a esse surpreendente extrato da mandioca-brava, exatamente a acidez que eu buscava para o pato laqueado.

4 porções

MARINADA

200 ml de tucupi
60 g de mel
10 g de sementes de coentro trituradas no pilão e tostadas em frigideira a seco
2 **magrets** de pato (250 g cada um)
sal e pimenta-do-reino moída na hora a gosto
100 ml de **caldo de frango** (ver p. 215)

GUARNIÇÃO

200 g de batata-doce
1 dente de alho
1 folha de louro
1 talo de tomilho
100 ml de **caldo de frango** (ver p. 215)
15 g de ervilha-torta
5 ml de azeite

MARINADA

Misture todos os ingredientes da marinada em um recipiente em que os magrets possam ser colocados. Mergulhe-os na marinada e deixe por 2 dias. Depois, tire da marinada (reserve o líquido), tempere com sal e pimenta do lado da carne e sele mantendo 80% do tempo do lado da pele; reserve a gordura. Deglaceie com a marinada reservada e deixe reduzir até um terço. Acrescente o caldo de frango e deixe reduzir de novo a um terço; coe e reserve.

GUARNIÇÃO

Embrulhe a batata-doce com casca no papel-alumínio com o dente de alho, o louro e o tomilho. Asse no forno a 180 °C até amolecer. Fatie a batata em rodelas grandes e as salteie usando um pouco da gordura do pato reservada. Acrescente o caldo de frango e reduza até ficar brilhoso. Salteie a ervilha em azeite e disponha ao lado do magret.

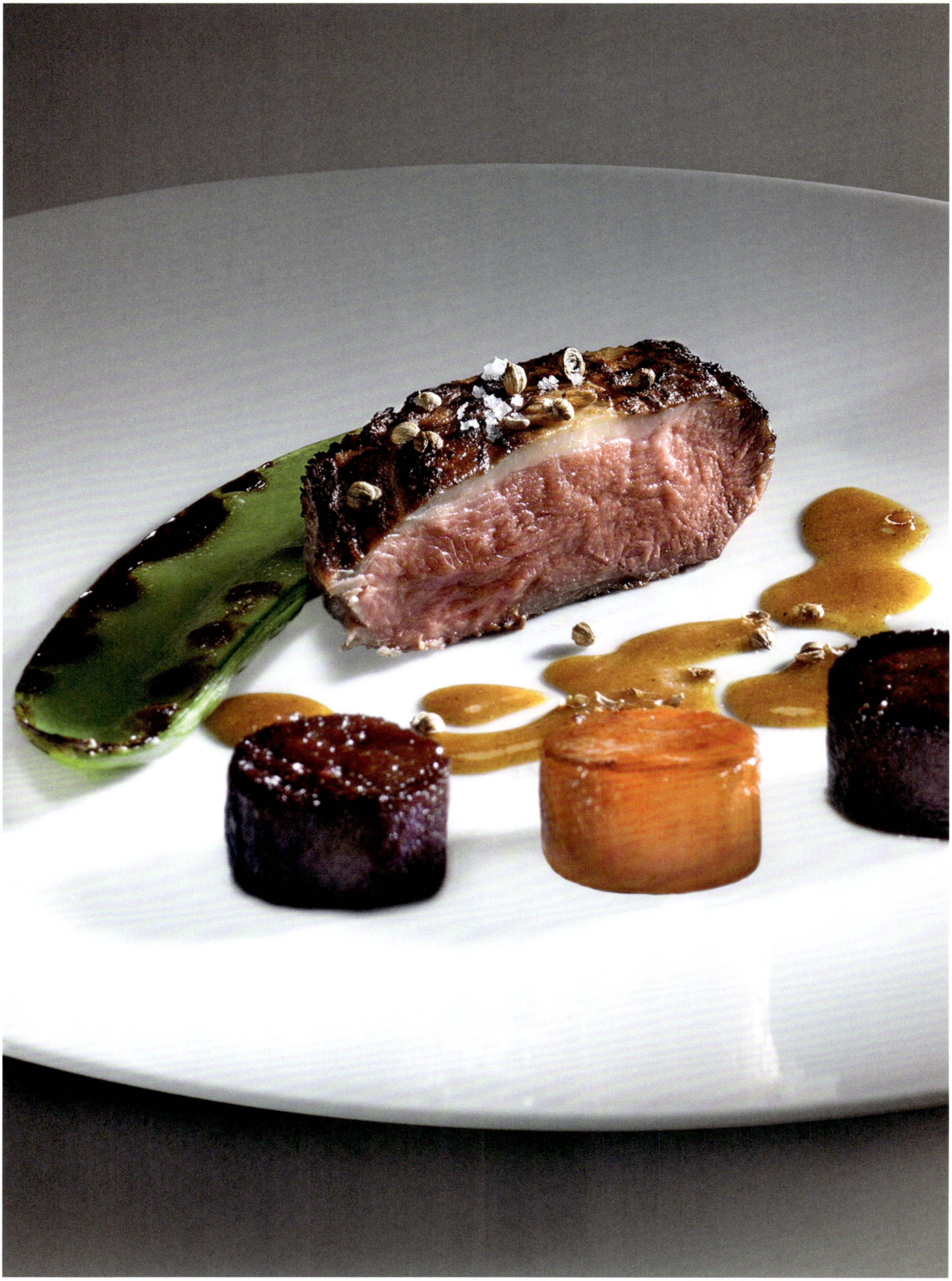

Rabada reconstruída, molho de jabuticaba e agrião (2003)

Em 1988, no restaurante Laurent do Rio, surgiu a codorna com jabuticaba, que foi servida em jantares particulares para dona Lily e dr. Roberto Marinho. No Laurent de São Paulo, ela foi referência para esta inusitada rabada ao molho de jabuticaba com agrião.

6 porções

RABADA

1 kg de rabada
150 g de cebola piqué com
1 cravo
250 g de cenoura
100 g de salsão
1 buquê garni
5 g de alho amassado
1 litro de água
sal a gosto
pimenta-do-reino moída
na hora a gosto

MOLHO DE JABUTICABA

20 g de açúcar refinado
10 ml de vinagre de vinho tinto
10 g de pimenta-do-reino preta
triturada no pilão
100 g de polpa de jabuticaba
250 ml de caldo de carne
(ver p. 214)

GUARNIÇÃO

300 g de batata descascada e
cortada em cubos de 5 cm
1 litro de água
60 g de manteiga gelada, cortada
em cubos de 10 g
sal a gosto
noz-moscada ralada na hora a gosto
80 g de tomate concassé
60 g de minifolhas de agrião

RABADA

Sele a rabada até corar. Cubra com água e reserve. Cozinhe a rabada pré-selada por 24 horas a 85 ºC. Acrescente 200 g da cebola piqué, a cenoura inteira (será reaproveitada posteriormente, na montagem), o salsão e o buquê garni. Após cozinhar, coe o caldo e o reduza, retirando a gordura na superfície. Reserve a cenoura e desfie a carne, deixando-a bem limpa. Refogue os 50 g restantes da cebola e o alho amassado com a carne desfiada, acrescentando um pouco do caldo reduzido, sal e pimenta-do-reino. Transfira para fôrmas de silicone retangulares e deixe na geladeira por 6 horas.

MOLHO DE JABUTICABA

Caramelize o açúcar e deglaceie com o vinagre de vinho tinto. Junte a pimenta-do-reino preta triturada. Acrescente a polpa de jabuticaba e o caldo de carne e cozinhe em fogo baixo por 20 minutos. Coe no chinois e reserve.

GUARNIÇÃO

Cozinhe as batatas numa panela com água, iniciando a frio, com pouca fervura até amolecer, por cerca de 50 minutos. Depois, amasse e peneire as batatas, reservando a água da cocção. Para finalizar, emulsione com a manteiga gelada usando uma colher de pau e ajuste a textura com um pouco da água da cocção ainda quente. Tempere com sal e noz-moscada. Desenforme a rabada e aqueça no forno a 60 ºC. Após aquecida, transfira para o prato de servir e regue com o molho de jabuticaba. Com duas colheres, faça uma *quenelle* de purê de batatas e coloque ao lado da rabada. Acrescente uma colher de tomate concassé sobre a rabada e um pequeno buquê de folhas de agrião ao lado.

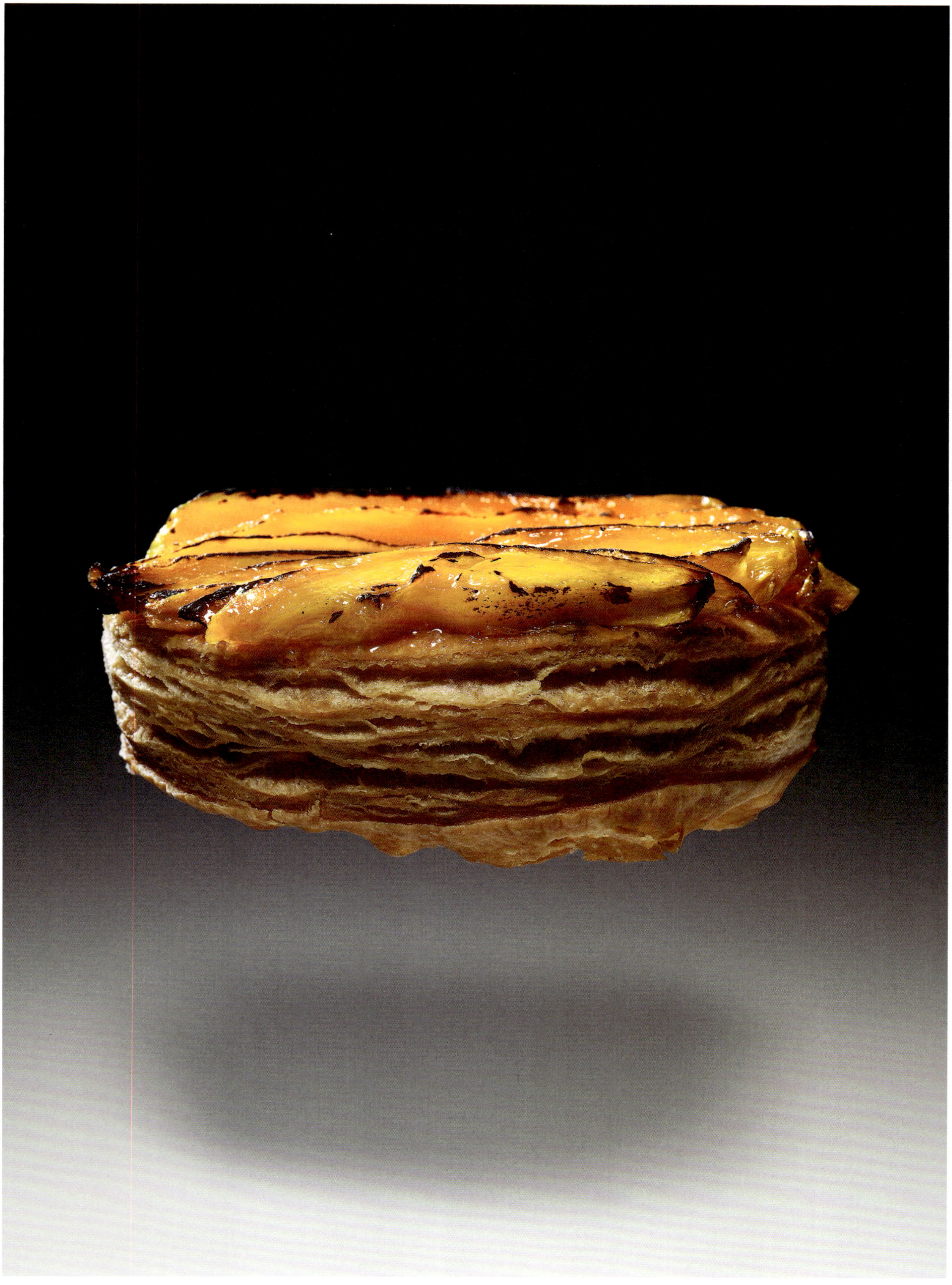

Folhado quente de manga (1984)

A inspiração veio da torta fina quente de maçã criada em 1975 pelo chef Michel Guérard. Em minha versão, eu a fiz "virada", para que a massa folhada crescesse mais, caramelizando no último instante; também incluí na receita um ingrediente lúdico incidental, ao relembrar a história de que "manga não se mistura com leite", originária das fazendas brasileiras nos séculos passados.

4 porções

SORVETE DE BAUNILHA

75 g de gema
150 g de açúcar refinado
500 ml de leite integral
1 fava de baunilha raspada

TORTA DE MANGA

400 g de manga
350 g de **massa folhada** (ver p. 223)
50 g de açúcar de confeiteiro

SORVETE DE BAUNILHA

Bata as gemas e o açúcar em um bowl. Ferva o leite com a fava de baunilha raspada, tire do fogo, misture com as gemas batidas e recoloque no fogão. Cozinhe em fogo baixo, mexendo sempre com a colher de pau até ficar bem cremoso. Coe no chinois e deixe esfriar.
Bata na máquina de sorvete e reserve no freezer.

TORTA DE MANGA

Descasque as mangas, corte em dois gomos e, em seguida, em fatias de 3 mm. Abra a massa folhada até obter 4 discos de 5 mm de espessura por 18 mm de diâmetro. Cubra toda a superfície da massa folhada com a manga. Asse no forno a 180 °C por 20 minutos; depois, vire as tortas para baixo, amassando a manga com uma espátula, para evitar que caia, e deixe assar por mais 10 minutos. ¶ Finalize polvilhando o açúcar de confeiteiro e caramelize no forno a 180 °C por mais 8 minutos. ¶ Sirva as tortas acompanhadas do sorvete de baunilha.

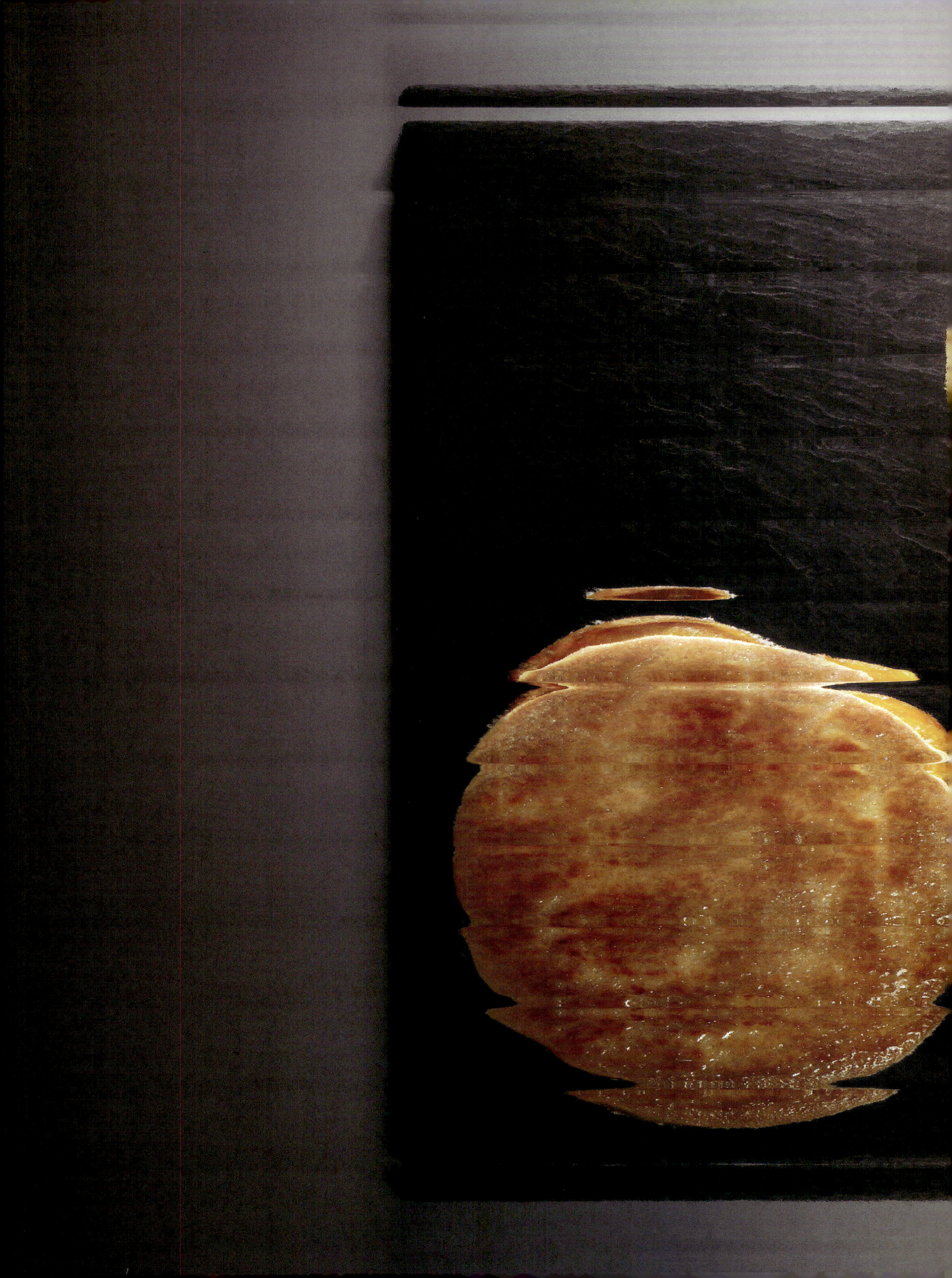

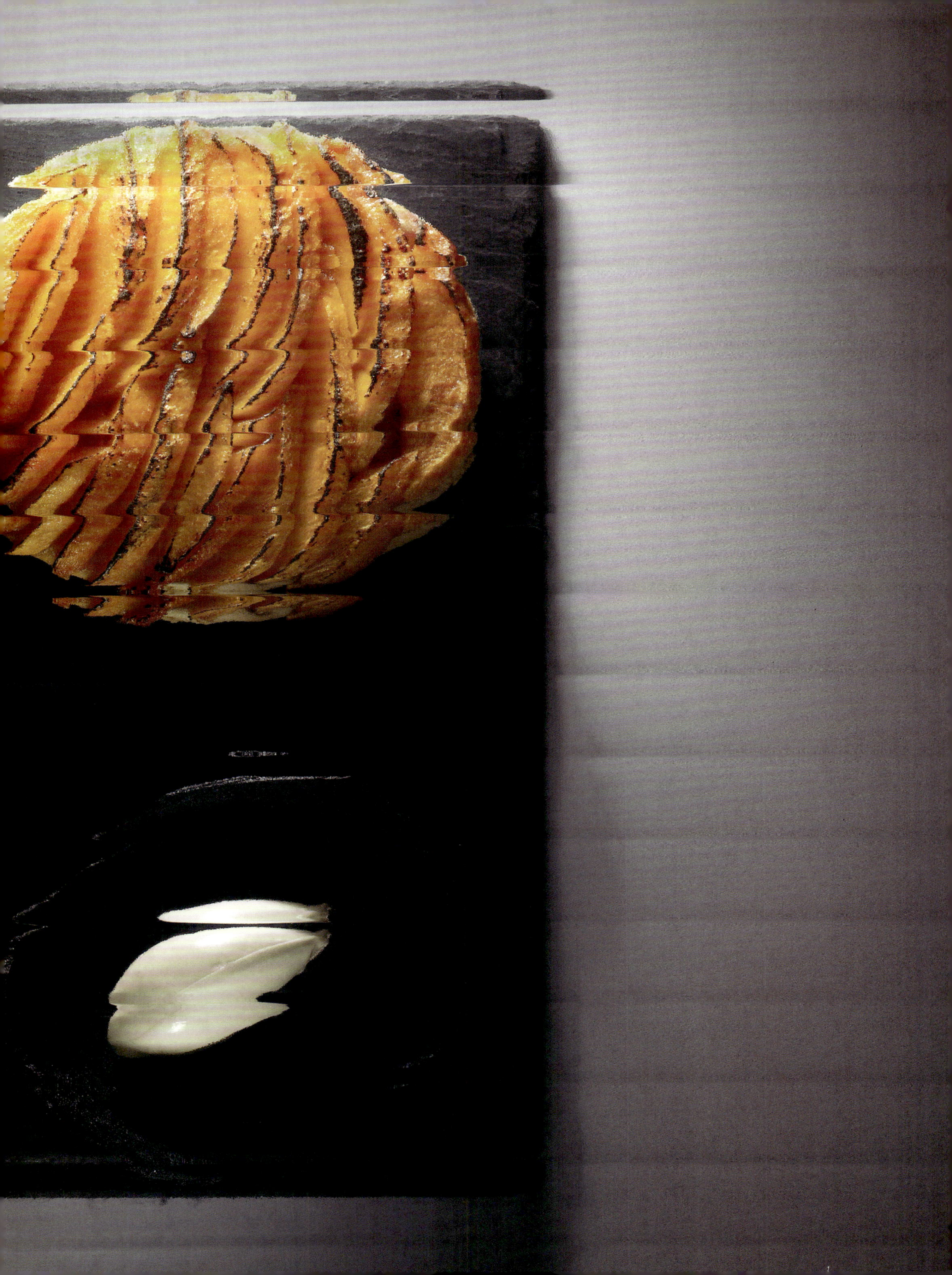

Omelete suflê de chocolate e maracujá (1997)

Resgatei esta ousadia do menu do restaurante Laurent de São Paulo. Era preciso competência, destreza e velocidade em sua execução: com a omelete suflê saindo do forno após 7 minutos de cocção ainda na própria frigideira, os garçons precisavam servir imediatamente, tirando-a da frigideira na frente do cliente e ainda em consistência de suflê.

4 porções

60 ml de suco de maracujá natural reduzido
60 g de gema
75 g de açúcar
75 g de chocolate com 70% de cacau derretido
180 g de clara
manteiga e açúcar, para untar e polvilhar

Reserve 30 ml do suco de maracujá reduzido para a montagem. ¶ Bata as gemas com metade do açúcar até obter uma gemada; divida essa gemada em duas partes. Misture uma metade com 30 ml da redução do suco de maracujá, e a outra metade com o chocolate derretido. ¶ Bata as claras com o restante do açúcar até obter ponto de neve firme. Junte metade das claras em neve com a gemada de maracujá; e a outra metade com a gemada de chocolate. ¶ Em frigideiras pequenas que possam ir ao forno, de preferência com o diâmetro de frigideiras de fritar ovo, pré-untadas com manteiga e polvilhadas com açúcar, coloque primeiro a mistura de chocolate e, por cima, a mistura de maracujá. Asse no forno preaquecido a 180 °C por 7 minutos. Sirva em pratos rasos com o suco de maracujá ao redor das omeletes.

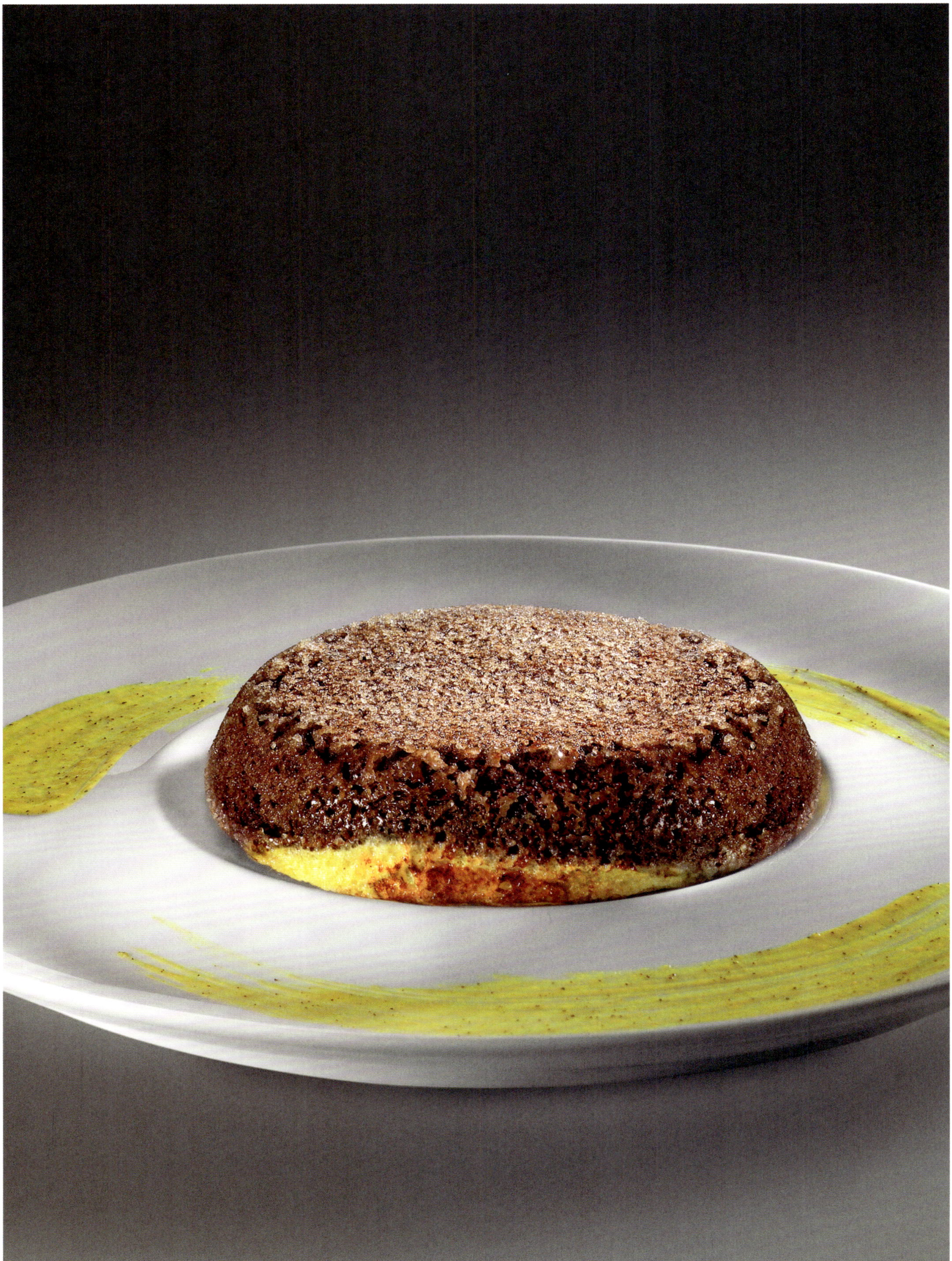

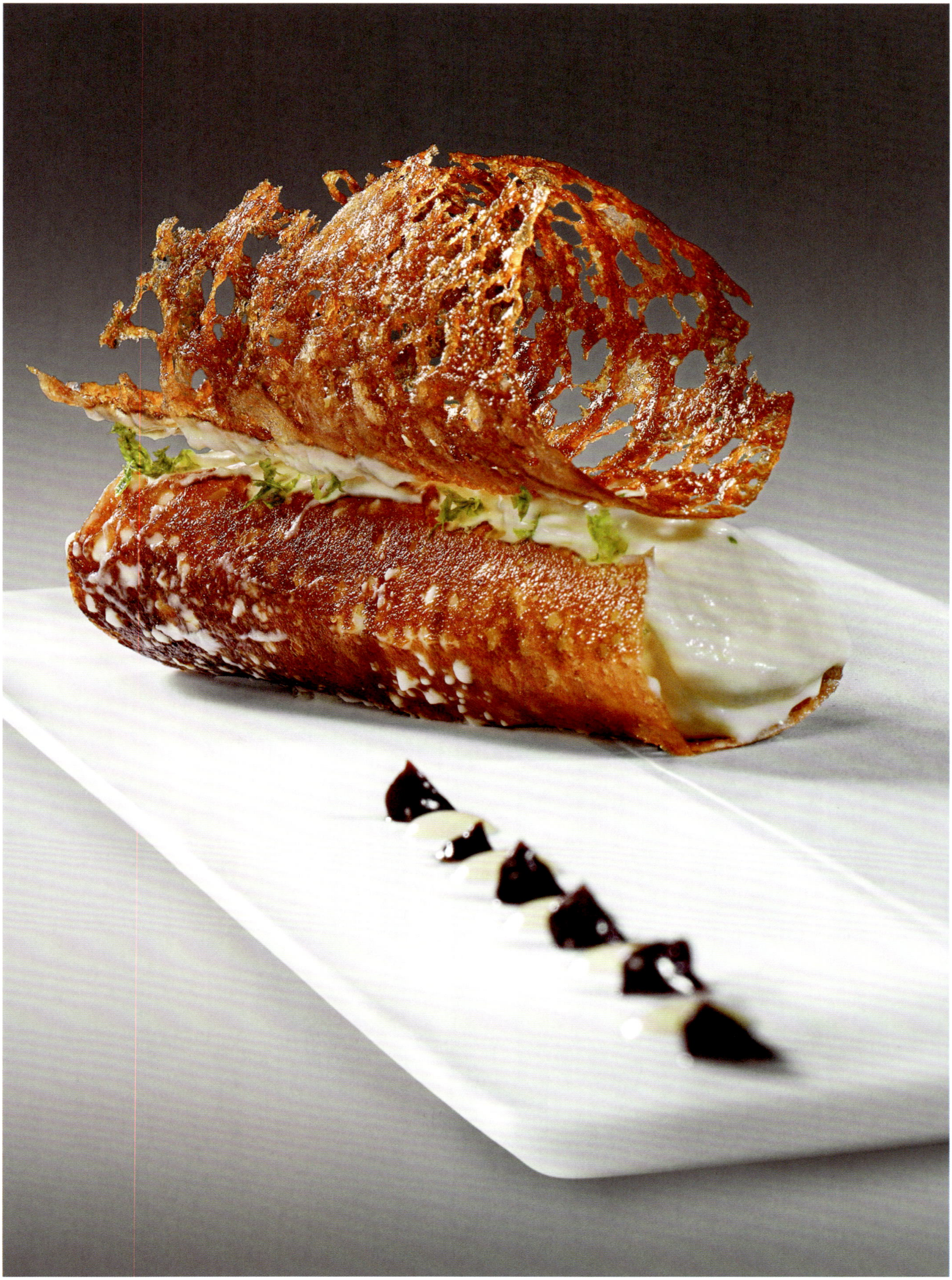

Bacuri com chocolate branco e crocante de coco (2004)

Um dos grandes momentos de minha vida de cozinheiro se deu quando conheci o bacuri, no Maranhão. Até então, eu só lera sobre ele nos escritos do padre João Daniel, missionário que viveu na Amazônia no século XVIII. Ao provar, concordei com o padre: aquele era um dos frutos mais elegantes e finos do mundo.

12 porções

BAVAROISE DE BACURI E CHOCOLATE BRANCO

- 105 g de açúcar cristal
- 40 ml de água
- 70 g de gema
- 100 g de polpa de bacuri
- 15 g de chocolate branco
- 175 g de mascarpone
- 1 g de baunilha em pó
- 5 g de gelatina sem sabor em folha
- 250 ml de creme de leite fresco

CROCANTE DE COCO

- 90 g de manteiga
- 20 g de glucose de milho
- 135 g de açúcar de confeiteiro
- 30 g de farinha de trigo
- 30 g de coco ralado fresco

BAVAROISE DE BACURI E CHOCOLATE BRANCO

Faça uma calda de açúcar e água a 121 °C. Na batedeira, bata as gemas em ponto de gemada; acrescente a calda de açúcar e continue batendo até esfriar. Reserve. Aqueça a polpa de bacuri com o chocolate branco, incorpore ao mascarpone com a baunilha e reserve; separe uma pequena parte para a decoração final. A seguir, misture a gemada. Hidrate a gelatina e agregue à gemada. Bata o creme de leite em ponto de chantilly e misture ao creme de bacuri, chocolate branco e mascarpone. Guarde em um bowl na geladeira.

CROCANTE DE COCO

Derreta a manteiga com a glucose e as transfira, já derretidas, para um bowl. Acrescente o açúcar de confeiteiro peneirado, a farinha de trigo e o coco ralado fresco. Reserve na geladeira. Molde a massa em bolinhas e disponha em um tapete de silicone, deixando espaços de 15 cm entre elas. Asse em forno a 160 °C por aproximadamente 10 a 15 minutos, até dourarem. Retire do forno, enrole-as em um cilindro pequeno e deixe descansar.

MONTAGEM

Retire o crocante de coco delicadamente do cilindro e, com o auxílio de um saco de confeiteiro, recheie cada um com a bavaroise de bacuri. Decore com gotas do creme de chocolate e bacuri.

Madeleine (1982)

Homenagem a um dos petit fours mais conhecidos da França e ao escritor Marcel Proust, grande admirador e consumidor da receita.

6 porções

150 g de açúcar
150 g de manteiga amolecida, mais um pouco para untar
165 g de ovo
150 g de farinha de trigo
7 g de fermento químico
½ laranja
½ limão
1 g de sal

Na batedeira, bata o açúcar, a manteiga amolecida e os ovos. Acrescente a farinha e o fermento. ¶ Faça raspas da casca da laranja e do limão, sem atingir a parte branca, e junte à massa. Acrescente o sal. ¶ Deixe a massa descansar na geladeira por 24 horas. Em forminhas próprias para madeleine ligeiramente untadas de manteiga, asse no forno a 220 °C por 5 minutos; a seguir, baixe a temperatura para 160 °C e deixe por mais 10-15 min. ¶ Sirva morna, com café.

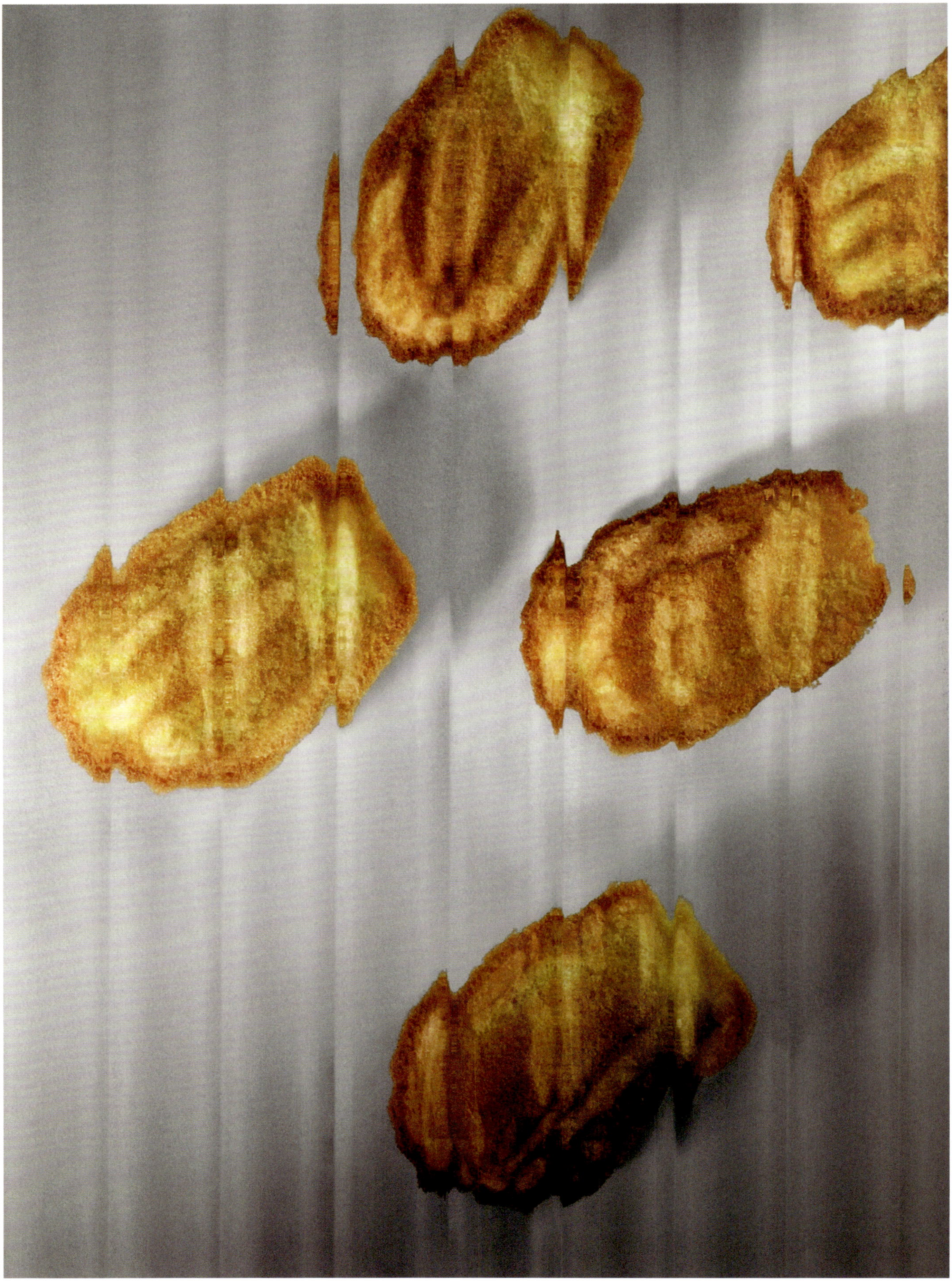

Segunda parte

ESCOLA LAURENT
SÃO PAULO, 2006—HOJE

Escalope de foie gras, caju e caramelo de cajuína (2016)

Quer algo mais inusitado? Imaginei esta extraordinária mistura por conta da textura parecida do foie gras e do caju após a cocção. De fato, é grandiosa.

4 porções

CARAMELO DE CAJU

4 cajus
500 ml de água
150 g de açúcar
1 cravo

MONTAGEM

240 g de **foie gras** cru (ver p. 219)
200 ml de cajuína (ver p. 213)

CAJU

Perfure os cajus com um garfo e retire todo o suco; reserve. Numa panela, faça um xarope com água e açúcar e acrescente os cajus e o cravo, deixando-os cozinhar por aproximadamente 90 minutos em fogo baixo. Depois, transfira-os sem a calda para uma frigideira para selar rapidamente.

CARAMELO

Reduzir a cajuína a ponto de caramelo.

MONTAGEM

Divida o foie gras em quatro escalopes de aproximadamente 60 g cada um. Em uma frigideira bem quente, sele os escalopes, controlando bem a temperatura (180 °C a 200 °C) para não derreter nem queimar o foie gras. ¶ Reduza a cajuína até obter a textura de caramelo. ¶ Para montar os pratos, coloque uma porção do caramelo de caju, sobre ela um escalope de foie gras e finalize com o caramelo de cajuína.

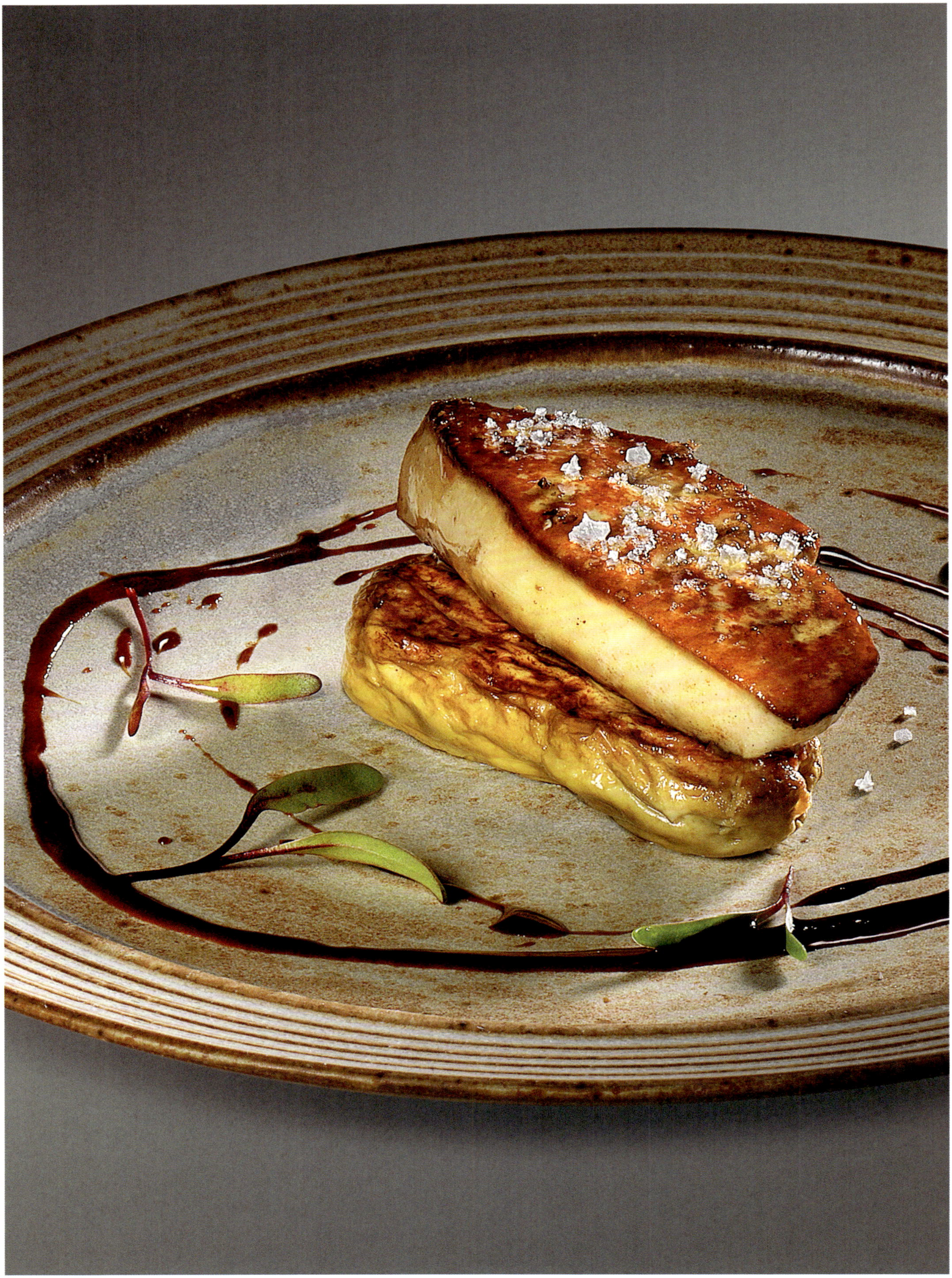

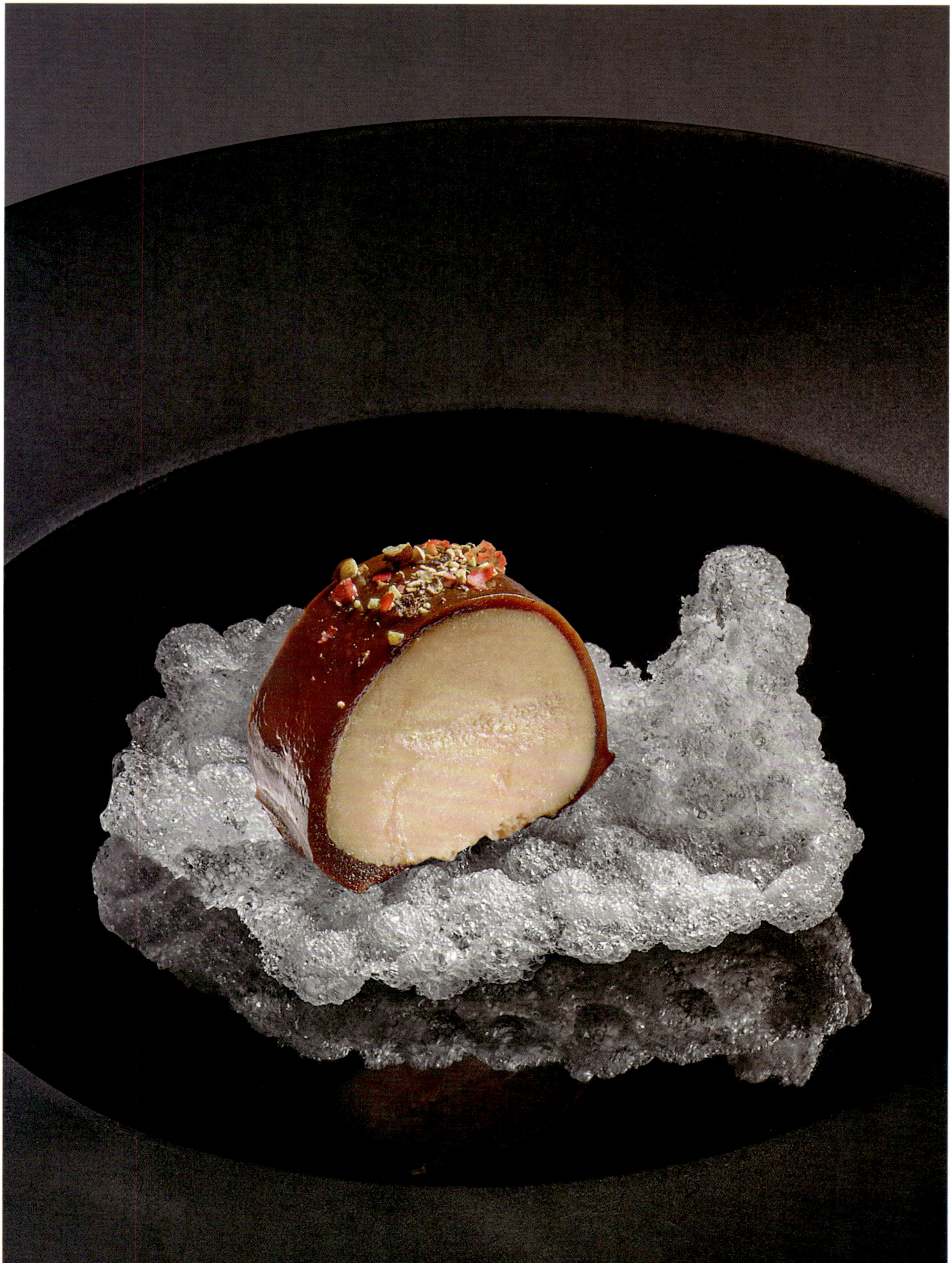

Bombom de foie gras em geleia de jabuticaba, tapioca suflê (2007)

Recriação do foie gras au torchon, glaceado com molho de vinho do Porto e pimenta, que aprendi na França no início de carreira. Aqui, o foie gras é banhado em molho agridoce de jabuticaba e colocado sobre a tapioca suflê.

8 porções

MOLHO DE JABUTICABA

gastrique (ver p. 220)
40 g de açúcar
20 ml de vinagre de vinho tinto
150 g de polpa de jabuticaba
500 ml de demi-glace (ver caldo de carne, p. 214)
sal a gosto
pimenta-do-reino moída na hora a gosto
6 g de gelatina sem sabor em folha

MARINADA DO FOIE GRAS

1 g de cardamomo em pó
1 g de pimenta-do-reino branca moída na hora
1 g de anis-estrelado
6 g de sal
30 ml de vinho do Porto branco fervido e resfriado
700 g de foie gras (ver p. 219)

TAPIOCA SUFLÊ

1,5 litro de água
150 g de sagu
500 ml de óleo

MOLHO DE JABUTICABA

Misture a gastrique com a polpa de jabuticaba e o demi-glace. Reduza até obter uma textura cremosa. Tempere com sal e pimenta-do-reino e adicione a gelatina hidratada. Coe no chinois e reserve.

MARINADA DO FOIE GRAS

Passe as especiarias na peneira fina com o vinho do Porto e coloque junto com o foie gras na sous vide. Reserve por 24 horas na própria embalagem sous vide. Cozinhe em banho-maria, a 55 ºC, por 20 minutos (a princípio, o foie gras estará pronto quando perder 30% de sua quantidade). Mergulhe o foie gras em um recipiente com água e gelo por 24 horas. Formate em filme plástico o foie gras em cilindros de 3 cm de diâmetro de 80 g a 100 g. Reserve na geladeira por 6 horas. Mergulhe cada cilindro no molho de jabuticaba por 3 vezes (entre cada banho, descansar por 10 minutos na geladeira). Reserve os cilindros por 6 horas em geladeira. Corte em medalhões de 15 g cada.

TAPIOCA SUFLÊ

Cozinhe o sagu na água até ficar translúcido. Peneire no chinois, recuperando a goma, e reserve as bolinhas. Espalhe 20% da goma em uma folha de silicone e distribua as bolinhas de sagu por cima. Desidrate no forno a 75 ºC por 6 horas. Porcione o sagu e frite a 160 ºC até ficar branco e seco. Remova do óleo e use papel-toalha para absorver o excesso de gordura.

MONTAGEM

Coloque cada porção de foie gras sobre a tapioca suflê.

Ceviche de manjuba, língua de coco e papaia verde (2017)

Uma interpretação de ceviche com um dos peixes mais delicados que existem, tão desprezado por muita gente – algo questionável, já que a manjubinha vai bem em vários tipos de preparo culinário.

4 porções

8 manjubas
10 ml de suco de limão
sal a gosto
pimenta-do-reino moída na hora a gosto
5 g de pimentão amarelo
5 g de pimentão vermelho
30 g de polpa de coco verde
200 ml de água de coco caramelizada (ver p. 211)
1 mamão papaia levemente verde cortado em 8 tiras (ver abóbora na cal, p. 211)
broto de coentro, para decorar

Corte a manjuba em filés. Deixe marinando na metade do suco de limão, temperado com sal e pimenta-do-reino, por 15 minutos, junto com os dois tipos de pimentão. Com o auxílio de uma colher, raspe a polpa das metades do coco reservadas, tomando cuidado para preservar, sem danificar, a delicadeza da polpa. Salteie as línguas de coco na frigideira com um fio de azeite e reserve.
Fatie a polpa de coco em julienne e misture com a água de coco caramelizada e o restante do suco de limão. Para servir, num prato, coloque primeiro a língua de coco com sua marinada e sobre ela os filés de manjuba com o pimentão e a própria marinada. Enrole as tiras de mamão em forma de cone. Finalize com os brotos de coentro.

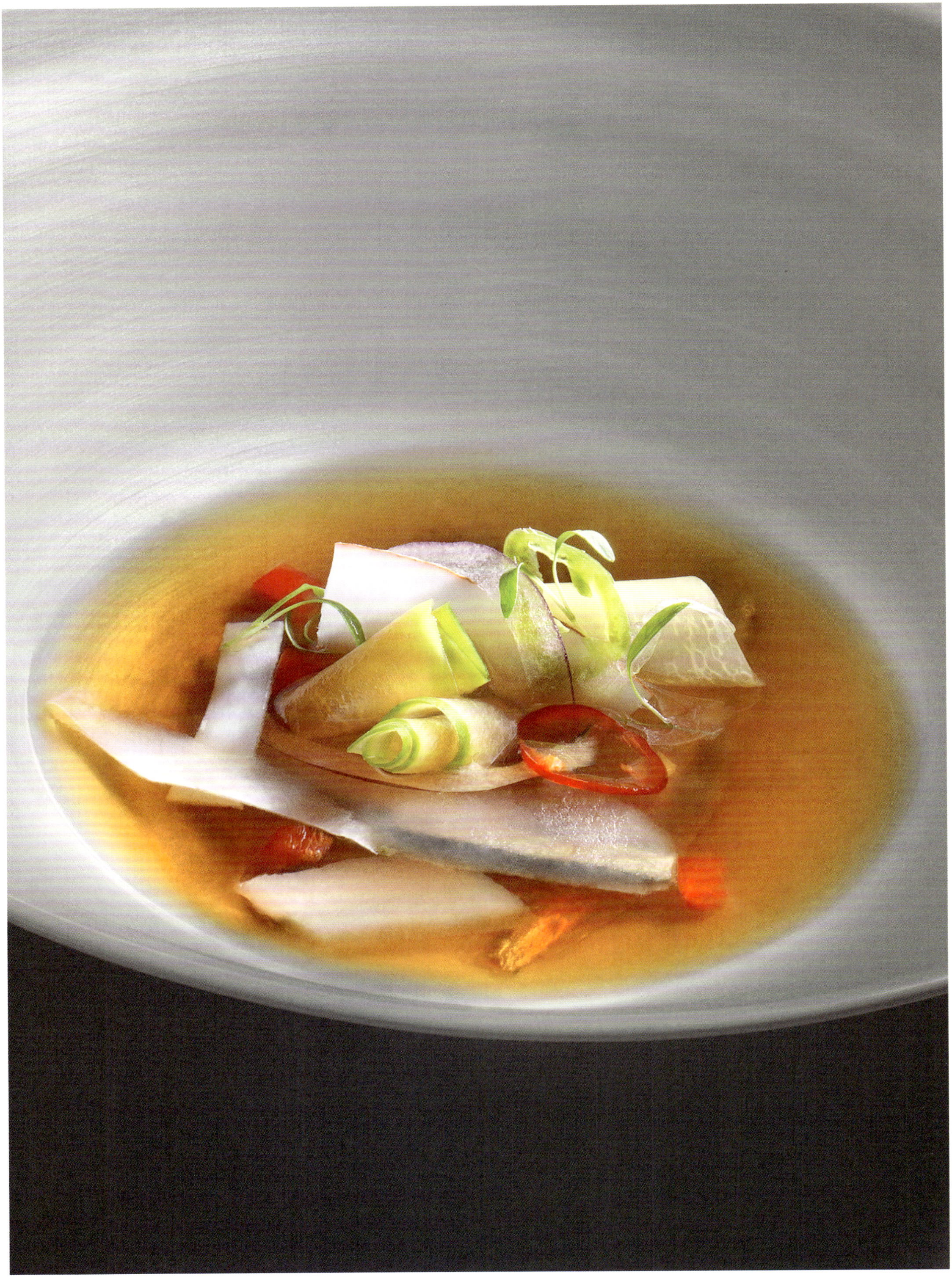

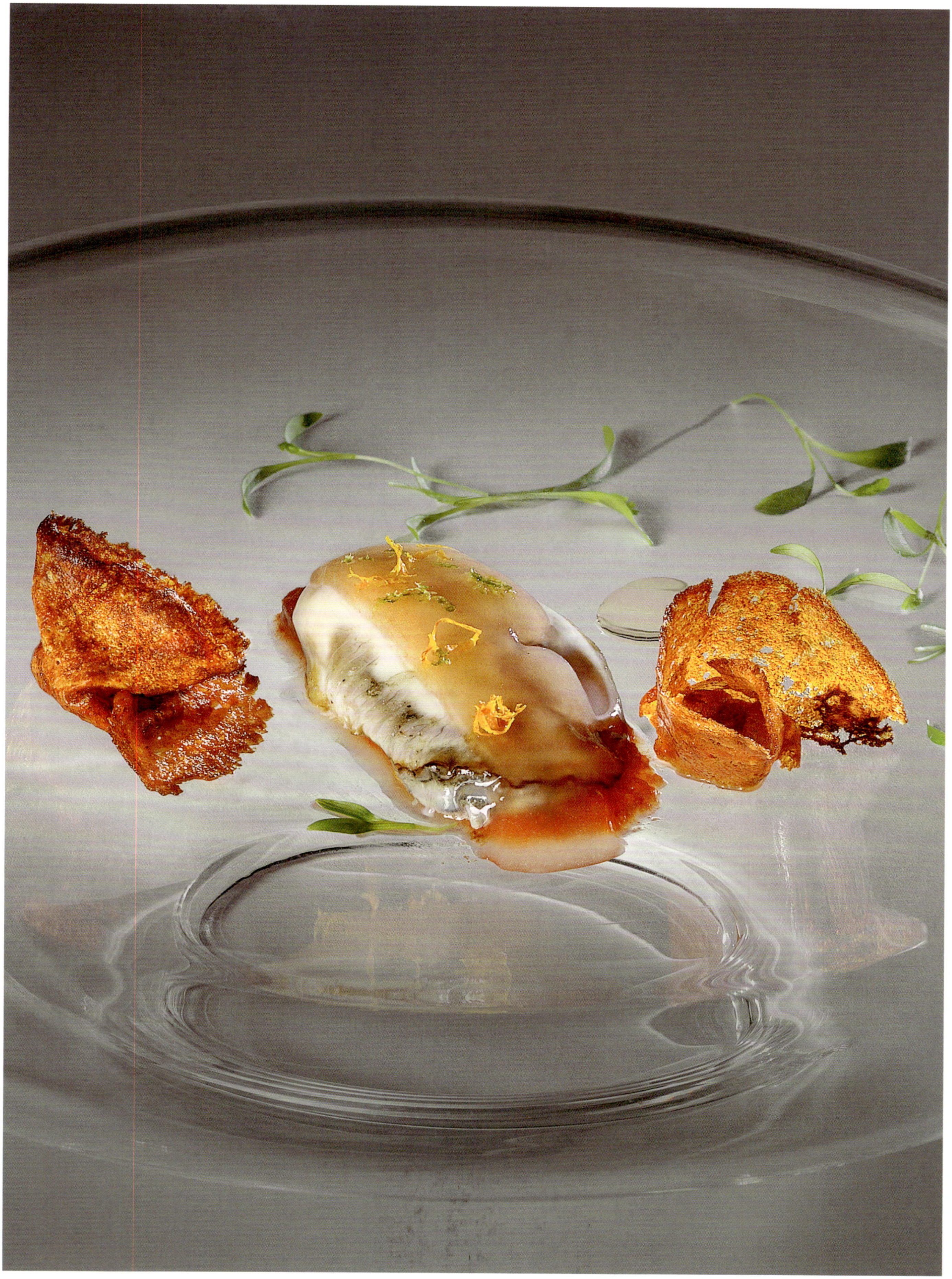

Ostra, geleia de água de tomate verde, mel de jataí (2020)

Esta receita remete a uma característica da Grécia Antiga, quando os gregos utilizavam muito as ostras e o mel em fermentação. Com ela, homenageio também o excelente trabalho feito pelos produtores de ostras do litoral catarinense e de Cananéia, em São Paulo, e do mel de Jataí.

4 porções

GELEIA DE ÁGUA DE TOMATE FERMENTADO E COMPOTA DE TOMATE FERMENTADO

100 g de tomate vermelho
400 g de tomate verde
10 g de sal fino
4 ostras
2 g de alginato de sódio 1,5%
5 ml de azeite

TELHA DE CAROTÈNE

60 ml de água
10 g de farinha de trigo
10 ml de azeite
2 ml de carotène (ver p. 216)
sal a gosto
pimenta-do-reino moída na hora a gosto

FINALIZAÇÃO

1 limão-galego
5 ml de mel de jataí

GELEIA DE ÁGUA DE TOMATE FERMENTADO E COMPOTA DE TOMATE FERMENTADO

Corte os tomates com pele e sementes em concassé e tempere com o sal. Embale em um saco a vácuo e deixe fermentar por 5 dias. Após esse período, terá os substratos para poder fazer a geleia e a compota de tomate fermentado. Escorra o conteúdo da embalagem no chinois. Separe a água do tomate da polpa e reserve ambas. ¶ Abra as ostras e misture a água de cada uma com 60 ml da água do tomate. Emulsione a mistura à temperatura de 56 °C com o alginato de sódio até obter uma textura homogênea. Reserve na geladeira por 2 horas. ¶ Refogue com um fio de azeite a polpa reservada até obter uma textura cremosa. Peneire e reserve na geladeira.

TELHA DE CAROTÈNE

Misture todos os ingredientes e forme uma massa. Coloque uma colher da mistura em uma frigideira pequena em fogo brando, até secar e ficar crocante, sem dourar muito. Reserve e repita a operação para fazer as demais.

MONTAGEM E FINALIZAÇÃO

No prato de servir, coloque a compota de tomate fermentado. Sobre ela, delicadamente, despeje a gelatina de água de tomate fermentado e a ostra por cima, no centro. Salpique com as raspas do limão-galego. Disponha com cuidado a telha de carotène ao lado da ostra, na borda do prato. Sirva gelado, finalizando com gotas de mel de jataí.

Ravióli de vatapá, consomê de peixe e cambuci (2014)

O vatapá é algo que sempre me agradou. Obviamente, esta receita nunca pretendeu ser um vatapá, mesmo assim sempre fez sucesso entre meus amigos baianos, porque o sabor lembra muito o do original.

4 porções

PARA DECORAR

1 cambuci
brotos de coentro (opcional)

RAVIÓLI DE VATAPÁ

30 g de cebola
5 g de alho
50 ml de azeite
200 g de camarão pequeno fresco, limpo e picado
150 ml de caldo de crustáceos (ver p. 214)
40 ml de leite de coco
15 g de farinha de rosca
sal a gosto
2 g de pimenta murupi
200 g de farinha de semolina
massa fresca (ver p. 223)

CONSOMÊ DE PEIXE

3 litros de caldo de peixe (ver p. 216)
1 litro de tucupi
420 g de claras
1 alga nori
1 alga kombu
1 g de açafrão
10 g de folhas de salsão

DESIDRATAÇÃO DO CAMBUCI

Deixe o cambuci no freezer para congelar. Fatie, ainda congelado, usando uma máquina de cortar frios. Em uma assadeira, disponha as fatias sobre um tapete de silicone, coloque outro tapete de silicone por cima e leve ao forno a 160°C por 5 minutos. Resfrie em temperatura ambiente e retire cada fatia, colocando sobre papel-manteiga. Reserve.

RAVIÓLI DE VATAPÁ

Refogue cebola e alho no azeite até que fiquem caramelizados; acrescente os camarões e reserve. Coloque o caldo de crustáceos no fogo e deixe reduzir. Desmanche os camarões amassando-os num pilão (não use processador). Adicione leite de coco e acerte a textura do recheio de vatapá com farinha de rosca. Tempere com sal e pimenta murupi. Deixe esfriar e porcione em bolinhas de 12 g. ¶ Abra a massa fresca no cilindro até a espessura de 1 mm. Forme os raviólis, coloque as bolinhas de recheio, umedeça a massa e feche sem ar. Polvilhe com farinha de semolina e cubra com um pano se não for cozinhar de imediato.

CONSOMÊ DE PEIXE

Aqueça o caldo de peixe e o tucupi a 85 °C sem deixar ferver. Bata as claras rapidamente para quebrá-las e ajudar na incorporação. Adicione-as ao caldo já quente, mexendo delicadamente para não deixar a clara grudar na panela. Verifique se o fogo está bem baixo, para o caldo não ferver e a clarificação se realizar. Uma vez clarificado, acrescente os ingredientes aromáticos em infusão com o consomê. Cubra com papel filme por 20 minutos, coe e reserve.

MONTAGEM E FINALIZAÇÃO

Cozinhe o ravióli em água com sal. Monte o prato, colocando primeiro o consomê de peixe, depois o ravióli, com a parte lisa voltada para cima, sem que fique completamente imerso no caldo. Adicione fatias finas do cambuci desidratado sobre o ravióli. Opcionalmente, decore com os brotos de coentro.

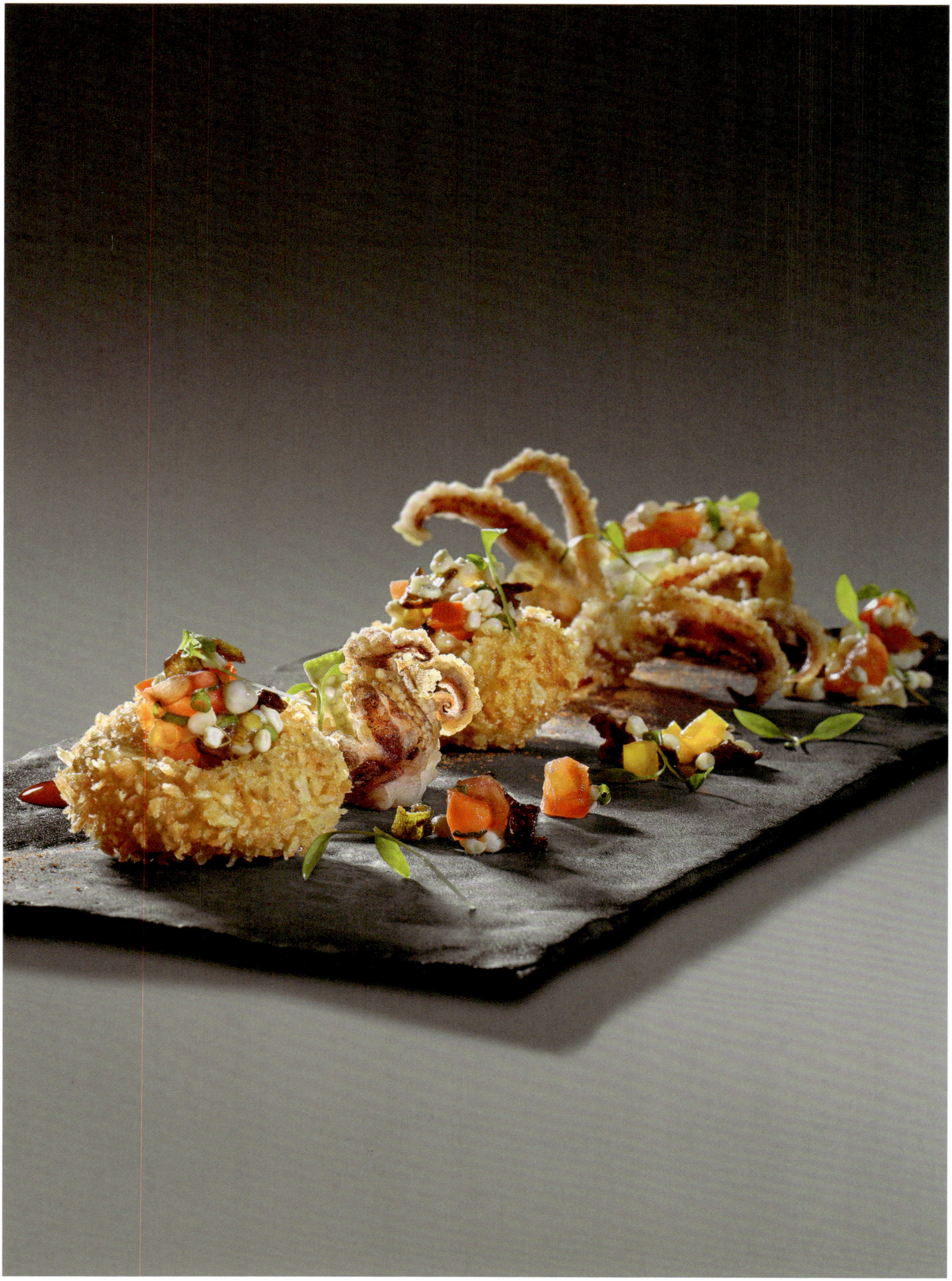

Futu de banana e mandioca, lula frita, vinagrete de quiabo (2014)

Receita originária da Costa do Marfim – minha homenagem à comunidade marfinense vizinha ao hotel Comandatuba, na Bahia, onde meu amigo Massimo Barletti era chef executivo e onde eu, minha esposa e o amigo Roger Jaloux, braço direito do mestre Paul Bocuse, fomos recebidos como poucas vezes eu fui na vida.

4 porções

FUTU (5 UNIDADES POR PORÇÃO, 20 NO TOTAL)

200 g de banana-da-terra
200 g de mandioca
sal a gosto
2 g de pimenta murupi
50 g de farinha de mandioca fina

VINAGRETE DE QUIABO

200 g de quiabo
600 ml de água
50 ml de vinagre de vinho branco
20 g de tomate
50 ml de azeite
2 g de folhas de coentro
50 ml de azeite extravirgem
5 g de pimentão vermelho cortado em brunoise
5 g de pimentão amarelo cortado em brunoise

LULA FRITA

200 g de anéis de lula
50 g de farinha de trigo
55 g de ovo
50 g de farinha de mandioca
300 ml de óleo para fritura

FUTU

Asse a banana com a casca e cozinhe a mandioca em água e sal. Faça uma massa, amassando ambas no pilão, e tempere com sal e a pimenta murupi. Após temperar, passe essa massa na peneira. Molde o futu, em bolinhas de 8 g semelhantes a gnocchi e reserve, polvilhadas em farinha de mandioca.

VINAGRETE DE QUIABO

Escalde os quiabos em água fervente. Abra-os e retire as sementes. Corte as cascas em brunoise e reserve. Escalde as sementes em água com vinagre de vinho branco, repetindo esse passo três vezes. Faça o processo de emonder para tirar a pele do tomate e corte-o em brunoise. ¶ Frite as cascas de quiabo em 50 ml de azeite até ficarem bem escuras; reserve sobre papel-toalha. Misture as sementes de quiabo, o tomate, as cascas de quiabo fritas, o coentro picado, o azeite extravirgem e os dois tipos de pimentão.

LULA FRITA

Empane os anéis de lula em farinha de trigo, ovo e farinha de mandioca. Frite-os em óleo a 180 °C e reserve.

FINALIZAÇÃO

Envolva bem o futu na farinha de mandioca polvilhada no último passo do preparo, antes de selar delicadamente em azeite, até dourar um pouco. Para montar o prato, disponha um futu com vinagrete por cima alternando com a lula frita.

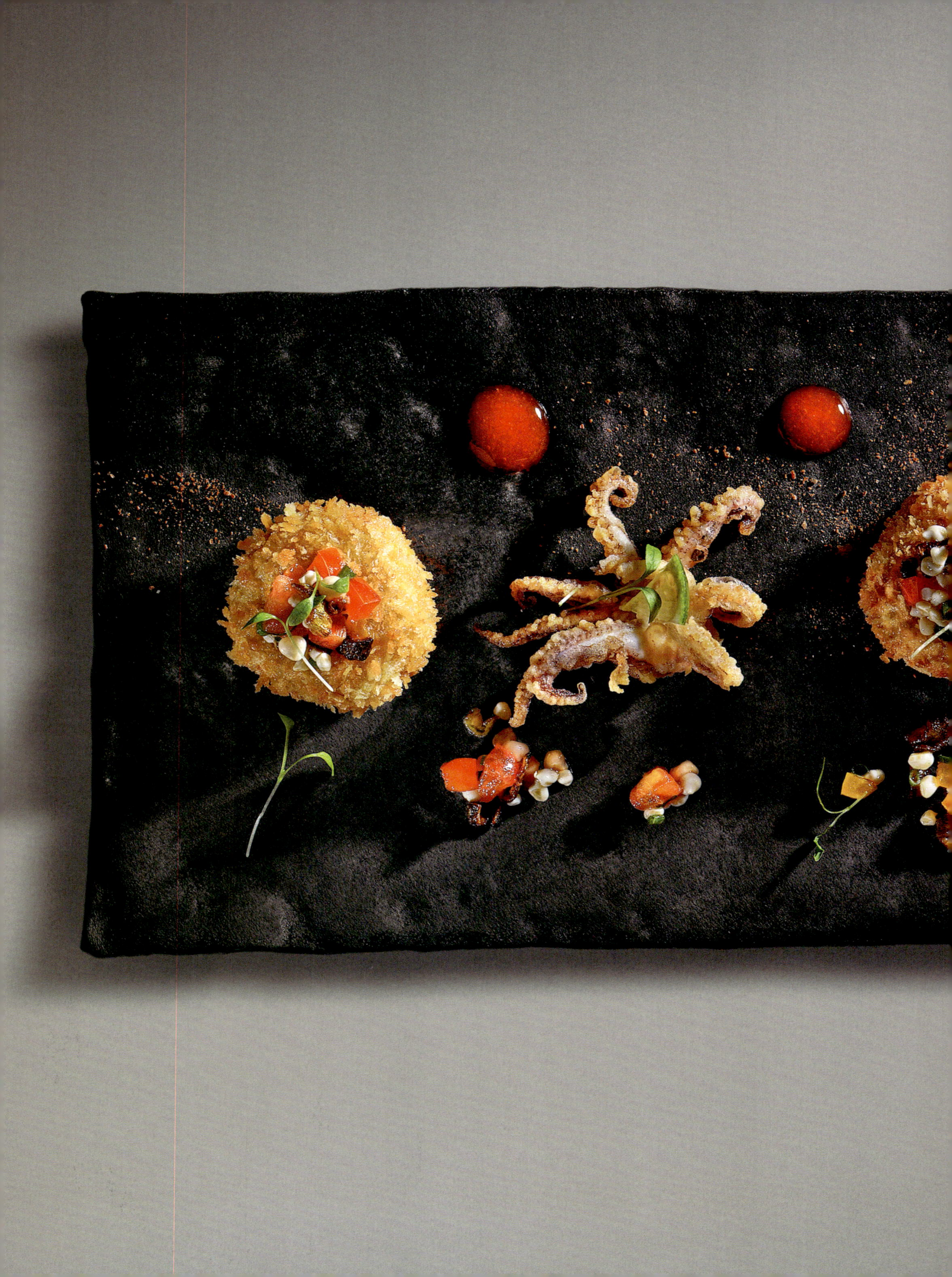

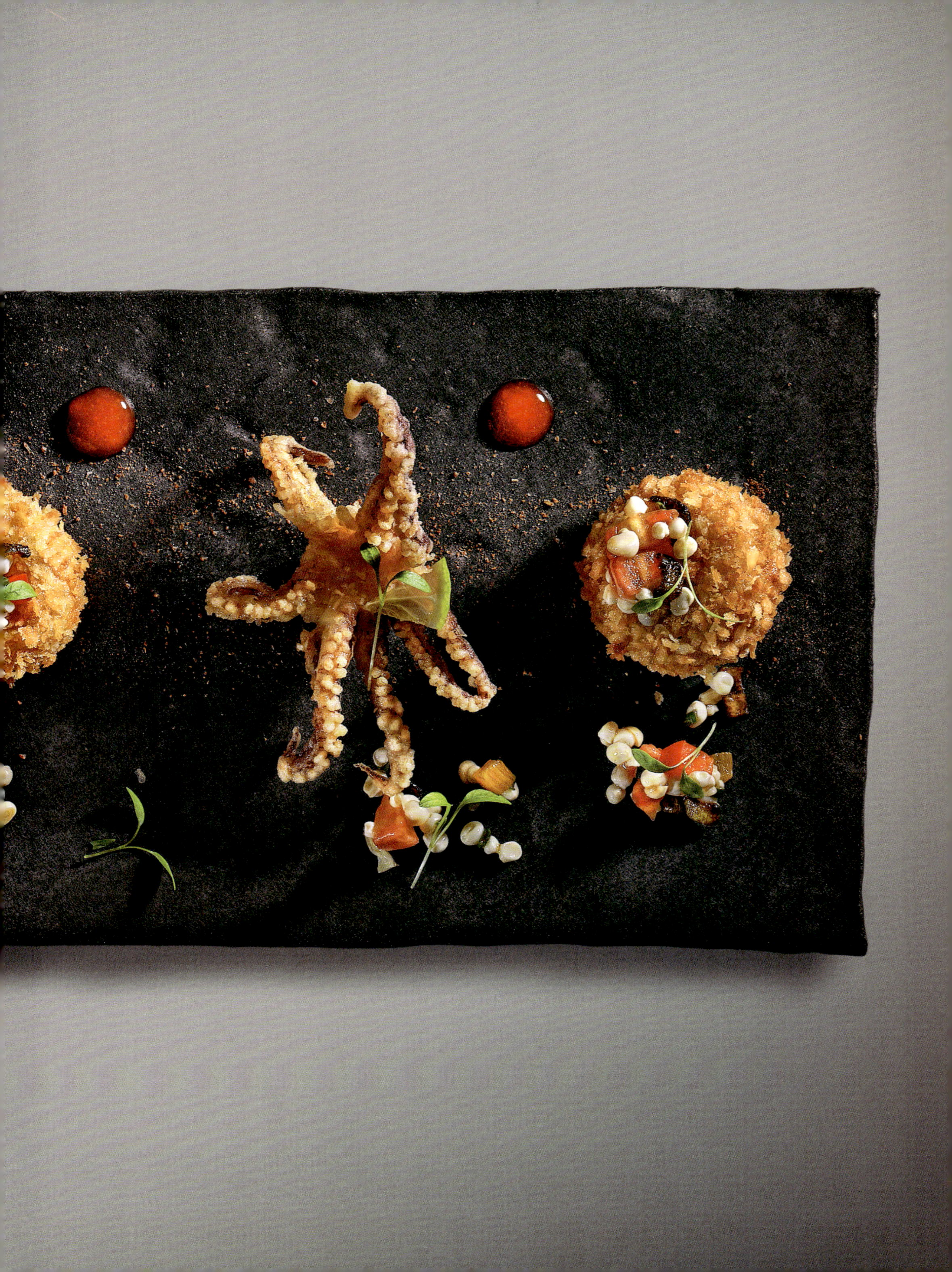

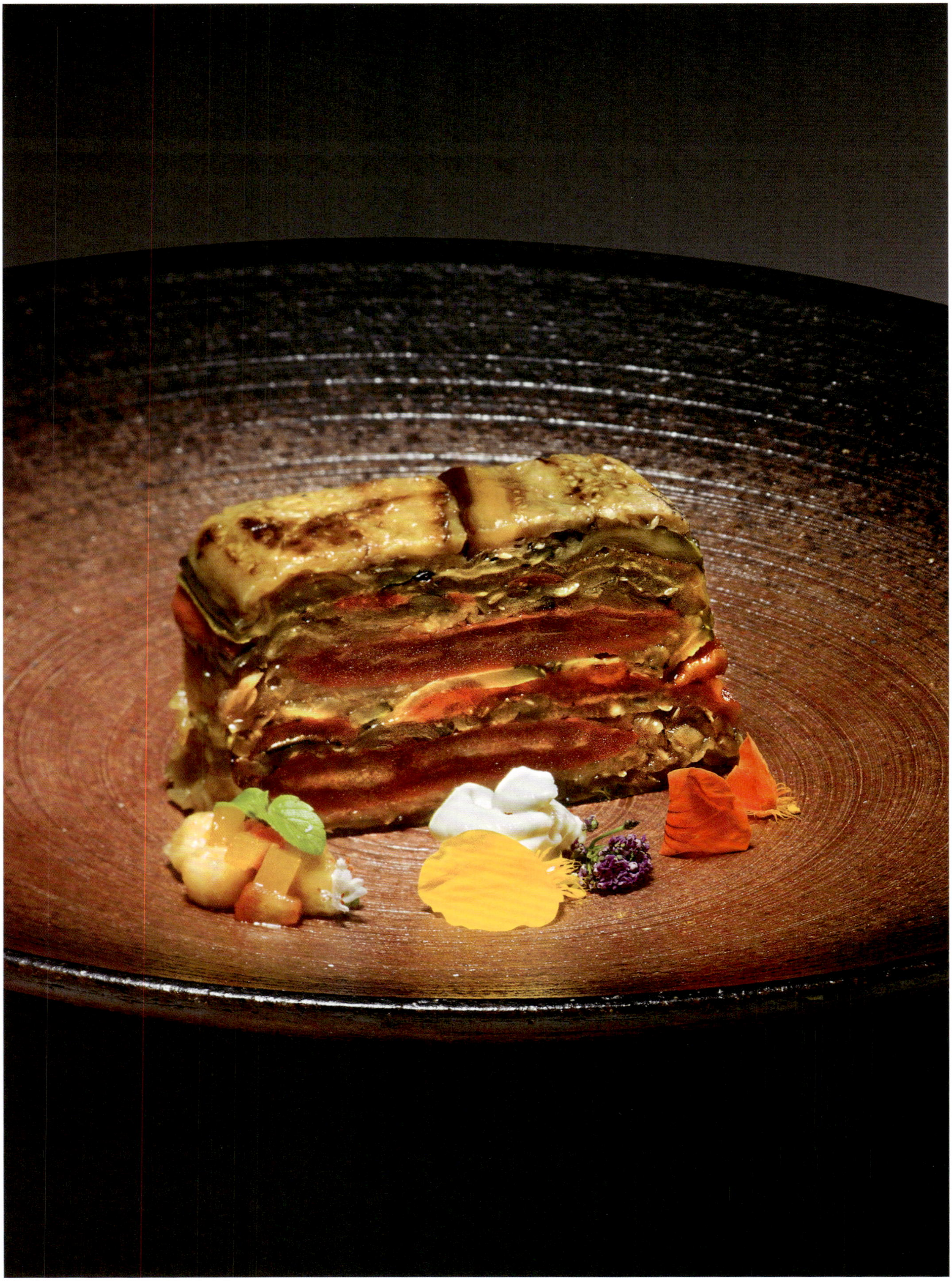

Terrine de Ucetia (2017)

Uma receita clássica de terrine de legumes, com sotaque da Provence. Nela, homenageio a cidade de Ucetia (Uzes, atualmente), de grande influência romana, fértil em azeites, frutas e legumes diversos.

4 porções

3 tomates
300 ml de azeite extravirgem, mais um pouco para untar e finalizar
5 g de açúcar
3 g de sal fino
1 berinjela
1 abobrinha
30 g de sal grosso
1 pimentão vermelho
1 pimentão amarelo
folhas de manjericão basílico fresco a gosto

Faça o processo de emonder para tirar a pele do tomate. Corte-o já despelado em pétalas e deixe-as dispostas sobre uma assadeira. Regue com azeite, polvilhe com açúcar e sal e deixe descansar na geladeira por 24 horas. Após esse período, leve ao forno por 2 horas a 80 °C para fazer o tomate confit. Reserve. Bata as peles, a polpa e as sementes do tomate no liquidificador, reduzindo até atingir a consistência de extrato. Reserve. Corte a partir do comprimento a berinjela e a abobrinha em fatias de 0,5 cm de espessura; a seguir, faça leves cortes na diagonal, polvilhe com sal grosso e deixe para desidratar por 3 horas. Depois, esprema a berinjela e a abobrinha e lave em água corrente para remover o excesso de sal. Sele na frigideira com azeite até dourarem bem. Queime os pimentões espetados em um garfo, girando na boca do fogão para remover a pele e as sementes. Após removidas, sele os pimentões na frigideira com azeite, até dourarem. Em uma fôrma de terrine (ou outra retangular) forrada com filme de PVC e previamente untada com azeite, faça as camadas da terrine nesta ordem: berinjela, pimentão, tomate, manjericão, abobrinha, pimentão e, por fim, berinjela. Entre cada camada, pincele o extrato de tomate. Com as camadas feitas, coloque um peso sobre a terrine para compactá-la e deixe na geladeira por 48 horas. Desenforme a terrine, corte em fatias de 1 cm de espessura e sirva, regando com um fio de azeite extravirgem.

DICA: a terrine pode ser muito bem acompanhada por queijo de cabra ou coalhada seca e salada de grão-de-bico.

Bechamel de caramelo de champignon (2010)

Não há muito o que dizer sobre a perfeita combinação de champignons ligeiramente agridoces com molho bechamel; a massa, aqui, é mera coadjuvante.

6 porções

REPOLHO

400 g de repolho-branco
50 g de cebola
180 g de maçã verde

MARINADA DO REPOLHO

120 ml de vinagre de vinho branco
500 ml de vinho branco
2 grãos de zimbro
1 **buquê garni**
1 cravo

CARAMELO DE CHAMPIGNON

250 g de champignon
1 folha de louro
1 ramo de tomilho
30 ml de vinho branco
20 g de manteiga
sal a gosto
pimenta-do-reino ralada
na hora a gosto
20 g de açúcar
30 ml de aceto balsâmico

MASSA FRESCA (VER P. 223)

MONTAGEM

30 g de queijo gruyère em fatias finas
150 ml de **molho bechamel**
(ver p. 223)

REPOLHO

Fatie o repolho em lâminas finas e coloque em um bowl. Ferva os ingredientes da marinada e, com ela fervente, regue o repolho; coloque outro bowl por cima com peso de 1 kg (a fim de recuperar a água que será solta) e deixe por 5 dias. Escorra o repolho e reserve o líquido. ¶ Refogue a cebola e um terço da maçã descascada e laminada. Acrescente o repolho cozinhando em fogo baixo por 2 horas em uma panela tampada, mexendo sempre, até que fique da cor de caramelo; em seguida, junte o suco feito com o restante da maçã e o líquido da marinada do repolho reservada, deixando cozinhar em fogo baixo por 2 horas, mexendo sempre até obter cor de caramelo.

CARAMELO DE CHAMPIGNON

Corte os cogumelos em quartos. Leve-os a uma panela rasa com a folha de louro, o tomilho e o vinho branco, cubra com papel-manteiga de uso culinário e deixe ferver por aproximadamente 5 minutos. Coe, separando a água dos champignons, e reserve. ¶ Numa frigideira em fogo baixo, derreta a manteiga, acrescente os cogumelos totalmente picados, até que corem. ¶ Com o açúcar, faça separadamente um caramelo, adicione o aceto balsâmico e reduza até obter novamente uma textura caramelizada. Junte os champignons picados; deixe secar e tempere.

MOLHO PARA A FINALIZAÇÃO DA LASANHA

Junte a água do repolho e o do champignon e reduza até obter uma textura licorosa. Tempere com sal e pimenta a gosto.

MONTAGEM

Abra a massa fresca na espessura de 2 mm, cozinhe e esfrie em água com gelo. Escorra a massa e corte com um aro de 7 cm. No prato de servir, de preferência fundo, disponha uma pequena camada de repolho, uma de massa, uma de bechamel com queijo gruyère, uma de caramelo de champignon e uma de massa. Aqueça no forno a 85 °C por 10 minutos. Regue com o molho ao redor da lasanha.

DICA: pode-se decorar com champignons tourné.

Dame Blanche ao leite de castanha-do--pará, geleia de romã (2007)

Reinterpretação da receita do lendário Vincent de la Chapelle. Incrível como em 1750 esse destacado cozinheiro francês já sabia da importância de um elemento oleígeno para uma emulsão sem o uso da lactose.

6 porções

GELEIA DE ROMÃ

1 g de folha de gelatina
100 ml de suco de romã fresco

LEITE DE CASTANHA-DO--PARÁ

400 ml de água
100 g de castanha-do-pará laminada

PURÊ DE COUVE-FLOR

500 g de couve-flor
60 ml de azeite
30 g de cebola picada
300 ml de caldo de legumes
(ver p. 215)
70 g de purê de castanha-do-pará
(resíduo da produção do leite)
350 ml de leite de castanha-do-pará
sal a gosto
pimenta-do-reino branca moída
na hora a gosto

GELEIA DE ROMÃ

Hidrate a gelatina e reserve. Coloque o suco de romã em uma panela pequena e aqueça sem fervura; depois, dilua a gelatina no suco, peneire este suco e despeje a mistura em uma folha de silicone em uma camada de 1 mm de espessura. Deixe esfriar e corte um disco de 5 cm de diâmetro. Reserve.

LEITE DE CASTANHA-DO-PARÁ

Bata os ingredientes no liquidificador e deixe descansar por 5 horas em temperatura ambiente. Coe e reserve 70 g do purê de castanhas residual na peneira. Reserve o leite.

PURÊ DE COUVE-FLOR

Separe os floretes da couve-flor, reservando 15 g de floretes menores e seis lâminas finas para a finalização do prato. Em uma panela, aqueça o azeite e acrescente a cebola. Refogue sem deixar dourar, adicione os floretes da couve-flor e cozinhe em fogo baixo por 30 minutos, tampado e regando sempre com o caldo de legumes. Quando a couve-flor amolecer, acrescente o purê de castanha reservado e deixe cozinhar por mais 5 minutos sem deixar dourar. Acrescente o leite de castanha-do-pará e mantenha em fogo baixo por 5 minutos, cuidando para não queimar o fundo da panela. Tempere com sal e pimenta-do-reino branca. Bata no liquidificador e reserve.

FINALIZAÇÃO E MONTAGEM

Em uma frigideira quente sem gordura, grelhe as lâminas e os floretes de couve-flor reservados. Para servir, coloque no prato, primeiro, o creme de couve--flor. Disponha delicadamente o disco de geleia de romã no centro. Por cima, coloque as lâminas de couve-flor grelhadas e, ao redor do prato, os floretes pequenos. Sirva gelado.

Ovo mollet à milanesa (2010)

Homenagem a monsieur Paul Bocuse, que adorava receitas com ovos, especialmente ovos poché e também uma sopa chamada poireau pomme.

4 porções

GUARNIÇÃO BOURGUIGNONNE

100 g de cebola pérola
250 g de champignon
250 g de toicinho de porco defumado
30 g de manteiga
5 g de salsa
pimenta-do-reino moída na hora a gosto
sal a gosto

MOLHO

15 ml de redução de vinho tinto (ver **reduções**, p. 226)
100 ml de demi-glace (ver **caldo de carne**, p. 214)
sal e pimenta-do-reino a gosto

OVO À MILANESA

4 ovos
40 g de farinha de trigo
55 g de ovo batido
40 g de farinha de rosca
250 ml de **manteiga clarificada** (ver p. 221)

GUARNIÇÃO BOURGUIGNONNE

Cozinhe as cebolas pérola na água, vedando a panela com papel-manteiga de uso culinário. Reserve-as. Cozinhe os champignons cortados em quartos, vedando também a panela com papel-manteiga de uso culinário. Reserve os champignons. ¶ Corte o toicinho em tiras de 3 mm de espessura por 2 mm de comprimento, leve ao fogo, iniciando em água fria até ferver. Salteie com a manteiga e acrescente o champignon até dourar; acrescente as cebolas. Tempere e finalize com a salsa picada e reserve.

MOLHO

Junte a redução de vinho tinto com o demi-glace; em seguida, misture com a guarnição bourguignonne, tempere com sal e pimenta-do-reino a gosto e reserve.

OVO À MILANESA

Cozinhe os 4 ovos, iniciando em água fervente, por 4-5 minutos. Interrompa o cozimento em água com gelo. Descasque os ovos, empane-os na farinha de trigo, depois em um ovo batido e por último na farinha de rosca. Frite cada ovo em processo de imersão na manteiga clarificada a 140 °C e disponha sobre papel-toalha para retirar o excesso de gordura.

MONTAGEM

Em um prato fundo, disponha a guarnição bourguignonne com o molho de vinho tinto e, por cima, o ovo. Se quiser, pode servir com uma fatia de pão tostado.

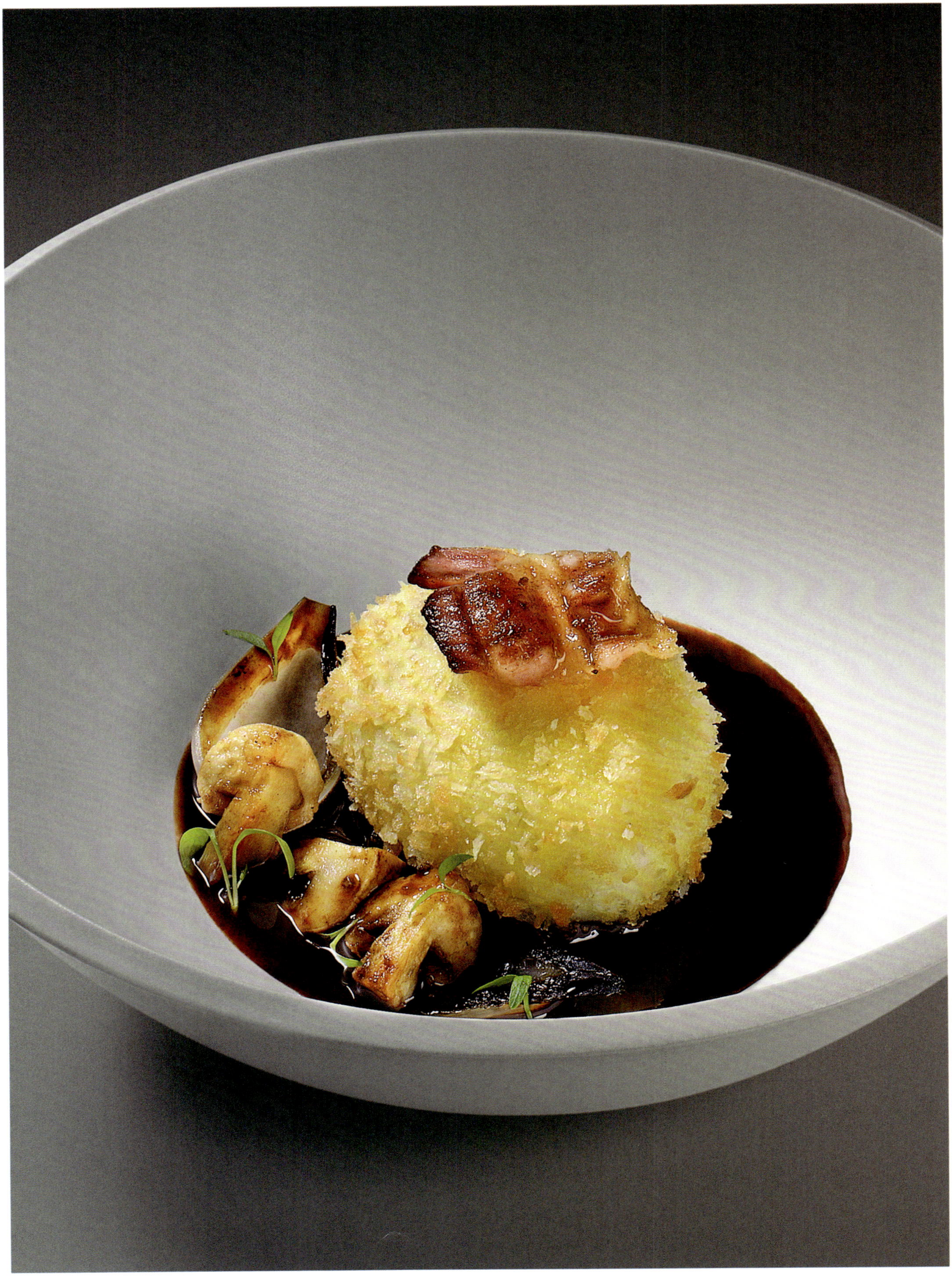

Lagostim, melancia, emulsão de laranja, arroz negro (2008)

A combinação de Campari com laranja e melancia gelada fica tão boa que permite arriscar um molho com um tom a mais de amargor.

4 porções

MELANCIA NO VÁCUO

150 g de melancia

ARROZ NEGRO

150 g de arroz negro
sal a gosto
pimenta-do-reino moída na hora a gosto
50 g de manteiga

EMULSÃO DE CAMPARI

300 ml de suco de laranja
50 ml de Campari
50 ml de azeite

MONTAGEM E FINALIZAÇÃO

12 lagostins
20 g de manteiga
pimenta murupi a gosto

MELANCIA NO VÁCUO

Embale a melancia a vácuo e deixe no máximo por 3 horas; depois, corte em fatias finas triangulares.

ARROZ NEGRO

Cozinhe o arroz sem sal. Quando estiver no ponto, finalize com sal, pimenta-do-reino e 50 g de manteiga e reserve para a finalização.

EMULSÃO DE CAMPARI

Reduza o suco de laranja a um terço do volume, acrescente o Campari e deixe reduzir por 5 minutos até a metade; reserve. Adicione lentamente o azeite, emulsionando com um fouet, e reserve. Tempere só com sal.

MONTAGEM E FINALIZAÇÃO

Sele os lagostins na manteiga restante até dourarem, sem deixar a manteiga queimar. Para servir, coloque primeiro o arroz negro formatado (quadrado ou redondo) no centro do prato. Adicione a água reduzida do arroz no entorno e disponha uma fatia triangular de melancia sobre o arroz negro em cada porção. Regue com a emulsão de laranja com Campari. Disponha um lagostim sobre cada fatia de melancia, opcionalmente; polvilhe com a pimenta murupi.

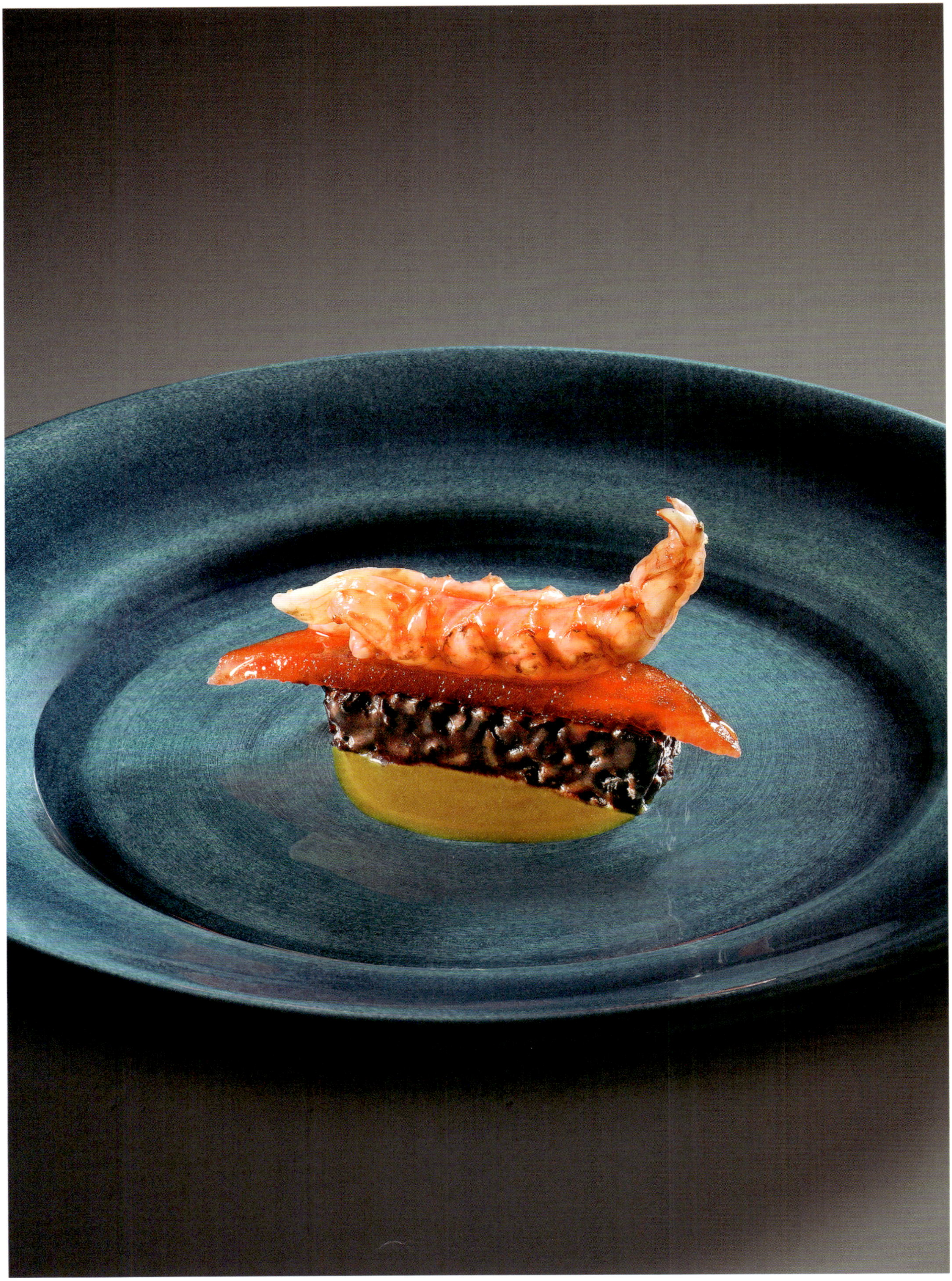

Pitu "Thermidor", carvão de mandioca (2016)

O Thermidor é conhecido como um molho cremoso, por vezes com queijo em excesso, quando na verdade não era assim. Minha intenção aqui era reeditar esse grande molho, sucesso do Café du Paris no início do século XX, na época comandado pelo chef Tony Girod, ex-colaborador do mestre Auguste Escoffier.

4 porções

10 g de maçã verde cortada em julienne
5 ml de suco de limão
200 g de mandioca
20 ml da água de cocção do arroz sem sal
50 g de manteiga derretida
8 camarões pitu
2 g de sal
5 g de coentro

MOLHO THERMIDOR

200 ml de caldo de peixe (ver p. 216)
15 ml de demi-glace (ver caldo de carne, p. 214)
25 ml de court-bouillon (caldo nage) (ver p. 218)
20 g de manteiga de crustáceos (ver caldo de crustáceos, p. 214)
2 g de estragão
60 ml de creme de leite fresco
sal a gosto
1 g de pimenta-do-reino branca moída na hora
1 g de noz-moscada moída na hora
15 g de mostarda-inglesa

FINALIZAÇÃO

5 g de lascas de parmesão

Reserve a maçã verde regada com o suco de limão, para evitar oxidação. Cozinhe a mandioca a 95 °C no sous vide com a água de cocção do arroz negro e a manteiga por 3 horas. Reserve. Corte os camarões na metade, limpe e reserve as pinças; tempere com sal. Leve os pitus para cozinhar no vapor com o coentro, cuidando para que a carne ainda se mantenha crua internamente.

MOLHO THERMIDOR

Numa panela, coloque o caldo de peixe, o demi-glace e o court-bouillon (caldo nage) e deixe reduzir. Coe e acrescente a manteiga de crustáceos, o estragão e o creme de leite. Reduza até ficar cremoso; tempere com sal, a pimenta-do-reino branca, a noz-moscada e a mostarda-inglesa. Não deixe ferver após acrescentar a mostarda.

FINALIZAÇÃO

Para servir, disponha o pitu sobre a mandioca ligeiramente amassada. Regue com o molho Thermidor e espalhe as lascas de parmesão. Leve para gratinar por 3-4 minutos em fogo alto. Finalize com a maçã verde à julienne em volta do pitu.

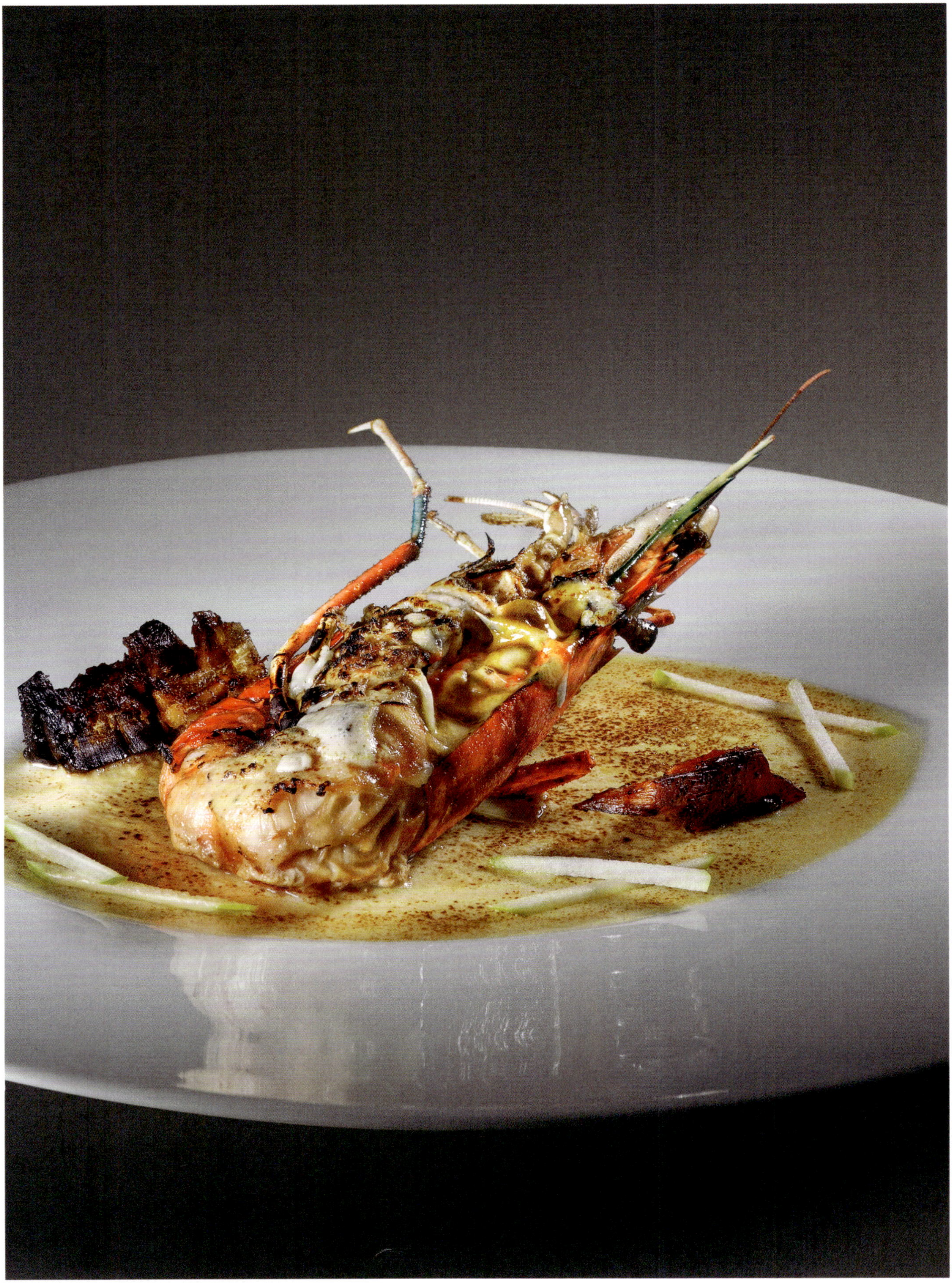

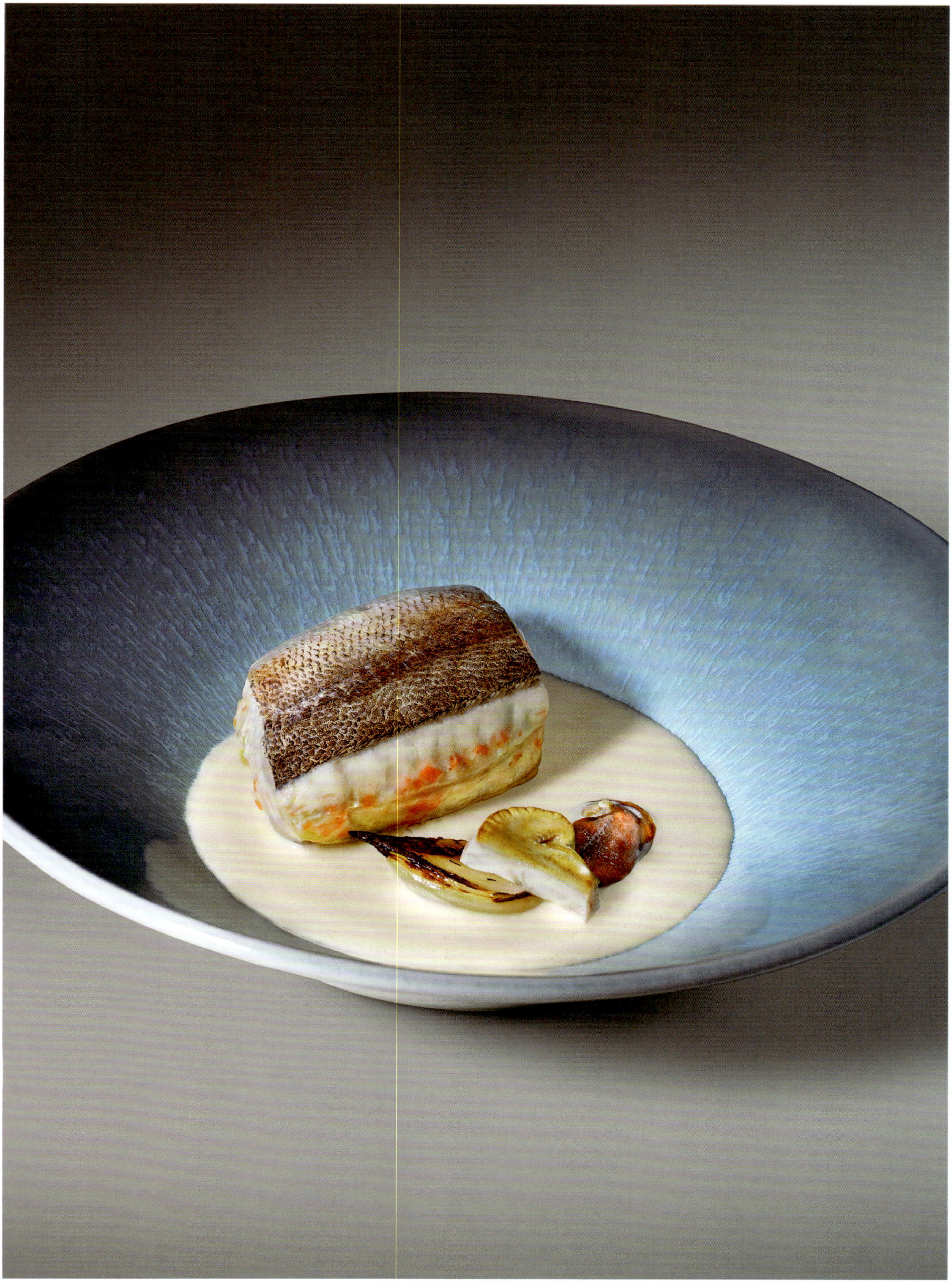

Paupiette de pescada, "mouclade" e molho bonne femme (2016)

Um belo molho de peixe, muito complexo. Quem degusta jamais esquece. A pescadinha é um dos peixes mais finos da costa brasileira; basta saber cozinhá-la.

4 porções

8 filés de pescadinha (total de cerca de 500 g)
sal a gosto
pimenta-do-reino moída na hora a gosto
100 g de aparas de pescadinha
30 g de clara
30 ml de creme de leite fresco
5 ml de azeite
40 g de cenoura cortada em julienne
40 g de alho-poró cortado em julienne
500 ml de court-bouillon (caldo nage) (ver p. 218)
200 ml de molho bonne femme (ver p. 224)
2 champignons
4 cebolas pérola

Limpe e filete o peixe. Reserve 100 g das aparas de pescadinha para a mousse. Tempere o peixe com sal e pimenta. No processador, junte as aparas e a clara. Bata bem. Peneire a mousse para retirar peles e fibras do peixe que possam ter permanecido durante o processamento. Reserve em um bowl dentro de outro maior com gelo, para manter a mousse refrigerada. Tempere com sal e pimenta e adicione o creme de leite. ❦ Refogue rapidamente no azeite a cenoura e o alho-poró. Tempere com sal e pimenta, resfrie e misture com a mousse. ❦ Coloque um dos filés sobre filme de PVC e, com uma espátula, espalhe a mousse numa espessura de 2 mm sobre o filé, cobrindo por inteiro e, por cima, a julienne de cenoura e alho-poró. Cubra com o outro filé e enrole no filme de PVC sem amarrar, permitindo, durante a cocção, a penetração do líquido. Cozinhe em imersão no court-bouillon já aquecido por aproximadamente 15 minutos a 65 °C. ❦ Proceda o preparo do molho bonne femme e separe o mexilhão e o vôngole como na receita-base de marinière. Salteie no azeite o cogumelo e a cebola cortados pela metade até corar. Tempere com sal e pimenta.

MONTAGEM

Coloque o molho no fundo do prato, dispondo delicadamente sobre ele a pescada, o champignon e a cebola.

Pirarucu confit e assado, azeitonas e tomate (2011)

Não concordo com quem chama o pirarucu de "bacalhau brasileiro", mas reconheço que um preparo como o do próprio bacalhau fica bom, principalmente se usarmos dois métodos de cocção: pré-poché, no azeite aromatizado, e depois assado.

4 porções

AZEITE AROMATIZADO

100 g de cebola cortada em émincé
20 g de alho cortado em émincé
30 g de alho-poró cortado em émincé
500 ml de azeite
1 buquê garni

ACOMPANHAMENTOS

80 g de tomate-cereja
30 ml de azeite
sal a gosto
pimenta-do-reino moída na hora a gosto
20 g de azeitona preta
20 g de azeitona verde

PIRARUCU

4 filés de pirarucu (150 g cada um)
azeite aromatizado

ALBUMINA

60 g de claras cozidas
100 ml do azeite aromatizado
5 ml de suco de limão

AZEITE AROMATIZADO

Junte a cebola, o alho e o alho-poró, adicione o azeite e o buquê garni, deixe confitar em fogo baixo por 40 minutos e reserve (o azeite estará pronto quando a cebola estiver translúcida).

ACOMPANHAMENTOS E PIRARUCU

Coloque o tomate-cereja em uma assadeira com azeite, sal e pimenta e leve ao forno por 2 horas a 85 °C. Escalde as azeitonas duas vezes, iniciando em água fria, para tirar o excesso de sal. Limpe e porcione o peixe. Ferva o azeite aromatizado a 100 °C (leve fervura). Coloque o peixe em imersão no azeite por 10 minutos fora do fogo. Retire o peixe do azeite e disponha sobre um tabuleiro. Coloque a guarnição de cebola, alho e alho-poró do azeite aromatizado sobre cada porção de peixe. Acrescente o tomate confitado e as azeitonas. Leve ao forno por 3 minutos a 280 °C.

ALBUMINA

Coloque a clara cozida no liquidificador e, aos poucos, acrescente o limão e o azeite aromatizado.

MONTAGEM

Coloque o azeite de aquecimento no fundo do prato, uma porção de peixe por cima, os legumes assados e uma colher de albumina.

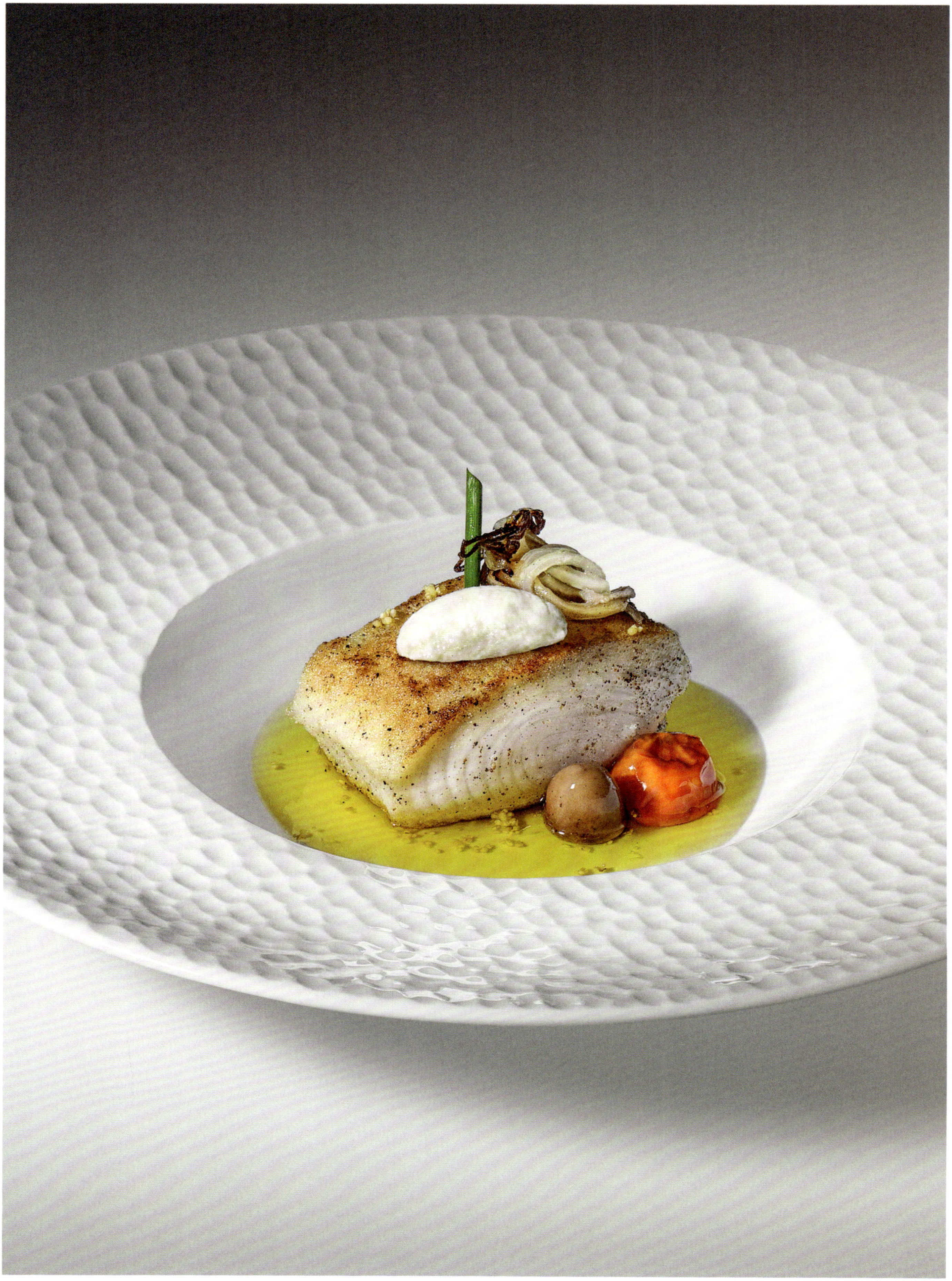

Atum em crosta de nabo, infusão quinhapira, farinha uarini (2009)

Em visita ao restaurante de minha amiga Maria do Céu, de Manaus, comi um pirarucu ao caldo de peixe de origem indígena chamado de quinhapira, acompanhado da farinha uarini. Foi tão memorável que decidi homenagear a chef e a lembrança que aquele momento glorioso ainda me proporciona.

4 porções

GELEIA DE PIMENTA

60 g de pimenta dedo-de-moça
250 ml de água
75 g de açúcar

INFUSÃO DE QUINHAPIRA

15 g de pimenta-de-cheiro
200 g de tucupi
300 ml de caldo de peixe
(ver p. 216)
30 g de clara
1 folha de alga nori
1 folha de alga kombu
sal a gosto

DADO DE ATUM

150 g de nabo
sal grosso
400 g de atum fresco
um fio de óleo
10 g de flor de sal
15 g de brotos de jambu

FARINHA UARINI

25 ml de água
20 g de farinha de uarini
um fio de azeite

GELEIA DE PIMENTA

Remova as sementes da dedo-de-moça. Escalde as pimentas 3 vezes (em todas, começando em água fria). Cozinhe a pimenta em água e açúcar; quando a pele começar a soltar, remova as pimentas. No liquidificador, bata as pimentas com o que sobrou da calda de açúcar; a seguir, reduza até ficar cremosa. Coe e reserve.

INFUSÃO DE QUINHAPIRA

Pique a pimenta-de-cheiro e retire as sementes. Numa panela, junte o tucupi e o caldo de peixe e acrescente a pimenta. Mantenha em fogo baixo por 1 hora. Bata levemente a clara. Misture ao caldo, assim como as algas. Coloque para clarificar, em fogo baixo, por 1h30 (o caldo precisa ficar translúcido); a seguir, deixe descansar fora do fogo por 15 minutos. Coe o caldo clarificado e tempere com sal, se precisar.

DADO DE ATUM

Com a mandolina, fatie o nabo na espessura de 2 mm; coloque as fatias para desidratar em sal grosso por 6 horas. Depois, lave-as bem. Corte o atum em retângulos de 3 cm de espessura por 20 cm de comprimento. Enrole cada pedaço de atum nas fatias de nabo; em seguida, embale em filme de pvc com firmeza e deixe descansar na geladeira por uma noite. Desembrulhe o atum. Salteie na frigideira com óleo, em ponto de fumaça para dourar rapidamente, mantendo o centro do atum vermelho. Para servir, corte as porções em dados de 50 a 60 g cada um.

FARINHA DE UARINI

Hidrate a farinha com água em temperatura ambiente e um fio de azeite.

FINALIZAÇÃO

Monte as porções colocando no prato primeiro a infusão de quinhapira. Disponha os dados de atum; por cima de cada dado, coloque uma gota de geleia de pimenta e, ao lado, a farinha uarini. Tempere os dados de atum com flor de sal. Decore com os brotos de jambu.

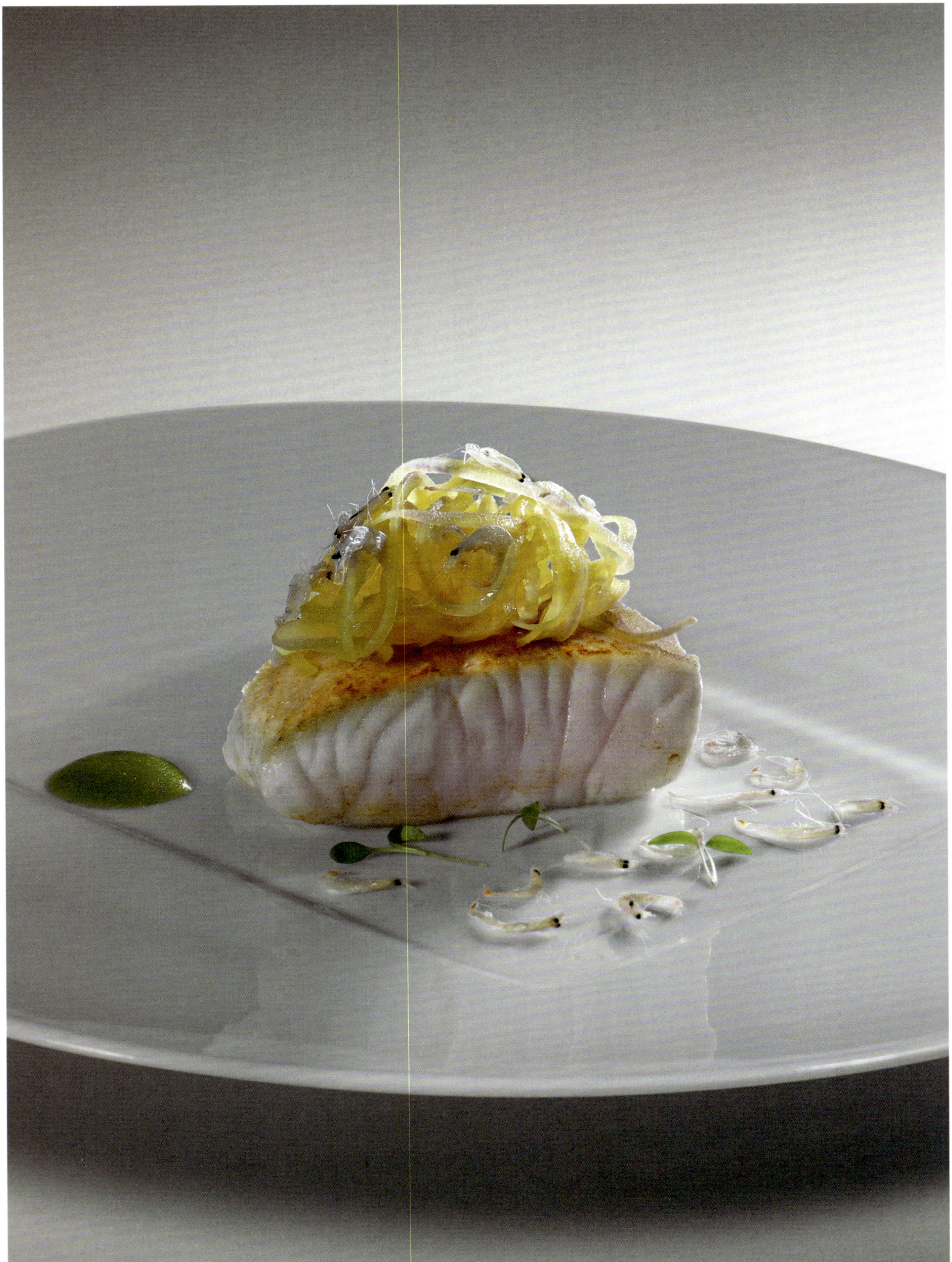

Robalo, fio de mandioquinha, emulsão de coentro e aviú (2015)

A expressão singela de um peixe grelhado, acompanhado por um fio de mandioquinha apresentado como espaguete e realçado com uma iguaria chamada aviú, produto típico do Pará.

4 porções

EMULSÃO DE COENTRO

20 g de folhas de coentro
20 g de folhas de rúcula
30 ml de azeite extravirgem
5 ml de suco de limão-taiti

FIO DE MANDIOQUINHA

400 g de mandioquinha
30 ml de azeite
150 ml de água
20 ml de suco de limão
sal a gosto
pimenta-do-reino moída na hora a gosto
20 g de aviú

ROBALO

480 g de filés de robalo
sal a gosto
pimenta-do-reino moída na hora a gosto
30 ml de azeite

EMULSÃO DE COENTRO

Junte as folhas de coentro e as de rúcula em um pilão. Amasse as folhas com um fio de azeite. Quando estiver em consistência de pasta, acrescente o suco de limão e tempere.

FIO DE MANDIOQUINHA

Descasque a mandioquinha e, com a ajuda de um laminador japonês (*turning slicer*), tire dela fios finos, como espaguete. Em uma frigideira, aqueça o azeite com um pouco de água; em seguida, junte os espaguetes de mandioquinha e cozinhe, mexendo delicadamente, até que fique translúcido e brilhante. Acrescente o suco de limão, tempere com sal e pimenta e reserve.

ROBALO

Corte o robalo em porções de 120 g, tempere com sal e pimenta. Em uma frigideira preaquecida com azeite, sele os filés até dourar.

MONTAGEM

Coloque os filés de peixe no centro dos pratos, ladeados por uma gota de emulsão. Forme um ninho com os fios de mandioquinha e coloque sobre cada filé. Polvilhe o aviú sobre a mandioquinha e em volta de cada filé.

Polvo, vieira e mexilhão, jus du poisson e aïoli (2006)

Em qualquer situação, uma sopa de peixe é algo muito reconfortante. Então por que não ficar no clássico e ser generoso nesta receita de espírito mediterrâneo?

4 porções

600 g de polvo
8 vieiras médias
8 mexilhões (ver preparo em
marinière de mexilhão, p. 222)

JUS DU POISSON (SOPA DE PEIXE)

40 ml de azeite
8 g de alho
125 g de cebola
250 g de erva-doce fresca (verdura)
125 g de tomate italiano
2 g de açafrão
750 g de cabeça de peixe pequeno
1,3 litro de água
1 buquê garni
1 anis-estrelado
sal a gosto
pimenta-do-reino moída na hora a gosto

AÏOLI

15 g de alho
150 g de batata asterix
40 g de gema
100 ml de azeite
sal a gosto
pimenta-do-reino moída na hora a gosto

FINALIZAÇÃO

1 baguete
um fio de azeite

POLVO, VIEIRA E MEXILHÃO

Cozinhe o polvo sem nenhum tempero, em sous vide, a 85 °C, por 3 horas; ao final, reserve a água da cocção. Corte as vieiras pela metade e reserve-as cruas. Prepare os mexilhões conforme o indicado na p. 222 (marinière de mexilhão).

JUS DU POISSON (SOPA DE PEIXE)

Doure levemente no azeite o alho e a cebola grosseiramente picados. Acrescente a erva-doce picada, os tomates e o açafrão. Quando dourarem, adicione a cabeça de peixe, a água fria, a água reservada da cocção do polvo e o buquê garni. Cozinhe por aproximadamente 1 hora; a seguir, processe no passador de legumes e reserve.

AÏOLI

Asse o alho com casca, embrulhado em papel-alumínio, no forno a 160 °C por 20 minutos. Asse a batata no forno por 90 minutos a 160 °C. Descasque a batata (ainda quente) e o alho assado. Peneire tudo junto no tamis (ou peneira). Acrescente a gema crua à mistura de alho e batata ainda quente. Com um pilão ou uma colher de pau, emulsione, adicionando azeite, sal e pimenta-do-reino. Reserve. Observação: é importante que a batata esteja acima de 90 °C para ser misturada com a gema crua. Pode-se acrescentar um pingo de água na hora da emulsão.

FINALIZAÇÃO

Corte a baguete em quatro fatias compridas e toste-as no forno com um fio de azeite a 180 °C por 5 minutos. Com uma colher, espalhe o aïoli na lateral dos pratos de servir. Disponha no prato primeiro o mexilhão, a vieira e o polvo cortados em medalhão. Cubra os frutos do mar com o jus du poisson muito quente e posicione as fatias de baguete ao lado.

Porco charcutière, feijão-fradinho e banana
(2013)

Minas Gerais! Quantas lembranças da minha amiga Bernadete Mascarenhas, que me apresentou a riquíssima cultura mineira e sua grande cozinha.

8 porções

BARRIGA DE PORCO CHARCUTIÈRE

3 kg de barriga de porco
pimenta-do-reino moída na hora a gosto
100 g de sal grosso
1 litro de óleo

MOLHO CHARCUTIÈRE

50 g de manteiga
30 g de alho
90 g de cebola roxa
150 ml de vinho branco
90 ml de vinagre de vinho branco
150 ml de demi-glace (ver caldo de carne, p. 214)
180 g de mostarda
100 g de pepino em conserva cortado em julienne

PICLES DE MAXIXE

4 maxixes
300 ml de court-bouillon (caldo nage) (ver p. 218)
30 g de mel
1 cravo
1 grão de zimbro

VINAGRETE DE FEIJÃO-FRADINHO

30 ml de azeite
10 g de cebola
20 g de pimentão vermelho
20 g de pimentão amarelo
100 g de feijão-fradinho cozido e escorrido
sal e pimenta-do-reino a gosto
5 ml de vinagre de vinho branco
1 banana-prata (não muito madura)
50 ml de azeite

BARRIGA DE PORCO CHARCUTIÈRE

Deixe a barriga de porco temperada com a pimenta no sal grosso por 24 horas. Enrole-a e cozinhe no sous vide a 72 ºC por 24 horas. Retire da embalagem e deixe secar no forno por 3 horas a 70 ºC. Retire do forno, coloque sobre uma grelha com um recipiente embaixo. Aqueça o óleo até 220 ºC e derrame em pequenas quantidades sobre a pele da barriga, até pururucar. Repita duas ou três vezes a operação, se preciso. Reserve.

MOLHO CHARCUTIÈRE

Refogue na manteiga o alho e a cebola, deglaceie com vinho branco e vinagre e deixe reduzir até secar. Acrescente o demi-glace, deixe ferver e coe no chinois. Quando já estiver fora do fogo, acrescente a mostarda e o pepino.

PICLES DE MAXIXE (OPCIONAL)

Corte cada maxixe em seis, branqueie em água fervente e deixe esfriar. Numa panela, coloque o court-bouillon, o mel, o cravo e o zimbro numa panela e aqueça. Adicione os maxixes à marinada e deixe esfriar em temperatura ambiente. Coloque em sous vide e guarde na geladeira por 48 horas.

VINAGRETE DE FEIJÃO

Numa panela, aqueça 10 ml do azeite e refogue a cebola e os pimentões, sem dourar. Acrescente o feijão, tempere com o sal, a pimenta-do-reino, o restante do azeite e o vinagre. Reserve. Pode ser servido amornado ou frio.

BANANA

Corte a banana em brunoise com 5 mm de espessura. Frite no azeite quente até dourar e reserve.

MONTAGEM

Em um prato raso, coloque uma fatia grossa da barriga de porco pururucada com o molho ao lado; o vinagrete de feijão pode ser servido separadamente. Acomode a banana frita em volta da barriga de porco. O picles de maxixe pode ser servido separadamente.

Lombo de javali, vinagrete de frutas secas, creme de avelã (2010)

A carne de caça poderia ser mais difundida no país. Deveria ter existido um ensinamento mais focado nos produtos de caça da terra, que hoje são protegidos por lei. Infelizmente, não houve um trabalho educacional sobre o consumo desses produtos; preferiram incentivar uma carne "importada" e até certo ponto "exótica", já que o boi não existia por aqui na época da descoberta do Brasil.

4 porções

MOLHO DE JABUTICABA

40 g de açúcar refinado
20 ml de vinagre de vinho tinto
150 g de polpa de jabuticaba
300 ml de caldo de carne (ver p. 214)
sal e pimenta-do-reino moída na hora a gosto

CREME DE AVELÃ

300 g de avelã
50 ml de caldo de frango (ver p. 215)
sal e pimenta-do-reino moída na hora a gosto
30 ml de azeite extravirgem

VINAGRETE

100 ml de azeite extravirgem
1 grão de zimbro triturado
20 g de cranberry desidratado
20 g de figo desidratado
20 g de framboesa desidratada
20 g de uva-passa preta
sal e pimenta-do-reino moída na hora a gosto

COPA LOMBO DE JAVALI

1 folha de louro
1 g de tomilho
50 ml de vinho branco
1 grão de zimbro
250 g de copa lombo de javali
30 g de manteiga

FINALIZAÇÃO

50 de bok choy (acelga chinesa)
30 ml de azeite
sal a gosto

MOLHO DE JABUTICABA

Caramelize o açúcar e deglaceie com o vinagre de vinho tinto. Acrescente a polpa de jabuticaba e o caldo de carne. Reduza em fogo baixo até obter uma textura cremosa. Tempere com sal e pimenta. Coe no chinois.

CREME DE AVELÃ

Toste as avelãs no forno a 150 °C, até dourarem, e bata no processador para virar uma pasta. Junte a pasta de avelã com o caldo de frango e deixe cozinhar por 30 minutos em fogo baixo, cuidando para não queimar o fundo da panela. Tempere com sal e pimenta e finalize com um pouco de azeite; coe e reserve.

VINAGRETE DE FRUTAS VERMELHAS

Aqueça o azeite com o zimbro e deixe apurar o aroma. Junte o azeite com as frutas secas. Tempere com o sal e a pimenta e guarde na geladeira por 3 dias. Para servir, o vinagrete deve estar levemente aquecido.

COPA LOMBO DE JAVALI

Prepare a marinada com louro, tomilho, vinho branco e zimbro. Deixe a copa lombo nessa marinada por uma noite. Embale a vácuo em sous vide e, em seguida, cozinhe a 58 °C por 6 horas. Esfrie e conserve na geladeira. Para servir, regenere a 56 °C; em seguida, sele em uma frigideira quente com manteiga noisette (ver p. 221), ou seja, aqueça a manteiga até ela ficar com a cor de avelã.

FINALIZAÇÃO

Corte o bok choy em quartos; em seguida, sele na frigideira com azeite e, por fim, tempere com sal. Monte o prato com medalhões de copa lombo, acompanhados do creme de avelã. Finalize com o vinagrete de frutas vermelhas, o bok choy salteado e o molho de jabuticaba.

Codorna imperial, chartreuse de alho-poró e foie gras (2016)

Certamente um dos grandes momentos da minha vida profissional: a receita foi criada com exclusividade para o jantar dos descendentes da família imperial portuguesa, no Rio de Janeiro, em 2010.

4 porções

CHARTREUSE DE ALHO-PORÓ
(PREPARE 2 DIAS ANTES DA
EXECUÇÃO DA RECEITA)

150 ml de vinagre de vinho branco
50 g de açúcar refinado
1 cravo
15 g de pimenta-do-reino preta e branca triturada
1 talo grande de alho-poró (só a parte branca)
1,5 litro de água
30 g de sal grosso
50 g de manteiga

UVAS CONFIT E COGUMELOS

80 g de uva thompson
30 ml de vinho do Porto branco
4 champignons

CODORNAS

4 codornas
sal a gosto
pimenta-do-reino moída na hora a gosto
30 ml de creme de leite fresco
30 g de clara

JUS GRAS

60 g de manteiga
20 g de cebola picada
15 ml de vinagre de vinho branco
250 ml de jus de frango (ver p. 220)
5 g de lecitina de soja

MONTAGEM E FINALIZAÇÃO

2 fatias de brioche de 5 mm de espessura
60 g de foie gras pré-cozido (prepare 5 dias antes da execução da receita) (ver p. 219)

CHARTREUSE DE ALHO-PORÓ

Prepare a marinada misturando o vinagre, o açúcar, o cravo e as pimentas trituradas. Deixe ferver por 2 minutos; reserve. Escalde o alho-poró em 1 litro de água com sal, iniciando a frio, até o coração do alho ficar macio; para verificar, espete uma faca pequena. Coloque o talo cozido do alho-poró na marinada e reserve por 2 dias na geladeira. Desfie o alho-poró em lascas de 1 cm de largura por 15 cm de comprimento e reserve. Pique bem as aparas que sobraram do alho-poró e refogue na manteiga noisette (ver p. 221) até secar;

reserve. Com as tiras reservadas do alho-poró, monte um trançado e recheie com as aparas refogadas. Feche o trançado e reserve por 3 horas na geladeira.

UVAS CONFIT E COGUMELOS

Coloque as uvas em uma travessa com o vinho e leve ao forno a 85 ºC por 3 horas. Reserve. Cozinhe as cabeças de cogumelo no vapor por 1 minuto.

CODORNAS

Desosse a codorna separando os oito peitos. Reserve quatro deles para a mousse do recheio. Tempere as coxas e as sobrecoxas com sal e pimenta e reserve. Pique o dorso para preparação do jus. Utilize a proporção de 30 ml de creme e 1 clara para 100 g de peito de codorna (pese a quantidade de peito para fazer a mousse). Bata no processador e passe no tamis para remover quaisquer fibras que tenham ficado no processo. Reserve em um bowl com outro por baixo com gelo. Nos outros peitos reservados, faça uma incisão central, abrindo em forma de leque; tempere com sal e pimenta. Espalhe a mousse nos peitos em uma espessura de 2 mm. Após recheá-los, embrulhe cada um delicadamente em filme de PVC e reserve.

JUS GRAS

Derreta a manteiga em ponto de *noisette* (cor avelã) (ver p. 221). Acrescente a cebola picada, refogando até dourar. Junte os ossos do dorso da codorna e refogue até caramelizar; a seguir, deglaceie com o vinagre até reduzir a um terço. Acrescente o jus de frango e a lecitina de soja e deixe reduzir até ⅓. Coe e reserve.

MONTAGEM E FINALIZAÇÃO

Em uma grelha, grelhe as coxas e sobrecoxas da codorna a 180 ºC por 10 minutos e reserve. Enquanto isso, cozinhe os peitos de codorna no vapor por 6 minutos. Retire os peitos do papel-filme e reserve. Sele a chartreuse de alho-poró na manteiga até dourar e reserve. Corte ao meio as fatias de brioche e toste rapidamente somente de um lado. Coloque os peitos de codorna no jus gras para aquecer. Em um prato raso grande, coloque sobre cada fatia de brioche tostado um peito de codorna. A seguir, coloque as duas coxas ao lado de cada peito e três uvas confitadas. Disponha a chartreuse ao lado das coxas. Corte o foie gras em cubos de 15 g e coloque ao lado da chartreuse. Arrume as cabeças de champignon preaquecidas na ponta do peito de codorna. Emulsione o jus gras e regue a chartreuse e o peito de codorna com ele.

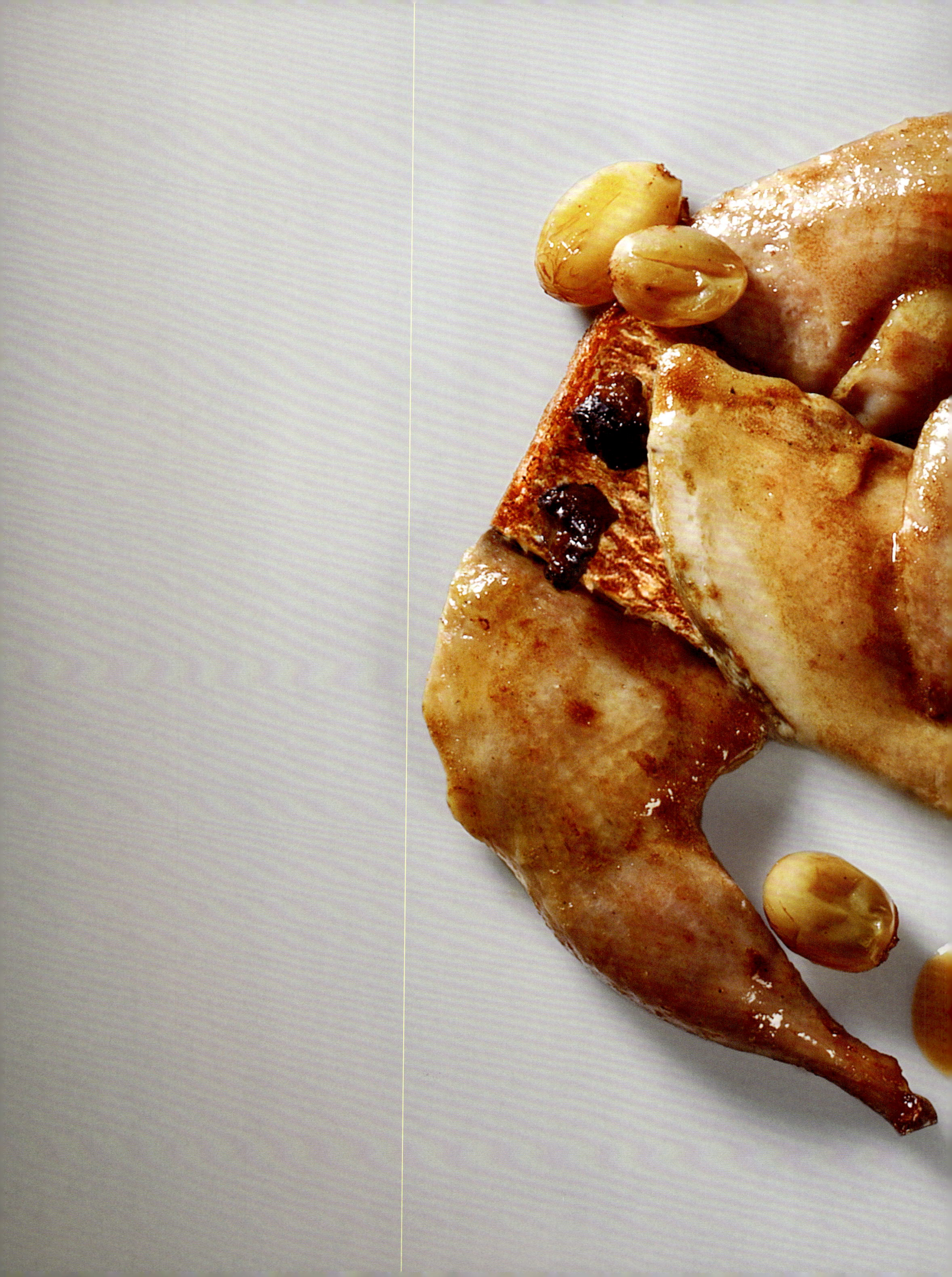

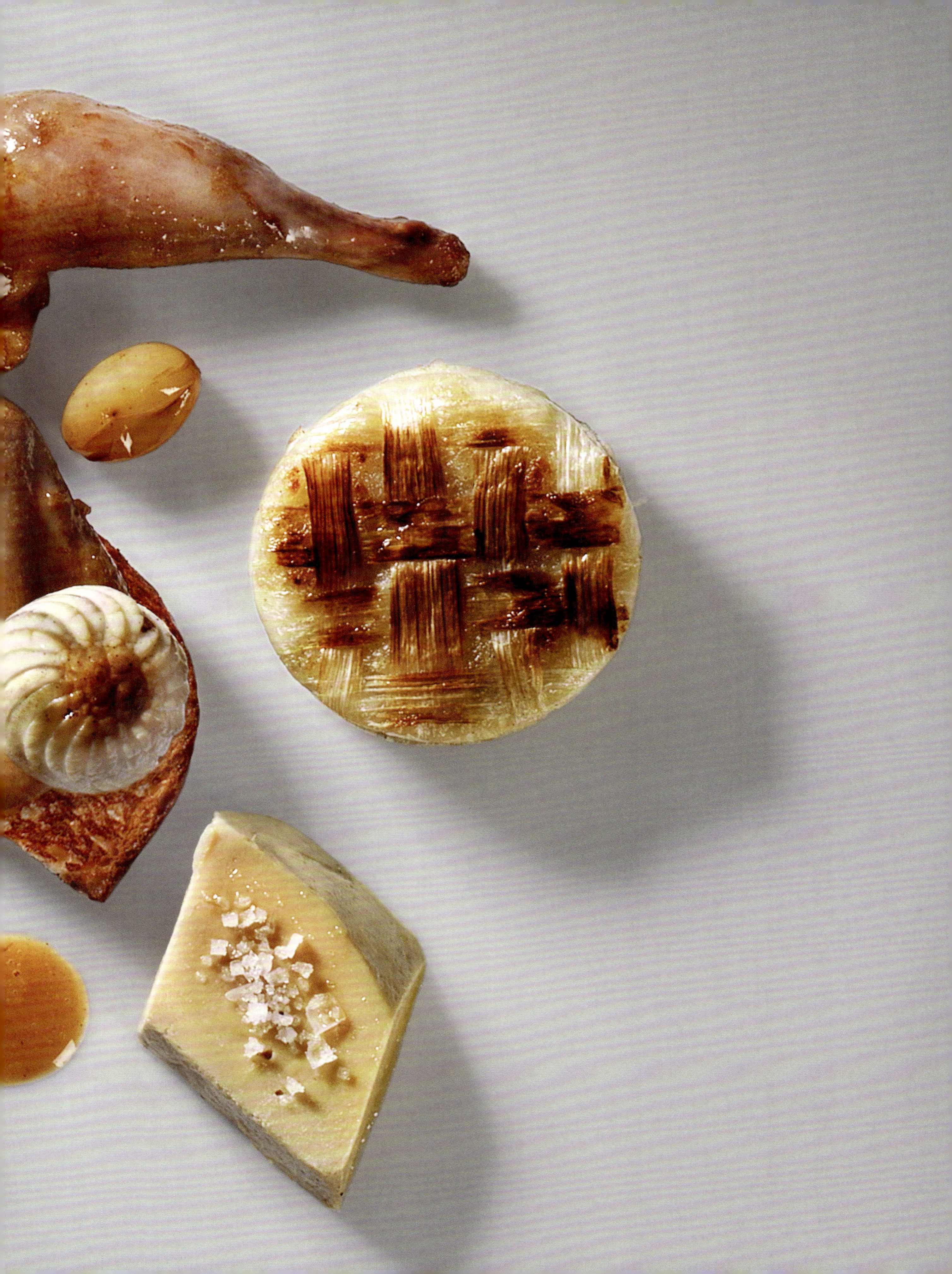

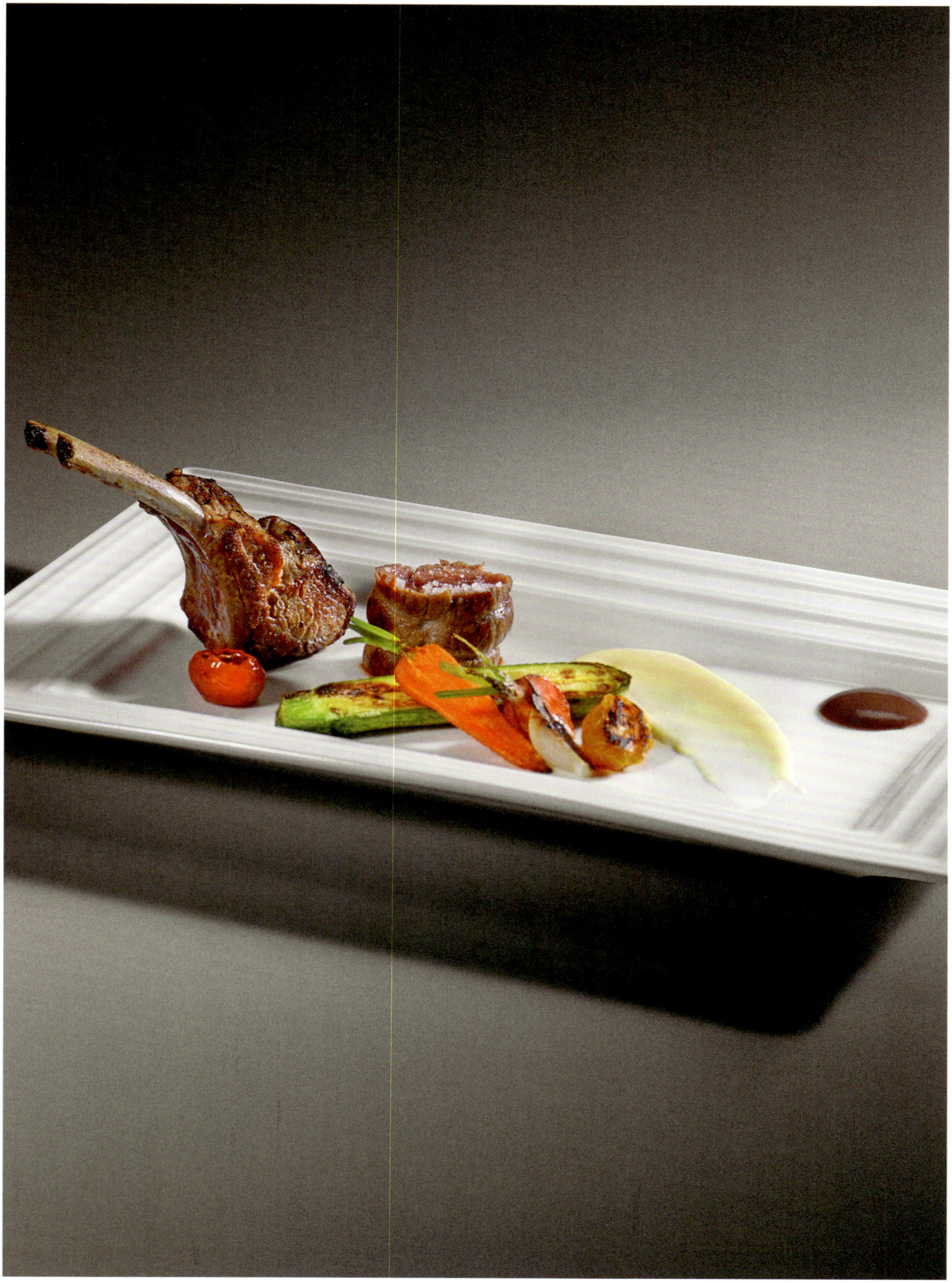

Lombo de cordeiro, polenta ao queijo da Canastra, legumes assados, creme de azeitona (2011)

De uns tempos para cá, o cordeiro finalmente foi bem-aceito nos restaurantes brasileiros. Por ser uma das carnes mais delicadas, o ponto de cocção rosê deve ser respeitado quando se trata de lombo ou carrê.

4 porções

POLENTA

70 g de semolina
500 ml de caldo de frango (ver p. 215)
50 g de queijo da Serra da Canastra
20 g de manteiga gelada

LEGUMES ASSADOS

4 tomates-cereja
4 minirrabanetes
4 minicenouras
4 minimilhos
4 cebolas pérola
4 miniberinjelas
15 ml de azeite

CREME DE AZEITONA

120 g de azeitona preta descaroçada
30 ml de goma de sagu

MONTAGEM E FINALIZAÇÃO

250 g de lombo de cordeiro
50 g de sal grosso
10 g de alecrim fresco picado
30 g de manteiga
60 ml de jus de cordeiro (ver jus de frango, p. 220)

POLENTA

Adicione a semolina no caldo quente aos poucos, mexendo sempre para não formar grumos. Quando estiver homogênea, acrescente o queijo da Canastra ralado para que ele se incorpore à polenta. Finalize no forno a 85 ºC por 1h30, em panela tampada. Antes de servir, emulsione com a manteiga gelada.

LEGUMES ASSADOS

Deixe o tomate no forno a 60 ºC por 2 horas. Asse o restante dos legumes no forno a 250 ºC com um fio de azeite até ficarem levemente caramelizados.

CREME DE AZEITONA

Bata a azeitona no liquidificador com a goma do sagu (para obter a goma, cozinhe o sagu em água e utilize o caldo do sagu).

MONTAGEM E FINALIZAÇÃO

Frite as folhas de manjericão em óleo a 180 ºC por 1 minuto e reserve sobre papel-toalha. Tempere os filés de lombo de cordeiro com sal grosso e alecrim. Sele em uma frigideira sauteuse, com a manteiga derretida em noisette (ver p. 221), ou seja, até a manteiga adquirir a cor de avelã. Disponha de forma harmoniosa os legumes assados no meio da polenta e o lombo fatiado ao lado da polenta, com uma gota de creme de azeitona.

Hambúrguer Bismarck, molho gribiche e batata gaufrette (2012)

É irônico encontrar uma receita de "hambúrguer" na "bíblia do cozinheiro", escrita no início do século xx pelo grande Auguste Escoffier – o nome "Bismarck" comprova a origem alemã desse preparo de carne.

4 porções

MOLHO GRIBICHE

110 g de ovo
10 g de pepino em conserva
10 g de alcaparra em conserva
30 g de cebola picada
10 ml de vinagre de vinho branco
pimenta-do-reino moída na hora a gosto
sal a gosto
10 g de mostarda de Dijon
20 ml de óleo
20 ml de azeite

HAMBÚRGUER BISMARCK

620 g de fraldinha
260 g de picanha bovina
120 g de gordura de picanha
40 g de cebola
48 g de mostarda-inglesa
12 g de páprica picante
pimenta-do-reino moída na hora a gosto
sal a gosto

BATATA GAUFRETTE

500 g de batata
1 litro de óleo
sal a gosto
pimenta-do-reino moída na hora a gosto

PICLES DE MAXIXE

4 maxixes
300 ml de court-bouillon (caldo nage) (ver p. 218)
30 ml de mel
1 cravo
1 grão de zimbro

MOLHO GRIBICHE

Cozinhe o ovo por 10 minutos, iniciando com água em ebulição. Descasque-o e separe a gema. Peneire e aperte a clara em um pano etamine para tirar o excesso de água. Reserve. ❡ Pique o pepino e a alcaparra e também retire o excesso de água. ❡ Coloque a gema em um pilão; acrescente a cebola, o vinagre, a pimenta e o sal. Amasse bem a mistura até virar um creme. Acrescente a mostarda. Emulsione com um fio de óleo e de azeite, batendo ligeiramente com uma colher de pau. Retire do pilão e agregue a clara cozida, o pepino e a alcaparra. Reserve em temperatura ambiente.

HAMBÚRGUER BISMARCK

A picanha deve ser limpa, sem gordura, que será acrescentada, em pequena quantidade, na hora de moer. Moa as carnes junto da gordura de picanha. Reserve 30 g da gordura de picanha e, com ela, refogue a cebola; deixe esfriar em seguida e não descarte a gordura desta. Em um bowl, junte o blend de carnes moídas, a cebola refogada, a gordura dela proveniente, a mostarda e a páprica e tempere. Com a ajuda de um aro vazado, enforme quatro hambúrgueres.

BATATA GAUFRETTE

Corte as batatas na mandolina e reserve na água fria por 5 minutos. Enxugue em papel-toalha e faça uma pré-fritura a 150 °C, sem dourar. Seque de novo no papel-toalha. Frite novamente no óleo a 200 °C até dourar. Use o papel-toalha para absorver a gordura e tempere com sal e pimenta.

PICLES DE MAXIXE

Corte o maxixe em seis, branqueie em água fervente e deixe esfriar. Coloque o court-bouillon, o mel, o cravo e o zimbro numa panela e aqueça. Adicione os maxixes à marinada e deixe esfriar em temperatura ambiente. Coloque em sous vide e guarde na geladeira por 48 horas.

FINALIZAÇÃO

Sele os hambúrgueres na frigideira com óleo até o ponto malpassado e coloque cada um no meio de um prato raso retangular. Disponha a batata no canto do prato. Sirva o molho gribiche no prato, em separado. Coloque pingos de mostarda sobre cada hambúrguer. Acrescente o picles de maxixe ao lado do hambúrguer.

Galinha-d'angola recheada, molho tamarindo (2013)

Assim como as carnes de caça, é difícil trabalhar com aves diferenciadas no Brasil. Com o tempo, essa proposta foi eliminada da alimentação do cidadão. Não há interesse na produção de aves de qualidade num processo regulamentado, razão pela qual resgato esta receita, criada originalmente nos anos 1990.

4 porções

MOLHO DE TAMARINDO

40 g de açúcar refinado
20 ml de vinagre de vinho tinto
150 g de polpa de tamarindo
300 ml de caldo de frango
(ver p. 215)
sal a gosto
pimenta-do-reino moída na hora a gosto
15 g de manteiga

GALINHA-D'ANGOLA E RECHEIO

1 galinha-d'angola
sal a gosto
pimenta-do-reino moída na hora a gosto
90 g de manteiga
40 g de cebola
12 g de alho
120 g de champignon
50 ml de conhaque
15 g de damasco
1 g de zimbro
2 g de salsa fresca
2 g de manjericão fresco
20 g de farinha de rosca
30 g de fígado de galinha-d'angola

PURÊ DE ERVILHA

20 g de cebola
25 ml de azeite
250 g de ervilha fresca (caso não encontre, utilize a congelada)
30 g de manteiga gelada
sal a gosto

MOLHO TAMARINDO

Caramelize o açúcar e deglaceie com o vinagre de vinho tinto. Acrescente a polpa de tamarindo e o caldo de frango. Deixe reduzir em fogo baixo, até obter uma textura cremosa. Tempere com sal e pimenta. Finalize com manteiga e coe no chinois.

GALINHA-D'ANGOLA

Tempere a ave com sal e pimenta, por dentro e por fora, e reserve. ¶ Para o recheio, derreta 30 g de manteiga, doure a cebola e o alho. Junte os champignons e cozinhe até secar. Acrescente conhaque, junte o damasco picado, o zimbro triturado, a salsa e o manjericão. Adicione, aos poucos, a farinha de rosca, até formar uma mistura macia. Salteie o fígado em 30 g de manteiga separadamente e adicione, já picado, ao recheio; deixe esfriar. ¶ Recheie a galinha temperada e a amarre. Em uma cocotte (panela de ferro ovalada), derreta a manteiga restante até que ela fique na cor de avelã. Leve a ave ao forno e deixe dourar todos os lados; tampe a panela e deixe cozinhar no forno a 140 °C por 2 horas, sempre regando com o líquido da cocção da ave. Depois, transfira a ave para uma assadeira e leve para laquear com o molho de tamarindo a 90 °C por 20 minutos. Deglaceie com um pouco de água o fundo da cocotte e acrescente esse caldo peneirado no molho de tamarindo.

PURÊ DE ERVILHA

Em uma panela wok, refogue a cebola rapidamente no azeite em alta temperatura, sem deixar dourar; acrescente as ervilhas. Nesse processo de cocção, pode-se jogar um pouco de água fria na wok e tampar, repetindo durante 10 minutos em temperatura bem alta, até as ervilhas amolecerem. Quando estiverem amolecidas, bata no liquidificador até obter uma textura lisa e homogênea. Se necessário, acrescente um pouco de água para facilitar o processamento. Emulsione com a manteiga gelada e tempere só com sal.

MONTAGEM

Corte a ave em oito pedaços e sirva o purê de ervilhas separadamente. Caso tenha sobrado o molho no fundo da assadeira, sirva separadamente.

Cocotte de blanquette de vitela ao limão confit e cravo (2013)

Blanquette foi um dos primeiros pratos que executei já como profissional, no restaurante do monsieur Guérin, Le Lucullus à Batz-sur-Mer. Com Guérin, aprendi que blanquette não é só de vitela, como é mais conhecida: pode ser de cordeiro, coelho ou de peixe, e até de crustáceos.

4 porções

GUARNIÇÃO

500 g de champignon
50 ml de vinho branco
1 folha de louro
200 g de cebola pérola
1 cenoura roxa
1 cenoura amarela
sal a gosto

VITELA E MOLHO

500 g de paleta de vitela desossada
50 g de manteiga
2 litros de água
1 **buquê garni**
90 g de cebola-branca picada
1 cravo
1 alho amassado
100 g de salsão (parte branca)
20 g de ramos de manjericão
500 ml de creme de leite fresco
100 g de **velouté** (ver p. 226)
10 g de casca de limão-siciliano sem a parte branca
sal a gosto
pimenta-do-reino branca moída na hora a gosto

GUARNIÇÃO

Corte o champignon em quartos e cozinhe com o vinho branco e o louro, em uma panela tampada com papel-manteiga. Deixe no fogo por 5 minutos, coe e reserve cogumelos e caldo separadamente.
Corte as cebolas pérola na metade, mas mantenha a casca, e leve-as para uma chapa quente para deixá-las brulé (queimadas). Corte as cenouras em quartos diagonalmente e cozinhe na água com sal por 5 minutos, mantendo al dente.

VITELA E MOLHO

Corte a paleta em pedaços de 3 cm e transfira-os para um recipiente com água e gelo, deixando-os por uma noite na geladeira, para retirar o excesso de sangue. Retire e escorra a carne. Refogue ligeiramente a carne na manteiga sem deixar dourar em uma cocotte (panela de ferro ovalada). Cubra a carne com água fria. Aqueça em fogo baixo e retire com uma escumadeira as impurezas na superfície. Junte o buquê garni, a cebola, o cravo, o alho, o salsão e o manjericão. Deixe cozinhar em fogo baixo por 2 horas – o ponto para retirar do fogo é quando, ao apertar um pedaço grande entre os dedos, ele quase se divida. Retire a carne com a escumadeira, reserve em outra panela e coloque o caldo do cozimento coado para reduzir a um terço. Junte o creme de leite, o velouté, o caldo do champignon e a casca de limão, deixando cozinhar até que fique cremoso. Coe no chinois e bata o molho no liquidificador. Junte a carne e o champignon ao molho e deixe apurar em fogo baixo por 15 minutos. Reserve.

MONTAGEM

Sirva a blanquette em prato fundo, regando com o molho. Por cima, coloque a cebola brulé, champignon e uma cenoura de cada.

Sorvete de pão de mel, geleia e emulsão de cerveja (2008)

Fui sócio da sorveteria Vipiteno, em São Paulo, que em seus áureos tempos era a melhor da cidade, servindo as taças mais criativas da praça, caso da "taça carioca". Esta sobremesa surgiu como uma homenagem ao tradicional chopinho dos botecos cariocas. Na minha opinião, é uma de minhas mais inspiradas criações.

12 porções

PÃO DE MEL

150 ml de água
175 g de mel
250 g de farinha
175 g de açúcar
25 ml de rum
6 g de bicarbonato de sódio
6 g de anis-estrelado em pó
2 g de canela em pó

SORVETE DE PÃO DE MEL

creme inglês (ver p. 218)
100 g de farinha de pão de mel

EMULSÃO DE CERVEJA

500 ml de cerveja pilsen
250 ml de água
80 g de açúcar
8 g de gelatina sem sabor em folha

GELEIA DE CERVEJA

4 g de gelatina sem sabor em folha
250 ml de cerveja pilsen evaporada (deixar 2 dias a cerveja aberta em um lugar fresco)

PÃO DE MEL

Aqueça a água, acrescente o mel e o restante dos ingredientes; a seguir, asse no forno a 160º C por 30 minutos. Quando estiver pronto, pique e deixe ressecar no forno a 120ºC. Bata no processador e reserve 100 g para o sorvete e 15 g para a finalização.

SORVETE DE PÃO DE MEL

Prepare o creme inglês a 75 ºC mexendo sempre, até atingir um ponto bem cremoso. Acrescente a farinha de pão de mel e reserve por 30 minutos em temperatura ambiente. Mantenha na geladeira, em um recipiente, por 24 horas. Coe num chinois e leve à máquina de sorvete.

EMULSÃO DE CERVEJA

Misture a cerveja com a água e o açúcar, aqueça sem ferver e reserve. Hidrate a gelatina e adicione a essa mistura. Peneire e ponha em um sifão com duas cargas de NO_2 (gás para creme). Guarde na geladeira por 24 horas.

GELEIA DE CERVEJA

Hidrate a gelatina e aqueça junto com a cerveja evaporada. Peneire e reserve na geladeira por 24 horas.

MONTAGEM

Num copo do tipo tulipa pequeno, coloque uma colher de farinha de pão de mel, uma colher de geleia de cerveja, o sorvete e finalize com a emulsão de cerveja. Polvilhe um pouco da farinha de pão de mel por cima.

Brioche, figo assado, sorvete de vinho de especiarias (2012)

Este brioche leva ainda sorvete de vinho com especiarias – uma das melhores sobremesas que já criamos.

4 porções

FIGO ASSADO

4 figos
40 ml de licor de cassis
70 ml de vinho do Porto
500 ml de vinho tinto
30 ml de grenadine (licor de romã)
100 g de açúcar
2 g de anis-estrelado
2 unidades de canela em pau
1 cravo
30 g de limão-siciliano
30 g de laranja

SORVETE DE VINHO DE ESPECIARIAS

250 ml de leite integral
50 g de gema
75 g de açúcar
150 ml de redução da calda do figo

FINALIZAÇÃO

2 fatias grandes de brioche

FIGO ASSADO

Lave e corte os figos nas extremidades. Reserve. Numa panela, coloque as bebidas, o açúcar, o anis-estrelado, a canela, o cravo, o limão e a laranja cortados em rodelas e deixe ferver. Quando estiver bem quente, despeje sobre os figos. Repita três vezes essa operação reaquecendo o líquido e reserve por 48 horas. Reserve na geladeira para ficar bem gelado.

SORVETE DE VINHO COM ESPECIARIAS

Ferva o leite e, fora do fogo, misture com as gemas já branqueadas com açúcar. Recoloque no fogo e deixe cozinhar até atingir um ponto bem cremoso, coe e deixe esfriar. Coe a calda do figo, leve ao fogo para reduzir a um terço do volume (150 ml); reserve um pouco da redução para decorar o prato. Mixe a mistura e turbine na máquina de sorvete. Conserve entre -16 ºC e -18 ºC.

MONTAGEM E FINALIZAÇÃO

Corte o figo em quartos. Corte meia fatia de brioche e sele. Monte a sobremesa com os figos selados e o brioche. Adicione uma bola de sorvete sobre o brioche e finalize com a redução de figo.

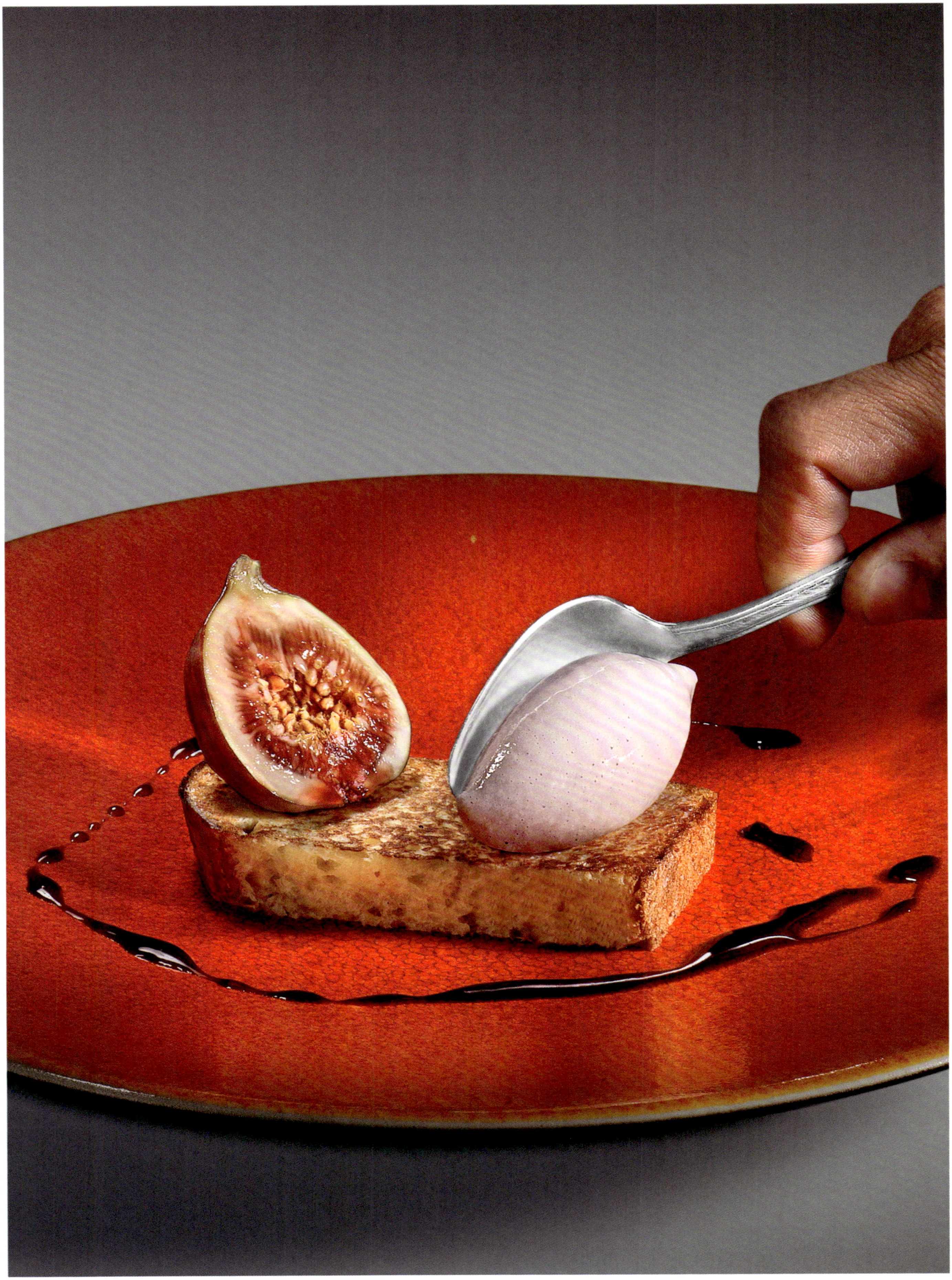

Caramelo de caju, emulsão de cachaça, doce de leite, geleia de cajuína (2009)

Caju é de longe meu fruto predileto. Aprendi a trabalhar com ele com uma senhora do Piauí. Salgado ou doce, sua versatilidade é impressionante. Sem falar na castanha e na cajuína, derivados deliciosos. Por conta do alto teor tânico, na cozinha o caju requer um processo delicado como o da uva. Aqui, ele é apresentado em uma bela roupagem.

4 porções

DOCE DE CAJU

4 cajus
500 ml de água
75 g de açúcar
⅓ de fava de baunilha

GELEIA DE CAJUÍNA

500 ml de cajuína (ver p. 213)
1,5% de goma gelana

EMULSÃO DE CACHAÇA

200 ml de água
50 g de glucose de milho
50 g de açúcar
6 folhas de gelatina sem sabor
50 ml de cachaça
50 ml de leite de coco

DOCE DE LEITE

1 litro de leite
1 cravo
1 baga de cardamomo
1 unidade de canela em pau
1 anis-estrelado
150 g de açúcar

CRUMBLE DE CASTANHA-DE-CAJU

100 g de açúcar
100 g de farinha de castanha-de-caju
100 g de farinha de trigo
5 g de flor de sal
100 g de manteiga
50 g de xerém de castanha-de-caju

DOCE DE CAJU

Perfure os cajus com um garfo e retire o suco, reservando-o para a cajuína. Prepare uma calda com água, açúcar e a baunilha. Cozinhe o caju por aproximadamente 2 horas em fogo baixo nessa calda; reserve.

GELEIA DE CAJUÍNA

Dilua a goma gelana em 20 ml de água e misture à cajuína. Deixe descansar na geladeira por 3 horas.

EMULSÃO DE CACHAÇA

Aqueça a água com a glucose e o açúcar até dissolver. Acrescente a gelatina hidratada. Adicione a cachaça e o leite de coco.

DOCE DE LEITE

Ferva o leite com as especiarias, coe e cozinhe com o açúcar, em fogo baixo, por 3 horas.

CRUMBLE DE CASTANHA-DE-CAJU

Junte todos os ingredientes até formar uma massa homogênea. Em uma assadeira, abra a massa sobre um tapete de silicone até atingir 3 mm de espessura e leve ao forno a 160 °C por 15 minutos. Reserve a massa em temperatura ambiente até que esfrie. Com as mãos, desmanche até obter uma espécie de farinha mais grossa, crocante.

MONTAGEM E FINALIZAÇÃO

Caramelize os cajus em uma frigideira ligeiramente untada com a calda do cozimento anterior; reserve. Monte as porções começando por uma camada de doce de leite, por cima o caju caramelizado cortado em brunoise e depois o crumble de castanha-de-caju. Finalize com a geleia de cajuína e a emulsão de cachaça.

Textura de coco: água de coco, língua de coco, sorvete de cravo e fina cocada (2018)

Sempre tive a preocupação de usar o produto de forma otimizada, sem desperdício. Essa atitude começa por conhecê-lo perfeitamente. Temos aqui um exemplo: um coco. Mas será que é tão simples assim transformá-lo em algo inusitado?

4 porções

ÁGUA E LÍNGUA DE COCO

1 coco verde
5 g de alginato de sódio
15 ml de azeite

SORVETE DE CRAVO

1 litro de leite integral
200 g de açúcar
2 cravos
200 ml de leite de coco
5 g de lecitina de soja

COCADA

90 g de manteiga
20 g de glucose de milho
130 g de açúcar de confeiteiro
30 g de farinha de trigo
30 g de coco ralado fresco

ÁGUA DE COCO

Retire a água do coco verde e abra-o ao meio. Reserve as metades. Coloque a água de coco para reduzir até atingir um quarto da quantidade inicial, sem ferver. Adicione o alginato de sódio e mexa bem. Emulsione a mistura no liquidificador. Reserve na geladeira por 3 horas, retirando nesse tempo a espuma que se forma na superfície.

LÍNGUA DE COCO

Com o auxílio de uma colher, raspe a polpa das metades do coco reservadas, tomando cuidado para preservar e não danificar a delicadeza da polpa.

SORVETE DE CRAVO

Em uma panela, junte o leite, o açúcar e os cravos e deixe chegar a ponto de ebulição. Acrescente as línguas de coco, tampe a panela com papel-manteiga e cozinhe as línguas em fogo baixo até ficarem macias. Depois de prontas, retire-as com cuidado e reserve-as em outro recipiente. Acrescente o leite de coco e cozinhe durante 5 minutos em fogo baixo. Bata na máquina de sorvete e reserve no freezer. Salteie as línguas de coco na frigideira com um fio de azeite e reserve.

COCADA

Derreta a manteiga com a glucose. Coloque essa mistura em um bowl e acrescente o açúcar de confeiteiro peneirado, a farinha de trigo e o coco ralado fresco. Molde bolinhas com essa massa e disponha em um tapete de silicone, deixando uma boa distância entre elas. Asse em forno a 180 °C por aproximadamente 10 minutos, ou até dourar. Retire do forno e espere esfriar antes de retirar do tapete de silicone.

MONTAGEM

Em pratos fundos previamente gelados, despeje a água de coco, cobrindo um terço do fundo do prato, coloque uma colher de sorvete, uma língua de coco ligeiramente picada e finalize com a cocada.

Carolina, mousse de chocolate, creme de cumaru (2009)

Memória de infância, que fica ainda mais especial com o perfume do cumaru.

4 porções

CRAQUELIN (CROCANTE)
180 g de açúcar
170 g de farinha de trigo
150 g de manteiga

MASSA CHOUX (CAROLINA)
80 g de manteiga
250 ml de água
2 g de sal
12 g de açúcar
125 g de farinha de trigo
180 g de ovo

MOUSSE DE CHOCOLATE
90 g de açúcar refinado
40 ml de água
120 g de gema
150 g de creme de leite fresco
200 g de chocolate 70% de cacau
150 g de clara

CREME INGLÊS AO CUMARU
500 ml de leite integral
150 g de açúcar
sementes de cumaru a gosto
75 g de gema

CRAQUELIN (CROCANTE)

Misture todos os ingredientes e espalhe sobre um tapete de silicone, cobrindo com outro tapete por cima. Com um rolo de massa, pressione a mistura até obter uma espessura de 2 mm; reserve na geladeira por 20 minutos. Retire da geladeira e corte a massa em discos do tamanho aproximado de 3 cm.

MASSA CHOUX (CAROLINA)

Em uma panela, coloque a manteiga, a água, o sal e o açúcar; aqueça até antes da fervura e acrescente a farinha. Mexa bem por 3 minutos – a massa deve descolar do fundo da panela. Acrescente os ovos, um por vez. Bata, na mão ou na batedeira, até obter uma massa lisa e homogênea. Com o auxílio de um saco de confeitar, faça pequenas esferas com diâmetro de aproximadamente 4 cm sobre um tapete de silicone. Coloque os discos do craquelin sobre as esferas de massa choux e leve ao forno preaquecido a 220 °C por 15 minutos. Baixe a temperatura para 160 °C e deixe no forno por mais 5 minutos.

MOUSSE DE CHOCOLATE

Em uma panela pequena, faça uma calda com 60 g de açúcar e a água; deixe ferver até 120 °C. Coloque as gemas na batedeira e, com o aparelho em funcionamento, despeje a calda em fio. Bata até esfriar e reserve. Em um bowl, bata o creme de leite fresco até virar chantilly e reserve na geladeira. Derreta o chocolate em banho-maria. Coloque as claras no bowl com 30 g de açúcar. Aqueça em banho-maria até 60 °C e, em seguida, bata as claras em neve na batedeira até esfriar. Em outro bowl, misture o chocolate derretido com as gemas e depois com as claras, com movimentos delicados. Finalize acrescentando o chantilly e reserve na geladeira.

CREME INGLÊS AO CUMARU

Ferva o leite com metade do açúcar e as sementes de cumaru. Usando um fouet, bata o restante do açúcar com as gemas até formar um creme claro; em seguida, adicione o leite quente sem parar de mexer. Leve a mistura ao fogo e deixe cozinhar lentamente, mexendo sempre com uma colher de pau, até atingir o ponto de napê. Coe no chinois e reserve na geladeira.

MONTAGEM

No prato de servir, coloque o creme inglês gelado. Corte pela metade as esferas de massa choux e craquelin já assadas. Em um tapete de silicone, recheie uma parte das metades com a mousse de chocolate; tampe delicadamente com a outra metade das esferas (o lado com o craquelin). Disponha cada carolina no meio do prato sobre o creme inglês. Se quiser, polvilhe o creme inglês e o entorno das carolinas com chocolate em pó.

Glossário

Brunoise: tipo de corte de vegetais crus em cubos pequenos e regulares, com cerca de 3 mm. Inicia-se com um corte *julienne*, depois picado transversalmente.

Buquê garni: conjuntos de ervas aromáticas, como tomilho, louro e salsinha, em ramos, unidos por um barbante. Conforme a utilização, a parte verde do alho-poró é usada para envolvê-los.

Cebola piqué: cortada transversalmente, a cebola recebe uma folha de louro fixada com alguns cravos.

Concassé: tipo de corte específico para tomate, sem pele e sem sementes, na medida de 5 mm a 1 cm de largura.

Demi-glace: caldo de carne reduzido a 70% de seu volume.

Déglacer (deglaçar): adicionar líquido (água, vinho, caldo) à panela, frigideira ou fôrma em que se procede a cocção, a fim de soltar os sucos caramelizados depositados no fundo do recipiente.

Émincé: corte de vegetais (como cebola, alho-poró, cogumelos, gengibre) em fatias muito finas.

Emonder/blanchir: descascar por escaldamento; comum para tirar a pele de tomate e amêndoa, o processo consiste em mergulhar o alimento em água fervente e, na sequência, em água gelada; o choque térmico faz a pele se soltar e facilita sua remoção.

Emulsionar: é o processo de incorporação de dois elementos que a princípio não se misturam, como óleo e água. Com o movimento circular constante de um utensílio, que pode ser um fouet ou a batedeira, os elementos se incorporam formando uma emulsão. Exemplos de preparos com essa técnica: maionese, vinagrete, sorvete etc.

Glace: caldo de carne reduzido a 85% de seu volume.

Julienne: tipo de corte de legumes em fatias longitudinais, com cerca de 3 mm x 7 cm.

Magret: peito de patos criados para a produção de foie gras.

Mirepoix: guarnição aromática cortada em cubos de 3 cm, em média, utilizada como base para refogados e caldos.

Poché: processo de cozimento por imersão em líquido sem fervura.

Sous vide: é o cozimento de um alimento que primeiro deve ser imperativamente resfriado a uma temperatura entre 3 e 6 °C, a seguir, embalado a vácuo e depois cozido em imersão de água a uma temperatura controlada, sendo que cada alimento tem sua temperatura justa para isso.

Receitas-base

Abóbora na cal

500 g de abóbora-japonesa (pode ser substituída por frutas, como mamão)
15 g de cal virgem para uso culinário
100 g de açúcar
1 litro de água
1 unidade de cravo
1 unidade de canela em pau

Corte a abóbora em cubos de 3 cm, dissolva a cal em 1 litro de água fria e despeje sobre a abóbora cortada. Deixe descansar por 2 horas, escorra e lave os pedaços de abóbora duas ou três vezes. Coloque o açúcar e a água em uma panela e leve ao fogo para ferver; adicione o cravo e a canela. Fure de leve os pedaços de abóbora e coloque-os na panela, para que absorvam a calda. Cozinhe em fogo baixo até que os pedaços de abóbora fiquem macios, porém ainda firmes.

Água de coco caramelizada

4 litros de água de coco – para um rendimento final de 1 litro de água de coco caramelizada

Cozinhe a água de coco em fogo baixo sem ebulição no processo de evaporação durante 4-5 horas.

Água e caramelo de champignon

250 g de cogumelo-de-paris
1 folha de louro
250 ml de vinho branco
1 folha de papel-manteiga
60 g de açúcar refinado
30 ml de aceto balsâmico

Corte o cogumelo em quartos e cozinhe-os com louro e vinho branco em um recipiente tampado com papel-manteiga, por aproximadamente 5 minutos. ¶ Coe os cogumelos com o auxílio de uma peneira, separando o líquido resultante desse preparo – esse é a água ou o caldo de cogumelo, que pode ser usado em diversos outros preparos. Numa frigideira em fogo baixo, pique e seque os cogumelos. Com o açúcar, faça um caramelo, adicione o aceto balsâmico e junte ao cogumelo; deixe secar e tempere.

Azeite confit

150 g de cebola-branca
20 g de alho-poró
30 g de alho
500 ml de azeite
1 buquê garni
1 limão-siciliano

Corte em emincé a cebola, o alho-poró e o alho. Esprema o suco e retire toda a parte branca do limão. Reserve a casca de ¼ do limão. Em uma panela, junte o azeite, a casca de limão e o buquê garni, deixe curtir em fogo baixo por 30 minutos e armazene para usos posteriores.

Azeite de manjericão

300 g de manjericão fresco
500 ml de azeite extravirgem
1 litro de óleo

Lave e desfolhe todo o manjericão e deixe secar. Em um bowl, coloque o azeite e leve-o à geladeira para resfriar bem. Aqueça o óleo a 180 °C. Frite o manjericão no óleo quente; quando mudar de cor, dê um choque térmico no azeite gelado. Espere esfriar, bata no liquidificador e coe no chinois com um pano. Transfira para uma garrafa escura e armazene na geladeira por até quatro meses.

Cajuína

12 cajus

Fure os cajus com o auxílio de um garfo e aperte-os para retirar o suco. Ao obter o suco do caju, embale a vácuo (sous vide) e cozinhe por 36 horas a 85 °C. Caso deseje uma cajuína clarificada, após o processo de cocção congele o líquido e disponha o bloco de cajuína congelado sob uma peneira forrada por um pano.

Caldo de carne

1 kg de costela bovina
1 kg de rabada
1 kg de mocotó
40 ml de óleo de girassol
5 litros de água
50 g alho
100 g de alho-poró
400 g de cebola
250 g de cenoura
1 buquê garni

Limpe as carnes e corte-as em pedaços pequenos. Sele todos os lados em óleo bem quente e reserve. Retire toda a gordura da panela. Recoloque as carnes na panela e cubra com água fria. Leve a ponto de ebulição, retire com uma escumadeira as impurezas da superfície e adicione o mirepoix (alho, alho-poró, cebola e cenoura) e o buquê garni. Cozinhe por 6 horas em fogo baixo. Coe o caldo no chinois. Descarte os vegetais usados como guarnição e reserve as carnes para usá-las em outra preparação.

Caldo de crustáceos

300 ml de azeite
500 g de cabeça de camarão
10 ml de conhaque
2 litros de água
20 g de alho
80 g de alho-poró
200 g de cebola
1 buquê garni

Junte o azeite com as cabeças de camarão e deixe caramelizar, amassando-as algumas vezes. Deglaceie a panela com o conhaque. Acrescente água na altura dos camarões e junte o mirepoix (alho, alho-poró, cebola e cenoura) e o buquê garni, quando entrar em ponto de ebulição. Deixe cozinhar em fogo baixo por aproximadamente 1 hora. Coe, resfrie o caldo e retire a gordura da superfície, o que consiste na separação do azeite para uso posterior.

DICA: para fazer manteiga de crustáceo, repita todo o procedimento, substituindo apenas o azeite pela manteiga.

Caldo de frango (ou carcaça)

1 frango inteiro
4 litros de água
40 g de alho
100 g de alho-poró
300 g de cebola
100 g de salsão
1 buquê garni

Retire os miúdos e o excesso de sangue da ave; com o auxílio de um papel, verifique se a parte externa está limpa e sem penas. Amarre o frango e coloque em uma panela. Cubra com a água, leve ao ponto de ebulição, retire com uma escumadeira as impurezas da superfície do caldo e acrescente o mirepoix (alho, alho-poró, cebola e salsão) e o buquê garni. Cozinhe em fogo baixo por 2 horas. Coe em um chinois e deixe esfriar. Se possível, aproveite a ave cozida em outra preparação.

Caldo de legumes

80 g de alho-poró
100 g de cebola
80 g de cenoura
20 g de salsão
1 buquê garni
1 litro de água

Descasque e lave todos os legumes e corte-os em mirepoix. Numa panela, coloque a água, os legumes e o buquê garni. Cozinhe durante 45 minutos. Coe e reserve o caldo para futuras preparações.

Caldo de peixe

2 kg de espinhas e cabeças de peixe
4 litros de água
100 g de alho-poró
400 g de cebola
100 g de salsão
1 buquê garni

Em uma panela, junte as espinhas e as cabeças de peixe. Cubra com a água e leve ao ponto de ebulição. Adicione o mirepoix (alho, alho-poró, cebola e cenoura) e o buquê garni e deixe durante mais 45 minutos com pouca fervura. Em seguida, deixe descansar por 10 minutos fora do fogo. Coe, descarte as carcaças de peixe e reserve o caldo para preparos futuros.

Carotène

2 cenouras

Para extrair o caroteno (pigmento orgânico), passe as cenouras inteiras, devidamente higienizadas, na centrífuga de sucos. Leve o suco obtido ao fogo para reduzir. Quando o suco estiver reduzido, bata no liquidificador para emulsionar e utilize para dar cor a seus preparos.

Consomê

O processo do consomê consiste na clarificação de um caldo já pronto, cujo preparo utiliza clara de ovo:

* Para clarificar um caldo de carne ou de aves, são utilizadas 6 claras para cada litro de caldo (considerando 35 g por clara). O caldo de peixe é exceção, porque para ele são usadas 4 claras por litro, devido ao alto teor de albumina no pescado. Para o caldo de peixe, pode-se utilizar court-bouillon (caldo nage) (ver p. 218) para ajudar no processo de clarificação.

* Quando o tucupi é utilizado para a clarificação do caldo de peixe, obtém-se o consomê quinhapira.

Aqueça o caldo a 70 °C sem deixar ferver. Bata as claras rapidamente para quebrá-las e ajudar na incorporação ao caldo. Adicione as claras ao caldo já quente, mexendo delicadamente para não deixar a clara grudar no fundo da panela. Verifique se o fogo está bem baixo, para o caldo não ferver e a clarificação se realizar.

Court-bouillon (caldo nage)

80 g de alho-poró
100 g de cebola
80 g cenoura
20 g de salsão
1 litro de água
1 buquê garni
250 ml de vinagre branco
500 ml de vinho branco seco

Descasque e lave todos os legumes e vegetais. A seguir, corte-os em émincé (2 mm de espessura). Numa panela, junte a água, os legumes, o buquê garni, o vinagre branco e o vinho. Cozinhe durante 25 minutos e reserve.

Creme inglês

500 ml de leite integral
150 g de açúcar refinado
2 g de raspas de fava de baunilha
75 g de gema

Ferva o leite com metade do açúcar e a baunilha. Com um fouet, bata as gemas com o restante do açúcar, em seguida junte o leite quente, fora do fogo. Recoloque a mistura no fogo e deixe cozinhar lentamente, em fogo baixo, mexendo sempre, até que fique bem cremoso. Coe, deixe esfriar e reserve na geladeira.

Creme patissière

500 ml de leite integral
2 g de raspas de fava de baunilha
100 g de açúcar refinado
80 g de gema
30 g de amido de milho
30 g de farinha de trigo

Ferva o leite com a baunilha aberta e metade do açúcar. Bata as gemas com a outra metade do açúcar, o amido de milho e a farinha de trigo. Despeje um pouco de leite quente nas gemas, misture e junte com o restante do leite na panela. Deixe cozinhar em fogo baixo, mexendo sempre até ferver. Deixe esfriar e reserve em um recipiente na geladeira.

Foie gras

750 g de foie gras
9 g de sal
1 g de pimenta-do-reino moída na hora
1 g de pó de cardamomo
1 g de noz-moscada ralada na hora
50 ml de vinho branco doce
* Para a marinada, utiliza-se a proporção de 12 g de sal para cada quilo de foie gras

Remova os nervos do foie gras. Tempere com os ingredientes da marinada e reserve por 24 horas em geladeira. Cozinhe o foie gras no sous vide a 55 °C até perder 30% do volume. Após a cocção, mergulhe o foie gras em um banho de água com gelo por 3 horas. Guarde na geladeira.

Gastrique

60 g de açúcar (ou 50 ml de mel)
30 ml de vinagre branco ou tinto (ou suco de fruta cítrica, como laranja ou maracujá)

Derreta o açúcar em ponto de caramelo. Deglaceie com o vinagre, reduza até o ponto de caramelo novamente.

Jus de frango

1 kg de dorso de frango
100 g de manteiga
2,5 litros de água
8 g de alho
50 g de alho-poró
200 g de cebola
100 g de salsão
1 buquê garni

Limpe o dorso de frango e corte em pedaços pequenos. Caramelize-os seguindo o mesmo processo da manteiga noisette. Cubra com água fria e leve a ponto de ebulição. Acrescente o mirepoix (alho, alho-poró, cebola e cenoura) e o buquê garni. Deixe cozinhar em fogo baixo por 3 horas, coe no chinois, reserve em temperatura ambiente e, depois, guarde na geladeira.

DICA: ao resfriar após um dia na geladeira, a manteiga se solidifica na superfície do caldo. Retire essa manteiga e reserve para outro uso.

Manteiga clarificada

É a manteiga sem sal aquecida em banho-maria por 2 horas. Durante esse tempo, deve-se retirar o *petit lait* (soro) depositado no fundo do recipiente e as impurezas que vão aparecer na superfície da manteiga, durante a clarificação.

Manteiga noisette

100 g de manteiga
Opcionais: louro, tomilho, alho amassado

Numa frigideira, derreta a manteiga, prestando atenção ao momento em que ela começar a espumar; a espuma da manteiga vai caramelizar, e esse processo é o que a torna noisette ("avelã", "marrom-claro", em francês) e a deixa com aroma de avelã. Nesse momento, acrescente, se for usar, os temperos opcionais. Reserve na geladeira por até uma semana.

Marinière de mexilhão

2 kg de mexilhão (ou vôngole)
15 ml de azeite
15 g de alho
100 g de cebola-branca picada
1 buquê garni
250 ml de vinho branco

Limpe os mexilhões. Aqueça o azeite junto com o alho, a cebola e o buquê garni sem dourar. Acrescente os mexilhões, tampe a panela e cozinhe em fogo alto, até abrirem as conchas. Acrescente o vinho branco, cozinhe por mais 2 minutos, deixe esfriar e extraia os mexilhões das cascas. Coe e reserve o caldo.

Massa brisée

250 g de manteiga
500 g de farinha de trigo
50 ml de água
55 g de ovo
5 g de sal

Misture a manteiga já amolecida, em estrutura cremosa, com a farinha, a água, o ovo e o sal. Reserve.

Massa choux

80 g de manteiga
12 g de açúcar
250 ml de água
2 g de sal
125 g de farinha
180 g de ovo

Em uma panela, derreta a manteiga na água com o sal e o açúcar, até aquecer. Junte a farinha e misture com uma colher, até a massa se descolar da borda da panela. Junte os ovos aos poucos, fora do fogo, porém mantendo a temperatura quente e a massa sempre homogênea.

Massa folhada

500 ml de água
1 kg de farinha de trigo
950 g de manteiga
25 g de sal

Misture a farinha, a água, o sal e 250 g de manteiga por 3 minutos. Deixe descansar, coberta com plástico, por 30 minutos. Estique a massa e espalhe 700 g de manteiga sobre ⅔ da massa. Feche a massa e dobre-a em três. Vire a massa e dobre-a em três novamente (total de 2 voltas). Refrigere a massa na geladeira 30 minutos no mínimo. Repita a mesma operação três vezes (total de 5 voltas). Guarde a massa na geladeira até o dia seguinte. Estique a massa de 2 a 3 mm de espessura e corte-a no tamanho desejado. Coloque em um tabuleiro e deixe descansar por 1 hora antes de assar. Asse no forno a 160º C até dourar e secar.

Massa fresca

300 g de farinha de trigo
200 g de farinha de semolina
500 g de gemas
50 g de claras

Misture a farinha de trigo, a farinha de semolina, as gemas e as claras, até formar uma massa lisa e homogênea. Coloque a massa num pano e reserve no refrigerador por, no mínimo, 1 hora.

Molho bechamel

65 g de creme de leite fresco
125 ml de leite integral
125 g de velouté de frango (p. 226)
3 g de noz-moscada ralada na hora

Junte todos os ingredientes em uma panela, leve à fervura e cozinhe em fogo baixo por 15 minutos.

Molho bonne femme

150 ml de água de champignon (ver p. 212)
80 ml de marinière de mexilhão (ver p. 222)
250 ml de caldo de peixe (ver p. 216)
80 ml de marinière de vôngole (ver p. 222)
30 ml de vermute
150 ml de vinho branco
30 ml de velouté de frango (ver p. 226)
150 ml de creme de leite fresco
sal a gosto

Em uma panela, junte todos os caldos, o vermute e o vinho branco. Deixe reduzir a um terço do volume e acrescente o velouté e o creme de leite. Cozinhe por 20 minutos em fogo baixo até que fique bem cremoso. Tempere com sal, coe no chinois e reserve.

Molho de jabuticaba

20 g de açúcar refinado
10 ml de vinagre de vinho tinto
10 g de pimenta-do-reino preta triturada no pilão
100 g de polpa de jabuticaba
250 ml de caldo de carne (ver p. 214)

Caramelize o açúcar e deglaceie com o vinagre de vinho tinto. Junte a pimenta-do-reino preta triturada. Acrescente a polpa de jabuticaba e o caldo de carne e cozinhe em fogo baixo por 20 minutos. Coe no chinois e reserve.

Molho pomodoro

2 kg de tomate italiano
100 ml de azeite
200 g de cebola
35 g de alho
10 g de manjericão fresco
suco fresco de 3 laranjas reduzido a ⅓

Escalde os tomates para soltar a pele, transfira para uma vasilha com água gelada e solte toda a pele, reservando-a. Corte as polpas em concassé e reserve as sementes. Bata as peles e as sementes no liquidificador e coe no chinois. Em uma panela, aqueça o azeite e refogue a cebola e o alho picados. Coloque o suco de tomate batido e deixe reduzir até ficar pastoso. Coe novamente no chinois. Refogue rapidamente o tomate concassé e acrescente o suco de tomate reduzido e coado. Deixe cozinhar em fogo baixo por 15 minutos, acrescente as folhas de manjericão e o suco de laranja reduzido, tempere e reserve na geladeira por até 5 dias.

Molho supreme (frango)

500 ml de caldo de frango (ver p. 215)
100 ml de água de champignon (ver p. 212)
100 ml de velouté de frango (ver p. 226)
200 ml de creme de leite
pimenta-do-reino moída na hora a gosto
sal a gosto

Em uma panela, reduza até a metade o caldo de frango com a água de champignon. Acrescente o velouté de frango e, em seguida, o creme de leite. Tempere com sal e pimenta. Coe no chinois e reserve na geladeira por até 5 dias.

Pão de especiarias

300 ml de água
250 ml de mel
250 g de açúcar refinado
12 g de anis-estrelado
12 g de bicarbonato de sódio
2 g de canela em pó
500 g de farinha de trigo
80 g de manteiga
50 ml de rum
uma pitada de sal

Aqueça a água, acrescente o mel e o restante dos ingredientes. Asse a 160 °C, por 30 minutos. A seguir, corte o pão de mel em pequenos pedaços e deixe desidratar no forno a 80 °C por 90 minutos. Bata no processador até atingir uma textura de farinha, peneire e reserve.

Reduções

Para que uma redução seja bem sucedida, seja de vinho tinto, suco de laranja, de maracujá, deve ser feita em fogo brando, nunca em temperatura muito alta, para não queimar o preparo.
Em redução de 750 ml vinho tinto, obtém-se após o processo 30 ml. Em redução de 500 ml de suco de laranja ou de maracujá, obtém-se após o processo 50 ml.

Velouté de frango

80 g de manteiga
80 g de farinha de trigo
1 litro de caldo de frango (ver p. 215), ou de carne, ou de legumes, dependendo da receita em que o velouté será utilizado

Numa panela que possa ir ao forno, derreta a manteiga até ferver, sem deixar dourar. Acrescente a farinha de trigo e o caldo de frango e leve ao ponto de fervura, misturando com um fouet. Após ferver durante 1 minuto, coloque a panela tampada no forno a 85 °C por 2h30. Transfira para outro recipiente e guarde na geladeira por 5 dias, no máximo.

Índice de receitas

Abóbora na cal 211
Abóbora recheada, molho *Périgourdine* 94
Água de coco caramelizada 211
Água e caramelo de champignon 212
Alcachofra com creme de ricota, limão e azeite 110
Atum em crosta de nabo, infusão quinhapira, farinha uarini 172
Atum em crosta de pão de especiarias 123
Azeite confit 212
Azeite de manjericão 213
Bacuri com chocolate branco e crocante de coco 137
Bechamel de caramelo de champignon 158
Blini de milho, tartar de vieira 108
Bombom de foie gras em geleia de jabuticaba, tapioca suflê 145
Brandade de bacalhau, maçã verde, emulsão de chouriço 105
Brioche, figo assado, sorvete de vinho de especiarias 196
Cajuína 213
Caldo de carne 214
Caldo de crustáceos 214
Caldo de Frango (ou carcaça) 215
Caldo de legumes 215
Caldo de peixe 216
Caramelo de caju, emulsão de cachaça, doce de leite, geleia de cajuína 198
Carolina, mousse de chocolate, creme de cumaru 202

Carotène 216
Cavaquinha, molho Iemanjá, galette de tapioca, creme acaçá 118
Ceviche de manjuba, língua de coco e papaia verde 146
Cocotte de blanquette de vitela ao limão confit e cravo 192
Codorna imperial, chartreuse de alho-poró e foie gras 182
Consomê 217
Coquetel de camarão, geleia de crustáceo 97
Court-bouillon (caldo nage) 218
Creme de mandioca ao maracujá e bacon 102
Creme inglês 218
Creme patissière 219
Dame Blanche ao leite de castanha-do-pará, geleia de romã 160
Endívia, caramelo de mostarda, bottarga 114
Escabeche de sardinha 100
Escalope de foie gras, caju e caramelo de cajuína 142
Foie gras 219
Folhado quente de manga 131
Futu de banana e mandioca, lula frita, vinagrete de quiabo 153
Galinha-d'angola recheada, molho tamarindo 190
Gastrique 220
Gnocchi de milho-verde ao creme de parmesão 99

Hambúrguer Bismarck, molho gribiche
  e batata gaufrette **188**
Jus de frango **220**
Lagostim, melancia, emulsão de laranja,
  arroz negro **164**
Lasanha Napoleão de pupunha
  e camarão **124**
Lombo de cordeiro, polenta ao queijo
  da Canastra, legumes assados, creme
  de azeitona **187**
Lombo de javali, vinagrete de frutas secas,
  creme de avelã **180**
Madeleine **138**
Magret laqueado ao tucupi e sementes
  de coentro **126**
Manteiga clarificada **221**
Manteiga noisette **221**
Marinière de mexilhão **222**
Massa brisée **222**
Massa choux **222**
Massa folhada **223**
Massa fresca **223**
Molho bechamel **223**
Molho bonne femme **224**
Molho de jabuticaba **224**
Molho pomodoro **225**
Molho supreme (frango) **225**
Mousseline de mandioquinha com caviar **93**
Omelete suflê de chocolate e maracujá **134**
Ostra, geleia de água de tomate verde,
  mel de jataí **149**

Ovo mollet à milanesa **162**
Pão de especiarias **226**
Patê chaud de champignons e foie gras **107**
Paupiette de pescada, "mouclade" e molho
  bonne femme **169**
Pirarucu confit e assado, azeitonas
  e tomate **170**
Pitu "Thermidor", carvão de mandioca **166**
Polvo, vieira e mexilhão, jus du poisson
  e aïoli **176**
Porco charcutière, feijão-fradinho
  e banana **178**
Rabada reconstruída, molho de jabuticaba
  e agrião **128**
Ravióli de vatapá, consomê de peixe e
  cambuci **150**
Reduções **226**
Robalo, fio de mandioquinha, emulsão de
  coentro e aviú **175**
Royale de ouriço, emulsão de coentro **116**
Sorvete de pão de mel, geleia e emulsão de
  cerveja **194**
Terrine de Ucetia **157**
Textura de coco: água de coco, língua de coco,
  sorvete de cravo e fina cocada **200**
Velouté de frango **226**

Agradecimentos

A meus pais, Colette e Andre Suaudeau.
Ao meu irmão Frank, que me suportou na infância.
À minha esposa Sissi, por me apoiar, trabalhando ao meu lado desde que cheguei ao Brasil, e por me presentear com o mais bonito presente da vida: uma família, com meus filhos Renata, Janaína e Gregory, e meus netos Rhym e Chyara.

Aos empresários que acreditaram em mim:

Célio Pinto de Almeida; Miguel Ethel; Tulio Rabinovitch; Naum Reyfer; Miguel Pires Gonçalves (restaurante Laurent – Rio).

Carlos Nascimento (restaurante Laurent – São Paulo).

Especial agradecimento aos empresários do setor:

Rogério e Fabrizio Fasano, família referência na gastronomia e na hotelaria brasileira.

Daniel Sahagoff, grande *restaurateur* (restaurante Cantaloup).

Ricardo Santos (presidente da Fispal): juntos, organizamos por dez anos eventos culinários até hoje referenciais no Brasil.

Grandes *restaurateurs* que me acolherem em São Paulo:

Giancarlo Bolla (*in memoriam*), um dos maiores *restaurateurs* que o Brasil já teve.

Massimo Ferrari, incentivador e mestre da cozinha italiana evolutiva no país.

Agradecimentos às minhas equipes:

Restaurante Le Saint Honoré (Rio, 1980-1986):
Patrick Lannes (chef que me recepcionou como seu sous chef por um ano, ao chegar ao Brasil).

Equipe de salão
Maîtres: Inocente Polinelli / Oreste Delfim / Otoniel Abílio da Costa

Equipe de cozinha
Sous chefs: Paulo Carvalho / Alain Curty

Anélio / Dotorives / Sebastião / Geraldo / Felizmindo / Ferrugem / Mandacaru / Alex / Russo / Alexandre

Pâtissier: Philippe Brye

Restaurante Laurent (Rio,1986-1991):
Equipe do salão
Maîtres: Oreste Delfim / Otoniel Abílio da Costa / Gilson Josino da Costa

Equipe de cozinha
Sous chef: Alexandre Bandeira

Antonio Faustino de Oliveira (Russo) / Antonio Francisco de Oliveira (Naim) / Toninho / Pedro Simplicio / Paulo Roberto / Dotorives / Alex

Restaurante Laurent (São Paulo, 1991/2001):
Gerente: Hélio Trindade
Equipe de cozinha
Especial agradecimento:
Chef Antonio Faustino de Oliveira ("Russo", meu braço direito por 10 anos)

José Jarismar Rodrigues Oliveira / José Alves / Bel Coelho / Isabela Suplicy / Jefferson Rueda / Paulo Barros / Rodrigo Martins / Celso Freire

Equipe de salão

Maître e especial agradecimento:

Otoniel Abílio da Costa (trabalhamos juntos de 1980 a 2001)

Sommelier: Gilson Josino da Costa

Pâtissier: Wilson Gama

Restaurante Laurent (São Paulo, 2003/2005):

Sous chef: Adilson Batista / Victor Vasconcellos / Gaubi Sérgio Nascimento

Pâtissier: Ronaldo Araújo de Sousa / Roberto José de Oliveira

Agradecimentos ao Clube Atlético Monte Líbano, seus cozinheiros e chefs.

Escola Laurent:

Agradecimento a todos os parceiros, produtores e fornecedores, por ajudarem a concretizar meu sonho.

Agradecimentos à Nestlé Profissional, por ajudar a tornar realidade o Instituto Laurent, com o projeto YOCUTA, "Jovens Aprendizes da Cozinha do Brasil".

Especial agradecimento a Andrews Valentim, chef da Escola Laurent de 2005 a 2018

Chefs da Escola Laurent 2000/2006:

Marcelo Fernandes / Francisco Pinheiro / Cezar Copquiel / André Tavares

Pâtissier: Brice Dauzats

Colaboradores da Escola Laurent ao longo dos anos:

Jonas Cadorne / Ravi Leite / Francisco Narcelio do Nascimento / Fernanda Valdivia / Michel Vallandro / Onildo Rocha / Rodrigo Oliveira / Giovanna Weber / Giovanna Grossi / Rafael Andrade / Ana Ramalho / Deff Haupt / Douglas Santi / Milton Schneider / Ricardo Mangini / Gabriel Fernandes

Chefs amigos e parceiros da Escola Laurent:

Ao meu irmão Massimo Barletti / Renato Carioni / Johannes Ross / Bertrand Bousquet / Philippe Brye / Tsuyoshi Murakami / Nicolas Galant

Colaboradores atuais:

Secretária administrativa: Ivana Souza Melo – especial agradecimento

Sous chef: Rafael Ermirio de Moraes – braço direito, especial agradecimento / Olavo Muratorio / Jussivan Ferreira Ribeiro / João Pedro Ferreira da Silva / Fabiano Facó Soares / Igor Freitas / Brenda Santos Barranova

Agradeço também pela oportunidade de compartilhar meus conhecimentos com jovens cozinheiros, dos quais muitos se tornaram referência como grandes profissionais.

Merci a tous

Laurent Suaudeau

Dados Internacionais de Catalogação na Publicação (CIP)
(Câmara Brasileira do Livro, SP, Brasil)

Laurent Suaudeau: o toque do chef / texto Carlos Eduardo Oliveira; fotografias Sérgio Coimbra. – São Paulo: Editora Melhoramentos, 2021.

ISBN: 978-65-5539-266-1

1. Chefes de cozinha - Biografia 2. Culinária 3. Gastronomia 4. Receitas (Culinária) 5. Suaudeau, Laurent, 1957- I. Oliveira, Carlos Eduardo. II. Coimbra, Sérgio.

21-68817   CDD-641.50922

Índice para catálogo sistemático:
1. Chefes de cozinha: Biografia 641.50922

Maria Alice Ferreira – Bibliotecária – CRB-8/7964

© 2021 Laurent Suaudeau

Texto: Carlos Eduardo Oliveira
Fotografias: Sérgio Coimbra
Fotografias da parte biográfica: acervo pessoal do chef Laurent Suaudeau
Capa e projeto gráfico: Monique Sena

Direitos de publicação:
© 2021 Editora Melhoramentos Ltda.
Todos os direitos reservados.

1.ª edição, setembro de 2021
ISBN: 978-65-5539-266-1

Atendimento ao consumidor:
Caixa Postal 729 – CEP 01031-970
São Paulo – SP – Brasil
Tel.: (11) 3874-0880
sac@melhoramentos.com.br
www.editoramelhoramentos.com.br

Impresso no Brasil

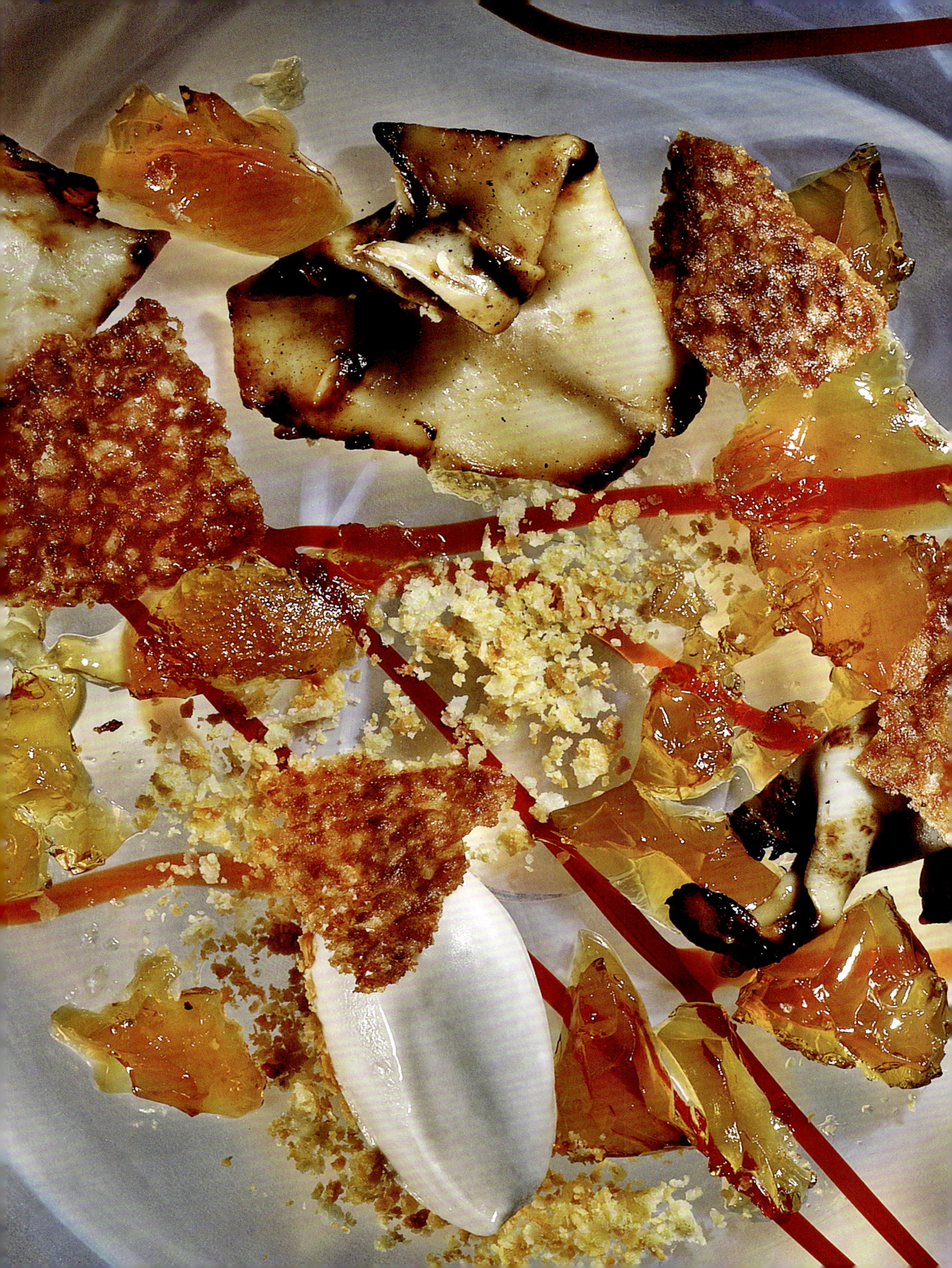

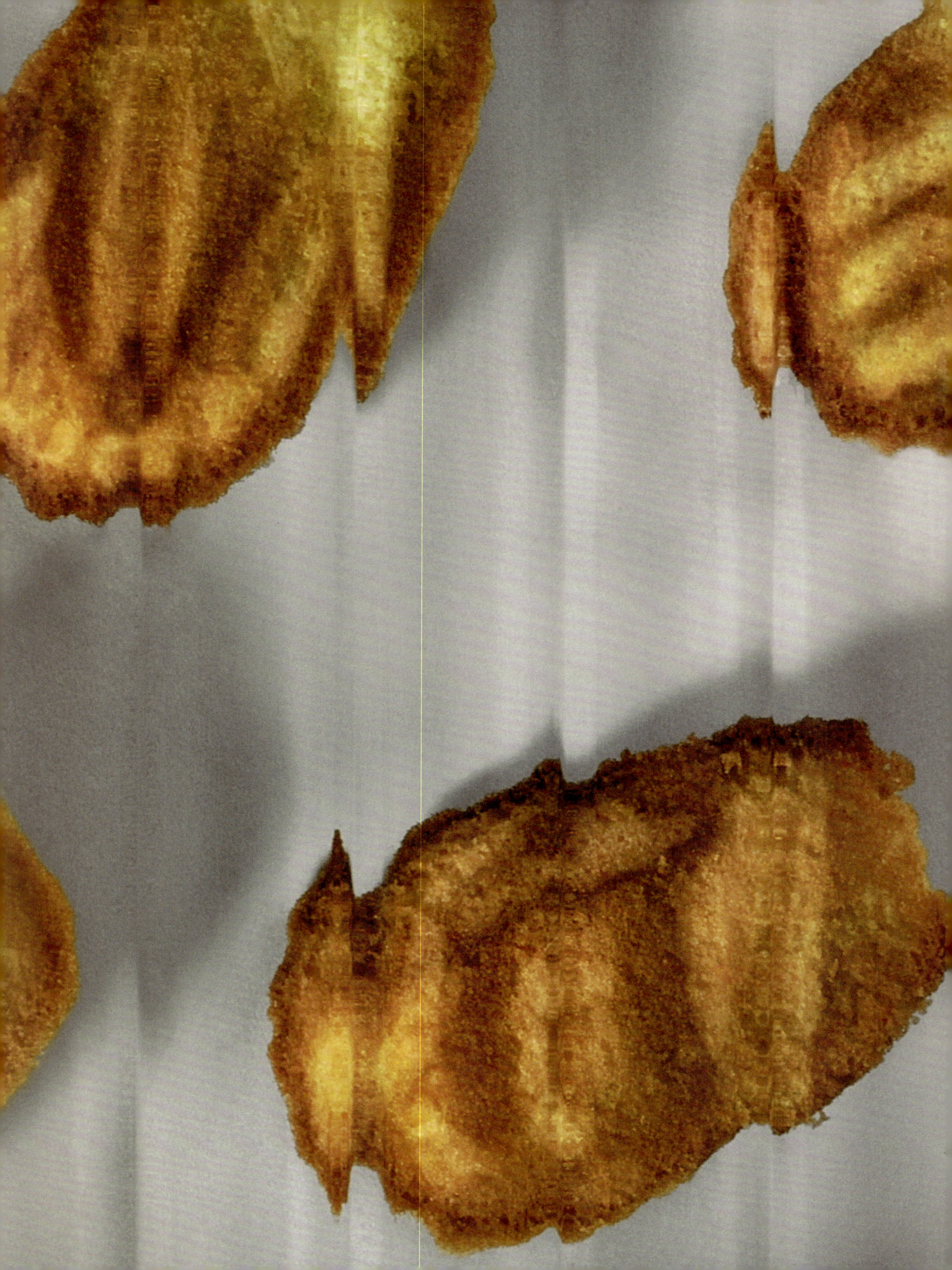